本丛书为

教育部哲学社会科学研究重大课题委托研究项目

“中国共产党百年教育史研究”成果之一

“中国教育现代化2035战略与政策研究丛书”总目

1. 中国教育现代化的形势与任务研究　朱旭东、薛二勇　等著
2. 发展中国特色世界先进水平优质教育的战略与政策　李芒　等著
3. 推动各级教育高水平高质量普及的战略与政策　张志勇、杨玉春　等著
4. 基本公共教育服务均等化的战略与政策　薛二勇　等著
5. 构建服务全民终身学习体系的战略与政策　张伟远　等著
6. 提升一流人才培养与创新能力的战略与政策　周海涛　等著
7. 建设高素质专业化创新型教师队伍的战略与政策　李琼、宋萑、廖伟　等著
8. 推进信息时代教育发展与变革的战略与政策　余胜泉　等著
9. 开创教育对外开放新格局的战略与政策　刘宝存、张继桥　等著
10. 推进教育治理体系和治理能力现代化的战略与政策　余雅风、刘水云　等著

“中国教育现代化2035战略与政策研究丛书”
编写出版委员会

中国教育现代化2035战略与政策研究丛书　朱旭东◎主编

中国教育现代化的形势与任务研究

朱旭东　薛二勇◎等著

1

中国教育出版传媒集团
人民教育出版社
·北京·

图书在版编目（CIP）数据

中国教育现代化的形势与任务研究 / 朱旭东等著. — 北京：人民教育出版社，2023.3
（中国教育现代化 2035 战略与政策研究丛书 / 朱旭东主编）
ISBN 978-7-107-37338-1

Ⅰ.①中… Ⅱ.①朱… Ⅲ.①教育现代化 – 发展战略 – 研究 – 中国 Ⅳ.① G52

中国国家版本馆 CIP 数据核字（2023）第 047720 号

中国教育现代化的形势与任务研究

出版发行 人民教育出版社
（北京市海淀区中关村南大街 17 号院 1 号楼 邮编 100081）
网 址 http://www.pep.com.cn
经 销 全国新华书店
印 刷 北京盛通印刷股份有限公司
版 次 2023 年 3 月第 1 版
印 次 2023 年 3 月第 1 次印刷
开 本 787 毫米 ×1 092 毫米 1/16
印 张 20
字 数 239 千字
印 数 0 001~1 500 册
定 价 68.00 元

总序：构建社会主义现代化强国所需要的高质量教育体系

为进一步认真贯彻落实习近平新时代中国特色社会主义思想和党的十九大以及十九届二中、三中全会等重要会议精神，2019年2月中共中央、国务院印发了《中国教育现代化2035》，并要求各地区各部门结合实际认真贯彻落实。

为更好地发挥北京师范大学中国教育与社会发展研究院作为国家高端智库培育单位的决策咨询、政策解读、舆论引领等作用，促进国家重大教育战略与规划的落实和执行，我们决定组织撰写“中国教育现代化2035战略与政策研究丛书”。

《中国教育现代化2035》确定了中国面向未来的教育战略实施目标。到2035年，中国教育要实现现代化总体目标，这个总体目标体现在两个方面：一方面，实现教育自身的现代化，使立德树人的根本任务得以完全落实，使党的教育方针得到全面贯彻，实现教育强国和人民满意的教育的国家和社会目标；另一方面，现代化教育可以支撑起中国国家现代化，尤其为中华民族伟大复兴起到保驾护航的作用。

《中国教育现代化2035》规划了中国面向未来的教育战略实施的进程。到2035年，教育现代化目标的实现过程，既体现在教育的现代化过程中，也体现在不断满足国家现代化需要的过程中。教育现代化的过程是一个不断推进教育优质均衡发展的过程，是一个高质量教育体系不断建构和完善的过程；满足国家现代化需要的过程是一个通过教育促进国家建设社会主义现代化强国的过程。

《中国教育现代化2035》明确了中国面向未来的教育战略实施的方向。到2035年，构建起满足社会主义现代化强国所需要的完备教育体系。党的十九届五中全会审议通过的《中共中央关于制定国民经济和社会发展第十四个五年规划和二〇三五年远景目标的建议》，提出建成富强民主文明和谐美丽的社会主义现代化强国的宏伟目标。这一远景目标是对党的十八大所提出的“全面落实经济建设、政治建设、文化建设、社会建设、生态文明建设五位一体总体布局”的进一步强化。习近平总书记在党的十九大报告中指出，“建设教育强国是中华民族伟大复兴的基础工程，必须把教育事业放在优先位置”，党的十九届五中全会第一次明确提出“建设高质量教育体系”。高质量教育体系是全面建设社会主义现代化强国的关键所在，教育体系要为社会主义现代化强国服务。

一、构建一个促进人的现代化需要的五育并举的教育体系

国家的现代化首先是人的现代化。落实党的教育方针，开展德智体美劳全面发展教育，培养社会主义建设者和接班人，也要基于人的现代化，而人的现代化需要通过“五育”来实现。习近平总书记在全国教育大会上强调，要在党的坚强领导下，全面贯彻党的教育方针，培养德智体美劳全面发展的社会主义建设者和接班人。人的全面发展需要全面发展的教育，为此，需要构建一个五育并举的教育体系。德育、智育、体育、美育、劳动教育是教育的内涵，而不是人的发展的内涵，不是学生发展的内涵。人的发展的内涵是认知和情感发展，是道德和公民性

发展，是个性、社会性与人格发展，健康和安全发展，艺术和审美发展。[①] 五育并举虽然不是人的全面发展内涵，却是基于和促进人的全面发展。因此，从人的全面发展内涵来看，五育并举，应由道德和公民性教育、社会性和情感教育、脑智教育、健康和安全教育、艺术和审美教育构成。

构建一个促进道德和公民性发展的“德育”体系。在党和国家的教育方针中，“德”是第一位的，事实上，从人的发展的价值来说，“德”必须放在第一位。在中国国情背景下，“德”不仅仅指道德发展，还指思想政治、法制素养，特别是对中国共产党和国家政治制度的认同和忠诚，以及对民族、国家和文化的认同。这里从心理学和伦理学视角来谈道德发展及其教育，把思想政治、法制素养放到公民性发展里来谈。公民性发展是指儿童的公民意识、思维、认知以及公民行为能力的成长过程。它是现代民族国家范畴内的资格身份塑造，也是政治思想意识的形成，又是民族、国家、文化的认同建构，更是法律意义上权利、责任和义务的养成过程。

教育的根本任务是立德树人，这是教育的总目标。根据这个目标，我们要构建促进道德和公民性发展的教育体系。这个体系由基于伦理内容和心理过程的道德教育体系，基于中国历史和国家发展的思想政治教育体系，基于民族认同、国家认同、文化认同的核心价值观教育体系，以及基于权利、责任和义务的法制教育体系构成。

“德育”体系还应促进学生的社会性和情感发展，为此，需要建立一个社会性和情感教育体系作为“德育”体系的补充。虽然社会性和情

---

① 朱旭东. 论教师专业发展的理论模型建构［J］. 教育研究，2014（6）：81-90.

感教育在传统的德育中也有涉及，但不够系统、不够突出，没有把它作为一个重要的维度彰显出来。我国社会主义现代化建设需要人才，更需要凝聚人才，把各种人才凝聚到实现中国梦这一历史使命上来。而社会性和情感作为人全面发展的重要维度之一，情感是社会团结协作的黏合剂，对凝聚人心、增进身份认同、提升文化自信具有重要作用。因此，社会性和情感教育应在五育并举中占有一席之地。在社会性和情感教育中促进学生社会性的健全发展，增进学生对国家与民族的感情。

构建一个促进脑智发展的“智育”体系。“脑智”主要是指人脑发育和心智发展两个部分，心智与认知密切联系。过去主要强调的智育，虽然在教育中占有重要地位，但主要是从知识和心理角度强调智育的重要性，致使脑育并没有得到重视。而大脑是人的智力发展依存的最重要的物质基础和生理基础。从人的全面发展视角来看，健全的、真正的智育应注重脑育。虽然脑科学与教育作为新兴研究领域日益受到国际的重视，但在我国的教育体系中，我们对脑育仍重视不足。在新的五育并举的教育体系中，我们需要把智育与脑育结合起来，把传统的智育拓展升级为新智育，即“脑智教育”。何谓“脑智教育”？它是指在继承传统智育优点的基础上开展的，基于脑、开发脑、脑智融合的教育。以脑神经学为代表的脑科学将成为脑智教育重要的学科基础，脑育是脑智教育的重要内涵。脑育强调以科学的方法开发脑，以人文精神关爱脑，以教育理念成就脑。

构建一个促进健康和安全发展的“体育”体系。健康和安全教育过去是没有纳入全面发展教育中的，尽管体育承担着健康教育部分，可是体育主要是培养学生的运动素养，促进身体锻炼，但健康教育远不止身体锻炼，而是涉及更广的范围。例如还包括促进身体健康发展的饮食教育等。如果说健康是人全面发展的重要身体基础，那么安全就是人全面发展的重要前提。因此，健康和安全教育也应是全面发展教育的重要内涵。在过去的全面发展教育体系中，安全教育并没有明确列入，尽管学校教育中会涉及安全教育，但不系统，更没有从五育并举的高度来重视安全教育。①

构建一个艺术和审美发展的“美育”体系。五育并举中虽然提到美育，但艺术和审美教育缺乏儿童成长的规律研究。当今受过从幼儿园到高中乃至大学的艺术和审美教育后，却没有掌握一门艺术技能的学生大有人在，因此学生的艺术和审美素养需要大力提高。在五育并举的教育体系中，要重视艺术和审美教育，把艺术和审美教育从娃娃抓起，以提高整体国民的现代审美素养。

构建一个对儿童全面发展起到独特作用的“劳动教育”体系。劳动教育的独特价值不仅在于培养儿童的劳动观念、劳动态度、劳动情感、劳动技能和劳动价值观，而且可以促进儿童的道德和公民性发展、社会性和情感发展、脑智发展、健康和安全以及艺术和审美素养发展。鉴于劳动教育具有促进儿童发展的综合性价值，我们需要构建一个有助于儿童综合发展的劳动教育体系。

上述道德和公民性教育、社会性和情感教育、脑智教育、健康和安全教育、艺术和审美教育是我们对德智体美劳五育认识的进一步深化，由此构建一个为社会主义现代化人才强国所需要的更为全面、更具内涵的五育并举的教育体系，使学生的文明素养、社会责任意识、实践本领、身体素质和心理健康水平等都得到提升，以切实促进人的现代化。

---

① 要构建一个保障儿童身心健康的教育体系，它是由体育、心育和食育构成的，致力于儿童的运动、心理和养生的知识、能力和伦理的培养。

二、构建一个促进社会经济现代化需要的完备成熟的混合教育形态体系

构建社会主义现代化建设所需的教育体系，不仅需要在教育内涵方面五育并举，而且需要一个完备、成熟的教育形态体系，以促进社会经济发展，建设具有社会主义新型工业化、信息化、城镇化和农业现代化特征的经济强国。这个完备成熟的教育形态体系应该由四个部分构成，它们是学校教育体系、家庭教育体系、社会教育体系和三位一体、线上线下结合的教育体系。改革开放四十多年来，我国已经建成了世界最庞大的教育体系，为国家社会主义现代化建设奠定了坚实的教育基础，未来这个体系需要更加完善。

学校教育体系方面，需要从纵、横两个方向进一步完善。纵向方面，需要向两端进一步延伸发展，应抓住早教和老年教育这两个薄弱环节。具体而言，需要填补0—3岁托幼教育体系，通过政府和社会双轨制建立起来，推动义务教育均衡发展和城乡一体化发展，促进学前教育普惠性高质量发展；同时，进一步发展和完善老年大学、老年闲暇教育等。横向方面，学校教育应向多元、开放、特色与提质、升级方面进一步发展。例如，要强调初中阶段的公立义务教育；要打破普职高中教育双轨体系，建立综合、专门、特殊、英才（科技高中、技术高中、艺术高中、精英高中）等具有多样性特征的高中教育体系，尤其要建立科技高中，为建设社会主义现代化科技强国打下基础；要把特殊教育体系转变与升级为全纳融合教育体系。特别是，要大力发展高等专业教育体系。现代化国家建设的过程就是从普通劳动力为主的劳动力市场，向专业性劳动力为主的劳动力市场转化的过程，只有建立专业教育体系，才能满足普通劳动力市场日益向专业性劳动力市场转型与升级的需求。

"作为为专门职业培养专门人才的专业教育，'专门职业'指向性是其本质属性，其基本特征是实践性、研究性、复合性和终身性，与职业高等教育相比，研究性与复合性是其根本性特征。"① 因此，一方面，要加大人力资本投入，增强职业技术教育的适应性，深化职普融通、产教融合、校企合作，探索中国特色的学徒制，大力培养技术技能人才；另一方面，要将传统的职业高等教育升级为专业高等教育，支撑起现代化国家建设对创新型、专业化、高素质劳动力的要求。要提高高等教育质量，分类建设一流大学和一流学科。我国要构建一个由工程师教育体系、医师教育体系、教师教育体系、律师教育体系、社区管理教育体系等构成的高等专业教育体系，并构建该专业教育体系的目标、课程与教学、师资队伍，加快培养理工农医类专业的紧缺人才。

家庭教育是我国教育形态中一个相对薄弱的体系。为了帮助幼儿扣好人生的第一粒扣子，不仅需要每位家长重视家庭教育，更需要建构适切的家庭教育体系。鉴于家庭的社区性和生活性，家庭教育体系建构需要获得社区的充分支持。"为完善幼儿家庭教育的社区支持，政府需要完善社区支持制度与经费保障机制；社区需要加强重视，丰富支持内容与形式；管理部门需要对社区支持状况加强评估与监测。"② 也就是说，需要建构社区家庭教育指导与服务体系。此外，针对家庭教育的生活性，需要建构打破现实时空界限的家庭网络教育体系，以实现随时随地都能进行家庭教育。概言之，我们需要以社区家庭教育指导体系和网络

---

① 徐今雅，朱旭东. "专业教育"辨析——兼论专业教育与高等职业教育的关系 [J]. 复旦教育论坛，2007（6）：29–34.

② 李晓巍，刘倩倩，王梦柯. 幼儿家庭教育的社区支持指标体系：构建与应用 [J]. 教育学报，2019（2）：66–76.

教育体系为两翼，推进家庭教育体系建构，健全学校、家庭、社会协同育人机制。

相对于学校教育体系，我国的社会教育体系建构显得滞后与不足。社会教育体系需要充分发挥社会文化机构和文化环境的教育作用，协同学校教育与家庭教育，共同致力于为社会主义现代化建设培养人才。如果说学校教育体系更多是一种知识传播教育，那么文化环境则更多是一种文化体验教育。在社会教育体系中，要构建校外教育体系、博物馆教育体系、红色革命基地教育体系，同时还要构建一个公益慈善教育体系或者社会支持公益教育体系。

三位一体的教育形态体系同时应该有线上教育体系。在信息化、数字化、网络化的时代背景下，我国需要大力发展线上教育体系，构建线上线下混合学习体系。线上教育体系，是一种新型的教育体系。与学校教育体系、家庭教育体系和社会教育体系相比，它具有开放性与兼容性。它既能打破家庭教育、学校教育与社会教育的时空局限，又能渗透与融合学校教育体系、家庭教育体系和社会教育体系，促使其他三大教育形态实现数字化升级与完善。

三、构建一个促进人类命运共同体需要的国际教育体系

社会主义现代化强国，不是霸权强国，而是秉持“命运共同体”精神的友善型、文明型强国。它强调“中国梦”与“世界梦”美美与共。我国社会主义现代化强国建设，需要构建促进人类命运共同体需要的国际教育体系。

首先，促进人类命运共同体需要的国际教育体系，是教育强国重要的组成部分。综观世界，美国、日本等教育强国，都有一整套国际教育

体系，从国际教育理念到国际教育实践，从国际教育法到国际教育政策，从国际学校到国际教育项目，从国际教育引进到国际教育输出，从民间国际教育力量到政府国际教育支持，都体现了一个强国应当具有的国际教育质量。而我国虽然在国际教育方面取得了长足进步，但与世界教育强国的国际教育体系相比，仍存在一定的差距，因此需要大力推进我国的国际教育体系建设。

其次，构建促进人类命运共同体需要的国际教育体系，是现代国际政治强国建设的内在要求。世界教育强国之所以有完备的国际教育体系，是因为它们有提升国际地位的内在需要。而随着我国国际地位的不断提升，我国也需要构建一套完备的国际教育体系。我国已经成为全球最大的出境游输出国，全球最大的消费市场，全球最大的制造“王国”。我国拥有全球最高效、最齐全的产业链集群，全球最具性价比的制造系统。此外，世界还初步形成了对中国力量的依赖，包括从技术到资本再到市场的综合依赖，以及对人力资源的依赖等，但这种依赖还是初级阶段的，必须提质增效，以期实现全球对中国高层次与高质量的依赖。达成这一目标，不仅要讲好中国发展故事，讲好与世界相处的内外关系故事，讲好中国对世界产生影响的故事，更重要的是要加快实施文化国际化战略，实现文化产品的国际输出，同时深度推进企业全球化和国际化，正如习近平总书记提出的，要推动构建人类命运共同体，落实“一带一路”倡议，使中国早日成为国际政治强国。这一切都离不开国际教育体系的整体构建。

我国需要构建什么样的国际教育体系呢？首先，我国需要构建以人类命运共同体为思想依据的国际教育理念。人类命运共同体是一种新型文明观，一种正确的义利观，一种新型国际秩序观。① 它强调人类共在、共存与共发展。它对我国高等教育国际合作具有重要的规范和引领作用。② 不仅如此，它对我国国际教育也具有重要指导意义。以人类命运共同体为指导理念的国际教育，更能彰显我国作为新型文明国家的精神风貌。其次，制定符合我国实际的国际教育法。国际教育法是国际教育发展重要的法律保障。1966年，美国出台了《国际教育法》，该法在美国国际教育史上占有极其重要的位置，为美国国际教育进入制度层面提供了法律依据。我国也需要以人类命运共同体为指导思想，制定一部符合时代要求与国情的国际教育法。最后，构建“引进来、走出去”的双向国际学校教育体系，全面构建矢志影响世界的中国文化传播的教育目标、课程和教学、师资等体系。概言之，我们需要从理念、法律法规与学校教育体系等一系列维度，建构起完备的、成熟的国际教育体系，以促进人类命运共同体和社会主义现代化政治强国建设。

四、构建一个促进社会主义现代化文化的互联网、人工智能环境下的数字化教育体系

社会主义现代化强国必须是一个文化强国，其核心是学习型强国。学习型强国是对学习型社会建设的继承与发展。学习型社会的本质是以学习求发展。③ 学习型强国也是以学习求发展，但立意更加高远，我国

---

① 徐艳玲，李聪．“人类命运共同体”价值意蕴的三重维度［J］．科学社会主义，2016（3）：108–113.

② 周作宇，马佳妮．人类命运共同体：高等教育国际合作的价值坐标［J］．教育研究，2017（12）：42–50.

③ 顾明远，石中英．学习型社会：以学习求发展［J］．北京师范大学学报（社会科学版），2006（1）：5–14.

学习型社会建设主要是基于小康社会建设来谈的，而学习型强国的建设则是站在社会主义现代化强国建设与实现“中国梦”的高度来谈的。学习型强国，具有三个基本特征：学习资源强国、学习力强国、学习文化强国。学习资源强国，强调学习供给侧改革，以丰富、便利、高质量的学习资源，以满足人人皆可学、时时皆能学、处处皆便学的需求；学习力强国，强调国民学习力提升，以满足创新型国家建设需求；学习文化强国，强调愿学、乐学成为浓厚的社会风气，以形成良好的学习文化生态。学习型强国的建设需要构建互联网、人工智能环境下的数字化教育体系。何谓数字化教育体系？数字化教育体系可以概括为“一个中心、两类环境、三个内容库、四种技术、五类用户、六种业务”。“一个中心”即数字化教育云中心；“两类环境”即支持学校教育的数字化校园与支持终身教育的学习型数字化城区；“三个内容库”即学习资源库、开放课程库与信息管理库；“四种技术”即物联网、云计算、大数据、泛在网络四种关键数字化技术；“五类用户”即教师、学生、家长、教育管理者与社会公众；“六种业务”即数字教学、数字化学习、数字化管理、数字化科研、数字化评价与数字化服务。① 从学习视角看，数字化教育体系由数字化的学习资源体系、智能化的学习过程体系、数字化的学习评价与服务体系构成。

为何学习型强国的建设需要建构互联网、人工智能环境下的数字化教育体系？首先，传统的实体空间学习难以满足学习型强国的时代需求。工业化时代的产物——传统实体空间场所学习，主要是通过教室、图书馆、博物馆、剧场、戏院等场所来提供学习资源。这固然能在一定程度

① 杨现民，余胜泉. 智慧教育体系构架与关键支撑技术［J］. 中国电化教育，2015（1）：77-84.

上满足人们的学习需求，但还远远不够。由于实体空间场所具有边界性和时空限制性，因而难以满足学习资源强国的需求。其次，数字化教育体系具有学习资源的数字化、共享化、机会均等化等特征，学习方式的无边界化、无时空限制化、智能化等特征，学习力的数字化、信息化等特征，学习文化的全民化、终身化、民主化等特征，能够为建设学习型强国提供丰富优质的学习资源，大力提升国民学习力，养成良好的学习文化生态。

如何构建互联网、人工智能环境下的数字化教育体系？首先，需要进行数字化教育供给侧改革。我们应充分挖掘和利用先进的信息技术，例如凭借我国5G网络的先进技术，构建一个全民可享用的数字化教育体系。其次，需要优化数字化学习过程，以提升国民数字化、信息化学习能力。“现代技术实现了物联物通，延展了学习空间，空间中的因子组合的多样性，使得学习生态实现了从原生态向新生态的转向。”① 新的学习生态催生新的学习能力。最后，需要健全与优化数字化教育的评价和服务体系建设。

五、构建一个促进和谐社会现代化的民办教育体系

社会主义现代化强国，不仅是政府善治强国，也是社会力量强国。这里的社会力量，泛指非政府的参与促进国家发展的积极力量，主要包括自然人、法人（社会组织、非政府组织、企业等）。社会力量是使一个国家充满活力的重要因素之一。社会主义现代化强国，是一个政府与社会携手共进的强国。社会力量在世界各国以不同形式存在，通过社

① 沈书生. 学习新生态：建构信息化学习力［J］. 苏州大学学报（教育科学版），2020（1）：1-8.

会力量促进国家发展既是发达国家的历史经验，也是中国社会主义现代化强国建设的重要议题。我国在社会主义现代化建设进程中，应充分吸引、利用社会力量，协同社会力量，促进各项事业的发展，这其中包括教育事业。民办教育是社会力量参与和发展教育事业的集中体现。经过将近四十年的发展，民办教育已经成为中国教育体系的一个重要组成部分，但需要基于中国民办教育的丰富实践构建一个健全成熟的民办教育体系。在构建一个促进社会发展的民办教育体系时，应注重以下几大体系建设。

首先，要构建完善的民办教育法规和政策体系，以支持与规范民办教育为主线，规范校外培训机构。近些年来，我国民办教育虽然取得了较大发展，但相对于公立教育仍然处于弱势地位，甚至被边缘化，因此更需要得到大力支持。只有在有力的政策支持环境下，民办教育才能迸发出更大的活力。如果说支持可以激发活力，那么规范则可以保持活力。因此，吸引民间资金进入教育领域，必须厘清“支持什么”与“规范什么”两大根本问题。① 其次，要加强民办学校现代治理制度体系建设。加强非营利性和营利性民办学校作为法人的规章制度建设，加强民办教育制度创新建设，例如基金会办学是一种很好的民办教育制度创新，实现了从自然人与企业法人向基金会办学的转变，体现了非营利民办高校的制度创新。“国际经验表明，基金会不仅是非营利性私立高校的重要办学主体之一和主要资金来源，还越来越多地从战略规划、学科

---

① 周海涛，闫丽雯. 支持和规范社会力量兴办教育的新作为［J］. 教育与经济，2019（1）：3-6.

布局、大学自治、教师发展等方面为其提供专业服务。”① 再次，要建立基于分类管理的民办学校法人治理体系。分类管理是我国民办教育发展的一个重要特征。“对民办教育分类管理有利于我国民办教育管理体制改革和民办教育的发展。”②2017年初国务院印发的《关于鼓励社会力量兴办教育促进民办教育健康发展的若干意见》明确提出“实行非营利性和营利性分类管理”。2017年9月1日施行修订的《中华人民共和国民办教育促进法》，标志着我国正式步入民办教育分类管理的新时代。③ 民办学校法人治理体系也需要基于非营利性和营利性这两类民办学校的不同特点，建构其法人治理结构，形成决策、执行、监督相互独立、相互制约的法人治理机制。最后，要建立民办学校风险防范体系，具体包括民办教育领域社会信用体系建设，资产、财务和会计制度设计，信息公开、举办者变更等机制。

六、构建一个促进党对教育工作全面领导的教育治理体系

社会主义现代化强国也是一个治理体系完善和治理能力现代化的强国，它有力地保障了社会主义现代化各项事业的运转。教育事业也是如此，教育治理强国有力地保障了教育体系的有效运转。为此，我们需要构建一个中国共产党全面领导的教育治理体系，以推进社会主义现代化治理强国建设。我们可以在以下几个方面进行构建。

首先，建设教育治理的专业人才体系，为教育治理强国奠定人才基

① 刘金娟，方建锋．我国基金会参与非营利性民办高校办学探索［J］．复旦教育论坛，2019（6）：41−47.

② 王善迈．民办教育分类管理探讨［J］．教育研究，2011（12）：32−36.

③ 周海涛，闫丽雯．支持和规范社会力量兴办教育的新作为［J］．教育与经济，2019（1）：3−6.

础。“教育治理是多元主体共同管理教育公共事务的过程。”[①]现代化教育治理离不开治理主体的治理能力和素养。治理能力越强，往往治理效果越好。因此，需要在党的领导下全面提高相关治理主体的治理能力，使其达到科学化、专业化和人文化的治理水平。例如提升教育局局长的治理能力，实现教育局局长的专业化；提高教育财务人员的专业化、科学化水平。

其次，有针对性地构建一系列保障体系，以保障相关教育体系的有效运行。具体来说，要注重以下几个方面的保障体系建设。构建一个保障教育投入和产出有效的财务分析体系；构建一个保障教育质量的监测、评估、督导、诊断和干预的运转体系，建立学生学习成果评估体系，全面提升人才培养质量；构建一个保障高等教育内部运转的辅助人员体系，进行教育人事制度改革；构建一个保障职业技能质量的国家框架体系，为专业教育提供框架；构建一个保障儿童发展的生涯指导教育体系，突破以传统心理健康为主的体系，为儿童成长保驾护航；构建一个保障教育基础信息准确真实的公开数据体系，为管理、咨询和研究提供数据；构建一个保障教育体系运营的科研体系，建设教育科研课题的问题解决导向体系、数据库体系、管理循证化体系、智库体系；构建一个保障促进深度贫困地区教育发展的自主、陪伴和帮扶、内涵和外延、基础和提升相结合的后扶贫时代的教育脱贫体系，系统构建乡村产业、人才、文化、生态和组织振兴的教育新体系，促进完善民族地区教育质量和水平的保障体系，加大国家通用语言文字推广力度；构建一个高质量的教师教育体系，使其具备高质量的教师教育机构和教师教育者队

① 褚宏启. 教育治理：以共治求善治［J］. 教育研究，2014（10）：4-11.

伍；构建一个将现代科技、网络和人工智能应用于教育的辅助体系。

本套丛书是在国家高端智库中国教育与社会发展研究院的指导下，由高端智库主建单位北京师范大学中国教育政策研究院精心组织完成。这套丛书也是教育部哲学社会科学研究重大课题委托研究项目“中国共产党百年教育史研究”（20JZDW006）成果的一部分。今年是中国共产党成立一百周年，我们怀着无限的热情投入到这套丛书的研究和撰写工作中，以此向建党一百周年献礼。担任这套丛书编写工作的主要负责人有：李芒、张志勇、薛二勇、张伟远、周海涛、李琼、余胜泉、刘宝存、余雅风。他们都是中国教育政策研究院的团队首席专家或专家。在组织编写过程中，北京师范大学中国教育政策研究院薛二勇教授、教育部普通高校人文社会科学重点研究基地北京师范大学教师教育研究中心博士后刘丽莎付出了很大努力。本套丛书的编写工作得到了中国教育出版传媒集团、人民教育出版社的大力支持，在此一并表示感谢。

本套丛书主题宏大、体系庞大、价值重大，在研究和写作过程中我们克服了不少困难。由于我们的研究水平有限，难免存在不足之处，敬请读者批评指正。

朱旭东

2021年3月

本书前言

2019年，中共中央、国务院印发《中国教育现代化2035》，并发出通知，要求各地区各部门结合实际认真贯彻落实。为进一步认真贯彻落实习近平新时代中国特色社会主义思想和党的十九大及十九大以来系列重要会议精神和上述通知精神，更好发挥北京师范大学教育学科研究与政策研究的高端决策咨询、政策解读作用，进一步落实国家重大教育决策需求，为地方政府领导、教育行政部门人员、各级各类学校校长和教师提供深入的政策解析读本，北京师范大学决定组织撰写“中国教育现代化2035战略与政策研究丛书”总负责人为朱旭东教授。本书主题为“中国教育现代化的形势与任务研究”，主要从宏观背景、内外挑战、指导思想、基本理念、基本原则、基本方向、战略目标、实施路径、保障措施和国际参照十个方面展开。

第一章“中国教育现代化的宏观背景”，指出《中国教育现代化2035》的定位具有全局性、战略性、指导性，是我国第一个以教育现代化为主题的中长期战略规划，是新时代推进教育现代化、建设教育强国的纲领性文件。它的制定，不仅对标新时代中国特色社会主义建设总体战略安排，更是从“两个一百年”奋斗目标和国家现代化全局出发，在总结改革开放以来特别是党的十八大以来教育改革发展成就和经验基础上，面向未来描绘教育发展图景，系统勾画我国教育现代化的战略愿景。一是为建设创新型国家提供支撑。优先发展教育事业，是为人民谋幸福、为民族谋复兴的基础工程。要坚持通过转变科技投入的机制、调整科技研究项目的评价标准来走好中国特色的自主创新道路，瞄准世界科技前沿，强化基础研究，实现前瞻性基础研究、引领性原创成果重大突破。不断深化科技体制改革，改善创新环境。系统改革教育，培养造就创新型人才队伍。二是服务国家战略，促进经济建设。高校充分利用自身资源和特色，推动教育转型，培养复合型人才，为国家战略服务。优化教育结构体系，服务区域经济产业升级。深化产教融合，推进教育与经济社会协同发展。三是应对社会主要矛盾变化，发展更加公平的教育，保障“有学上”和“上好学”，不断提高教育质量，提升人民群众教育满意度和获得感。四是新时代背景下的文化自信，以教育自信支撑文化自信，以中华优秀传统文化、革命文化与社会主义先进文化构建育人体系。最后，中国教育现代化制定的背景也着力于推动人类命运共同体的构建，为创造美好未来，贡献中国方案。

第二章“中国教育现代化的内外挑战”，主要分析了中国教育现代化面临的国内外、教育内外的发展机遇与挑战。随着信息技术产业革命的萌发，互联网教学方兴未艾，人工智能、虚拟现实、大数据、区块链等新兴信息技术日新月异，挑战着教育的理念、教学组织形式与发展生态。当前中国正处于近代以来最好的发展时期，世界正遭遇百年未有之大变局，二者相互交织、相互激荡。在这样的国际形势下，中国提出了人类命运共同体的框架和“一带一路”倡议，国家对外开放新格局对各类人才培养提出了新要求，为国际教育合作与交流提供了新契机，为中国教育区域集群发展和教育合作模式创新提供了新机遇。党的十八大以来，以习近平同志为核心的党中央从坚持和发展中国特色社会主义全局出发，提出并形成了经济建设、政治建设、文化建设、社会建设、生态文明建设“五位一体”的总体布局和全面建成小康社会、全面深化改革、全面依法治国、全面从严治党的“四个全面”的战略布局，确立了新形势下党和国家工作的战略目标和战略举措，为实现第二个百年奋斗目标、实现中华民族伟大复兴的中国梦提供了理论指导和实践指南。“四个全面”的国家战略布局对教育现代化提出了重要要求，是《中国教育现代化2035》必须回答的重要命题。

第三章“中国教育现代化的指导思想”，坚持以习近平新时代中国特色社会主义思想为指导，充分论证中国教育现代化的制度定位、党对教育工作的全面领导、习近平总书记关于教育的系列重要论述、党的教育方针和中国教育现代化政策路径间的联系与不同侧重点。党的坚强领导是办好我国教育的根本保证。新时代中国特色社会主义教育必须坚持党的领导，坚持马克思主义指导地位，坚持中国特色社会主义教育发展道路，坚持社会主义办学方向，坚持办学正确政治方向。习近平总书记关于教育的系列论述和重要讲话为各级党组织加强对教育工作的领导提供了方向指引和路径遵循。作为党和国家必须长期坚持的指导思想，习近平新时代中国特色社会主义思想同样为推进教育现代化提供了根本遵循，推进教育现代化就是落实习近平总书记关于教育的系列重要论述的战略部署。要将党的教育方针深度融入各级各类教育的发展改革，在大中小幼各个阶段、公办教育和民办教育、普通教育和职业教育中都需要全面落实立德树人教育根本任务。广大教师要自觉把党的教育方针贯彻到教学管理工作全过程。推进教育现代化主要有三个着力点，分别是提高教育质量、促进教育公平、优化教育结构。提高人才培养质量是推进教育现代化的核心。促进公平始终是推进教育现代化的重要着力点，各级各类教育的改革发展要坚持促公平原则。通过优化教育类型结构、教师队伍结构、教育财政投入结构，以最大化教育投入的政策效果，切实落实教育现代化的重要战略部署。

第四章“中国教育现代化的基本理念”，分析了“以德为先”“面向人人”“以学生为中心”“知行合一”“终身学习”等教育基本理念的内涵。在中国特色社会主义新时代，基于对中国乃至世界经济社会发展总体形势的判断，基于“第二个一百年”伟大奋斗目标的总体擘画，基于国家一系列重大战略布局，我们需要更加强调教育发展基本理念，以引领2035年基本实现教育现代化的征程。德育位于五育之首，是个体成长成才的根本所在。以立德为根本，育人和育才相统一。培养为生活做好准备的个体，培养社会主义现代化的建设者和接班人，适应未来社会的发展大势和需求，就更加需要以德育为先导和根基。面向人人、有质量的教育公平理念，是我国新时期落实“以人民为中心”发展思想在教育领域的最好体现。教育公平新理念更加强调因材施教，是对教育本质更加深刻的认识。教育现代化的核心是人的现代化，是以人为中心的教育体系、教育理念、教育制度和教育技术的现代化。“知行合一”的教育理念就是要充分发挥社会实践的育人功能，重视实践、重视创新，引导学生从实践中发现和探究问题，养成创新思维和形成创新能力。更加注重融合发展和共建共享的理念，既是对未来教育发展形态的一个总体研判与应对，也是对适应学习型社会建设和多元化教育需求的总体考量与引领，更是对深化教育领域供给侧改革和现代教育治理体系、能力建设的战略性思考与观念深化。

第五章“中国教育现代化的基本原则”，主要分析坚持党的领导、坚持中国特色、坚持优先发展、坚持服务人民、坚持改革创新、坚持依法治教、坚持统筹推进等原则，是如何为加快推进教育现代化、建设教育强国、办好人民满意的教育提供根本遵循的。坚持党的领导是推进教育现代化的政治保障，需要突出思想政治领导，坚定教育“四个自信”，增强教育“四个意识”，全面加强党的建设。坚持中国特色彰显了扎根中国大地办教育的坚定自信，需要坚定社会主义办学方向，积极传承中国基因，增强教育制度自信，坚持教育公益性原则。坚持优先发展是推动教育现代化的重要先手棋，需要加强改革顶层设计，优先保障教育投入。坚持服务人民是教育现代化的根本宗旨，需要办好人民满意的教育，让全体人民享有更多更好的受教育机会。坚持改革创新是推进教育现代化的动力，需要增强改革的系统性、协同性，创新教育服务供给方式，破除制约教育事业发展的体制机制障碍。坚持依法治教是推进教育现代化的内在要求，需要加强法治宣传教育，深入推进各级各类教育行政部门及学校依法行政、依法治校。坚持统筹推进是教育现代化的基本方式，需要统筹教育与经济社会各领域发展，统筹城乡、区城和各级各类教育发展，统筹利用国内国际两种资源。

第六章“中国教育现代化的基本方向”，提出要把握好中国教育现代化的形势与任务，将习近平新时代中国特色社会主义思想融入各级各类教育。在教育目的、教育价值、教育主体、教育途径上，明确培养什么人、为谁培养人、谁来培养人、怎样培养人，这是中国教育现代化的基本方向，也是实现教育现代化的核心逻辑。培养什么人，是教育的首要问题。人才培养是育人和育才相统一的过程，而育人是本，教育应该发挥“立德树人”的作用，立德树人关系党的事业后继有人，关系国家前途命运。为谁培养人，事关教育价值导向，事关教育作为公共物品、准公共物品的服务对象，如果将学生作为被培养对象，其教育价值的微观利益关联体是千千万万个家庭，宏观利益关联体则是社会和国家。对于谁来培养人的问题，明确教师使命是关键，家庭教育是培养人的基础，社会教育是培养人的补充，学校教育是培养人的主体。创新思想政治教育，坚持社会主义办学方向，这是怎样培养人的坐标；确立“健康第一”的育人观，从根本上扭转教育评价导向，这是培养人的指挥棒；把握新的“劳动教育”内涵，将立德树人与劳动实践相结合，这是培养人的新路径。

第七章“中国教育现代化的战略目标”，将中国教育现代化视为一个多目标、多层次、多因素的复杂系统。从教育现代化实施步骤来看，中国教育现代化注重短期目标和长期目标相结合；从教育现代化目标内容来看，中国教育现代化注重全面目标和重点目标相结合；从教育现代化目标关系来看，教育现代化目标与国家发展目标相结合，是建成社会主义现代化强国的应有之义。《中国教育现代化2035》提出了八个方面主要发展目标：建成服务全民终身学习的现代教育体系，普及有质量的学前教育，实现优质均衡的义务教育，全面普及高中阶段教育，职业教育服务能力显著提升，高等教育竞争力明显提升，残疾儿童少年享有适合的教育，形成全社会共同参与的教育治理新格局。这八方面目标，涵盖了体系结构、普及水平、教育质量、人才培养结构、服务贡献能力等教育现代化的目标要求。《中国教育现代化2035》确定的总体目标和发展目标以国家现代化建设的总体战略目标为依据，与联合国第七十届会议通过的《2030年可持续发展议程》相呼应，彰显中国特色，符合中国国情，体现了使教育同党和国家事业发展要求相适应、同人民群众期待相契合、同我国综合国力和国际地位相匹配的目标要求，中国教育现代化战略目标远近结合，围绕教育思想、教育制度、教育设施、教育手段和方法等内容，设定了预期目标，明确了前进方向，廓清了工作重点，为建成教育强国注入了重要力量。

第八章“中国教育现代化的实施路径”。推进教育现代化，必须从我国实际出发，立足国情，科学构建教育现代化的战略目标与实施路径。在实施路径上，需要做到总体规划、分区推进，细化目标、分步推进，精准施策、统筹推进，改革先行、系统推进。首先，总体规划，分区推进。在总体规划框架下，分区规划各地区的教育现代化；适应国家区域发展战略，协调推进区域教育现代化；扶持中西部欠发达地区，补教育现代化的区域性短板；深化海峡两岸暨港澳地区教育交流与合作发展，共同推进教育现代化。其次，细化目标，分步推进。明确推进教育现代化的时间表和路线图，科学设计和进一步细化不同发展阶段、不同规划周期内的教育现代化发展目标和重点任务，有计划有步骤地推进教育现代化；顺应时代发展需要，不断丰富教育现代化的内涵，推进教育现代化。再次，精准施策，统筹推进。完善区域教育发展协作机制，构建教育对口支援长效机制，深入实施东西部协作，推动不同地区协同开展教育现代化建设；建立重点导向的教育资源配置调控机制，统筹教育资源优先向重点地区、重点群体、重点领域、义务教育和薄弱环节配置。最后，改革先行，系统推进。深化综合改革，不断推进教育现代化；深化重点领域教育综合改革，及时总结提炼先进经验和科学做法，为加快推进教育现代化提供支撑；推进重点区域教育现代化创新试验，探索新时代区域教育改革发展新模式，推进国家教育现代化建设。

第九章“中国教育现代化的保障措施”，分析保障中国教育现代化实施的专门的组织管理体系与监控系统。中国教育现代化是一项综合而复杂的系统工程，《中国教育现代化2035》要求从加强党对教育工作的全面领导、完善教育现代化投入支撑体制、完善落实机制等多方面，采取切实有效的保障措施。首要措施是加强党对教育工作的全面领导。党政军民学，东西南北中，党是领导一切的，党的领导是做好教育工作的根本保证。建设高素质专业化教育系统干部队伍，加强各级各类学校党的领导和党的建设工作，持之以恒正风肃纪，深入推进教育系统全面从严治党、党风廉政建设和反腐败斗争。教育投入是教育现代化的基本保障，之后还要把教育投入作为支撑国家长远发展的基础性、战略性投资，完善教育现代化投入支撑体制。提高教育投入水平，财政资金优先保障教育投入，公共资源配置优先满足教育和人力资源开发需要；完善多渠道教育经费筹措机制，鼓励扩大社会投入；全面提高经费使用效益，优化教育经费使用结构，全面实施绩效管理，在强化管理上下功夫。“一分规划，九分落实”，还要完善落实机制。把教育同党和国家事业发展一起谋划、一起部署、一起检查，构建全方位协同推进教育现代化的有效机制。健全跨部门统筹协调机制，做好国家与地方规划、远景目标与阶段性实施方案的衔接。建立督导问责机制，凝聚社会合力，推进教育现代化。

第十章“中国教育现代化的国际参照”。教育现代化是一个国家、民族教育事业发展的核心引擎及必经之路。世界主要发达国家的教育现代化是迎接世界范围内教育国际化、全球化挑战的必然选择。以人为本、促进人的全面发展与社会可持续发展是世界各个国家教育现代化的关键性理念。多样化、可持续的全球教育发展态势积极引领着各个国家教育现代化全面、完善、系统的发展。“创新、合作、开放、共荣”是世界各国教育现代化发展的内在原动力。重视质量、公平是世界各国教育现代化的根本出发点和落脚点。教育现代化在世界政治、经济、文化、历史的现代化更迭演进中，发挥了重要的历史作用。从教育现代化的国际经验来看，教育现代化与市场经济、知识经济、国际化、全球化存在着内在发展谱系性联系。在全球化背景下，教育现代化成为提升世界各国全球竞争力的助动器和抑制全球经济离心力的缓冲器。

为了更准确地解读《中国教育现代化2035》，我们尽可能多引用来自政府网、《人民日报》等权威报刊的文献；为了提升整体解读的理论含量，我们精心组织了相应领域的资深专家和青年骨干研究人员组成撰写小组。尽管如此，仍不免挂一漏万，或不尽如人意，或有更凝练的提法，期待您的批评指正。

目　录

第一章　中国教育现代化的宏观背景 / 1

第一节　支撑国家发展，建设创新型国家 / 2

一、优先发展教育事业，支撑国家发展 / 2

二、坚持中国特色自主创新道路，提高创新水平 / 4

三、不断深化科技体制改革，改善创新环境 / 6

四、全面深化教育改革，培养造就创新型人才队伍 / 8

第二节　服务国家战略，促进经济建设 / 10

一、应对经济社会转型发展，服务国家战略 / 11

二、优化结构体系，服务区域经济产业升级 / 12

三、深化产教融合，推进教育与经济协同发展 / 14

第三节　教育要积极应对社会主要矛盾变化 / 16

一、新时代社会主要矛盾的变化 / 16

二、发展更加公平的教育，保障“有学上”和“上好学” / 18

三、不断提高教育质量，提升人民群众教育满意度和获得感 / 20

第四节　教育推进文化自信 / 24

一、新时代文化自信的内涵 / 24

二、以教育自信支撑文化自信 / 25
三、以“三种文化”构建育人体系 / 27
第五节 构建人类命运共同体，创造美好未来 / 32
一、构建人类命运共同体的时代意蕴 / 32
二、构建人类命运共同体是中国方案 / 34
三、构建人类命运共同体的教育担当 / 35

第二章 中国教育现代化的内外挑战 / 38
第一节 人工智能对教育改革与发展的影响 / 39
一、人工智能作为国家战略 / 39
二、人工智能对教育的挑战 / 42
第二节 国际大形势转变与教育发展的关系 / 46
一、国际大形势转变 / 46
二、人类命运共同体与教育重构 / 49
第三节 国家对外开放大局与教育支撑作用 / 54
一、国家对外开放大局 / 54
二、“一带一路”下的教育发展 / 55
第四节 国家战略布局对教育的新要求 / 60
一、全面建成小康社会 / 60
二、全面深化改革 / 62
三、全面依法治国 / 63
四、全面从严治党 / 65

第三章 中国教育现代化的指导思想 / 68

第一节 党的坚强领导是办好我国教育的根本保证 / 69

一、中国特色社会主义教育必须坚持党的领导 / 69

二、坚持办学正确政治方向 / 72

三、各级党组织要坚持教育优先发展 / 74

第二节 以习近平新时代中国特色社会主义思想为引领 / 78

一、习近平新时代中国特色社会主义思想是党和国家必须长期坚持的指导思想 / 78

二、习近平新时代中国特色社会主义思想是推进教育现代化的根本遵循 / 79

三、加快推进教育现代化是落实习近平总书记关于教育的系列重要论述的战略部署 / 81

第三节 全面贯彻党的教育方针 / 83

一、各级党组织要将贯彻党的教育方针作为领导教育工作的重要抓手 / 83

二、将党的教育方针深度融入各级各类教育的发展改革 / 85

三、广大教师要自觉把党的教育方针贯彻到教学管理工作全过程 / 88

第四节 教育现代化的三个着力点 / 91

一、提质量 / 91

二、促公平 / 94

三、优结构 / 97

第四章　中国教育现代化的基本理念 / 101
第一节　以德为先，全面发展 / 102
第二节　面向人人，终身学习 / 106
第三节　因材施教，知行合一 / 111
第四节　融合发展，共建共享 / 117

第五章　中国教育现代化的基本原则 / 120
第一节　坚持党的领导 / 120
一、坚持党的领导，需要突出思想政治领导 / 121
二、坚持党的领导，需要坚定教育“四个自信” / 122
三、坚持党的领导，需要全面增强教育的“四个意识” / 122
四、坚持党的领导，需要全面加强党的建设 / 123
第二节　坚持中国特色 / 124
一、坚持中国特色的教育现代化，需要坚定社会主义办学方向 / 124
二、坚持中国特色的教育现代化，需要积极传承中国基因 / 125
三、坚持中国特色的教育现代化，需要增强教育制度自信 / 126
四、坚持中国特色的教育现代化，需要坚持教育公益性原则 / 126
第三节　坚持优先发展 / 128
一、加强改革顶层设计 / 128
二、优先保障教育投入 / 129

第四节 坚持服务人民 / 131

一、办人民满意的教育，培养社会主义事业建设者和接班人 / 132

二、推进教育均衡发展，让全体人民享有更多的受教育机会 / 132

三、全面提高教育质量，满足群众“上好学”的愿望诉求 / 133

第五节 坚持改革创新 / 134

一、增强改革的系统性、协同性，整体推进教育改革创新 / 134

二、充分运用新技术新机制新模式，创新教育服务供给方式 / 135

三、明确教育改革的重点任务，破除制约教育事业发展的体制机制障碍 / 136

第六节 坚持依法治教 / 137

一、深入推进各级各类教育行政部门及学校依法行政、依法办学 / 137

二、加强法治宣传教育，扎实推进依法治校 / 138

第七节 坚持统筹推进 / 140

一、统筹教育与经济社会各领域发展，推动教育供给侧结构性改革 / 140

二、统筹城乡、区域和各级各类教育发展，补齐教育发展短板 / 141

三、统筹利用国内国际两种资源，坚持以我为主，扩大

教育对外开放 / 142

第六章　中国教育现代化的基本方向 / 144

第一节　坚持社会主义办学方向 / 145

一、“人的培养”是教育的根本问题 / 145

二、“培养什么人”是教育的首要问题 / 146

三、在人才培养中贯彻“九个坚持” / 147

四、立足于培养社会主义事业的建设者和接班人 / 151

五、全面贯彻党的教育方针是人才培养的基本要求 / 151

六、坚持德智体美劳全面发展 / 152

七、坚持“立德树人”根本方向 / 153

第二节　为社会主义现代化建设培养高素质人才 / 156

一、新时代人才培养的质量要求 / 156

二、为国家培养高素质人才 / 157

第三节　坚守教育的时代使命 / 160

一、教师的神圣使命 / 160

二、“教师使命”点亮了“谁来培养人”的路灯 / 163

三、家庭教育是“培养人”的坚固磐石 / 164

四、社会教育是“培养人”的肥沃土壤 / 165

五、学校教育是“培养人”的专业场域 / 169

六、学校教育与家庭教育、社会教育的区别与联系 / 170

第四节　坚持人才培养的正确方向 / 172

一、创新思想政治教育 / 172

二、树立“健康第一”的理念 / 174

三、破除“五唯”，树立正确的教育评价观 / 176
四、改革教育评价方式，形成高考新认知 / 178
五、坚持“立德树人与劳动实践相结合” / 180

第七章　中国教育现代化的战略目标 / 182
第一节　中国教育现代化的总体目标 / 182
一、短期目标和长期目标相结合，从教育现代化实施步骤来看，总体目标分成两步走 / 183
二、全面目标和重点目标相结合，从教育现代化目标内容来看，总体目标明确了要点 / 184
三、教育现代化目标与国家发展目标相结合，是建成社会主义现代化强国的应有之义 / 185
第二节　中国教育现代化的发展目标 / 187
一、建成服务全民终身学习的现代教育体系 / 187
二、普及有质量的学前教育 / 188
三、实现优质均衡的义务教育 / 189
四、全面普及高中阶段教育 / 190
五、职业教育服务能力显著提升 / 191
六、高等教育竞争力明显提升 / 192
七、残疾儿童少年享有适合的教育 / 193
八、形成全社会共同参与的教育治理新格局 / 194
第三节　中国教育现代化的主要指标 / 196

第八章　中国教育现代化的实施路径 / 206
第一节　总体规划，分区推进 / 206
一、在总体规划框架下，分区规划各地区的教育现代化 / 207
二、适应国家区域发展战略，协调推进区域教育现代化 / 207
三、扶持中西部欠发达地区，补教育现代化的区域性短板 / 208
四、深化海峡两岸暨港澳地区教育交流与合作发展，共同推进教育现代化 / 211
第二节　细化目标，分步推进 / 213
一、总体目标分段 / 213
二、基础教育目标分段 / 214
三、职业教育目标分段 / 217
四、高等教育目标分段 / 217
第三节　精准施策，统筹推进 / 219
一、完善区域教育发展协作机制 / 219
二、构建教育对口支援长效机制 / 221
三、建立重点导向的教育资源配置调控机制 / 224
第四节　改革先行，系统推进 / 229
一、深化综合改革，不断推进教育现代化 / 229
二、深化重点领域教育综合改革 / 230
三、推进重点区域教育现代化创新试验 / 235

第九章　中国教育现代化的保障措施 / 241

第一节　加强党对推进教育现代化事业的全面领导 / 241

一、党的领导是胜利实现《中国教育现代化2035》规划的根本保证 / 242

二、建立健全教育领导体制 / 245

三、建设高素质专业化教育系统干部队伍 / 246

四、加强各级各类学校党的领导和党的建设工作 / 247

五、持之以恒正风肃纪，深入推进教育系统全面从严治党、党风廉政建设和反腐败斗争 / 248

第二节　完善教育现代化投入支撑体制 / 250

一、提高教育投入水平，在优先保障上下功夫 / 250

二、完善多渠道教育经费筹措机制，鼓励扩大社会投入 / 253

三、全面提高经费使用效益，在强化管理上下功夫 / 255

第三节　完善教育现代化建设落实机制 / 258

一、构建全方位协同推进教育现代化的有效机制 / 258

二、加强教育现代化建设发展监测与督导问责机制 / 260

三、凝聚社会合力，推进教育现代化 / 263

第十章　中国教育现代化的国际参照 / 264

第一节　教育现代化理念的国际视角 / 264

一、国际化、全球化的教育现代化战略理念 / 265

二、“以学生为中心”的教育现代化教育教学理念 / 266

三、“多元文化”的教育现代化价值理念 / 267

四、“优质、公平、均衡”的教育现代化基本理念 / 268
五、“终身教育”的教育现代化发展理念 / 269
六、“教育信息化”的教育现代化创新理念 / 270
第二节 教育现代化目标的国际视角 / 272
一、以培养国际化、全球化人才为教育现代化人才培养的战略目标 / 272
二、以教育信息化为支撑，把促进教育公平、优质、均衡发展作为教育现代化的实践目标 / 273
第三节 教育现代化制度的国际视角 / 276
一、促进城乡区域教育均衡发展的教育现代化制度 / 276
二、构建全球能力评估测量的教育现代化制度 / 276
三、关于终身教育的制度建设 / 277

后记 / 279

第一章　中国教育现代化的宏观背景

习近平总书记在全国教育大会上深刻指出，新时代新形势，改革开放和社会主义现代化建设、促进人的全面发展和社会全面进步对教育和学习提出了新的更高的要求。按照党的十九大的战略部署，党中央、国务院印发了《中国教育现代化2035》，对从现在起到2035年教育现代化建设进程作出了全面系统的规划。①《中国教育现代化2035》是我国第一个以教育现代化为主题的中长期战略规划，是新时代推进教育现代化、建设教育强国的纲领性文件，定位于全局性、战略性、指导性，与以往的教育中长期规划相比，时间跨度更长，重在目标导向，对标新时代中国特色社会主义建设总体战略安排，从两个一百年奋斗目标和国家现代化全局出发，在总结改革开放以来特别是党的十八大以来教育改革发展成就和经验基础上，面向未来描绘教育发展图景，系统勾画了我国教育现代化的战略愿景。②

① 张力．如何理解2035年教育现代化目标［N］．光明日报，2019-03-19（13）．

② 绘制新时代加快推进教育现代化建设教育强国的宏伟蓝图［N］．人民日报，2019-02-24（7）．

第一节　支撑国家发展，建设创新型国家

一、优先发展教育事业，支撑国家发展

教育在国家发展、民族复兴、人民幸福中具有基础性、先导性、前瞻性地位。优先发展教育事业，是为人民谋幸福、为民族谋复兴的基础工程，是实现中华民族伟大复兴中国梦的先导工程，是培养中国梦“梦之队”的圆梦工程。①党的十八大以来，以习近平同志为核心的党中央坚定不移实施科教兴国战略和人才强国战略，坚持优先发展教育，大力推进教育领域综合改革，持续加大教育投入，教育现代化加速推进。教育投入是支撑国家长远发展的基础性、战略性投资，是教育事业的物质基础，是公共财政的重要职能。《国家中长期教育改革和发展规划纲要（2010—2020年）》提出，各级政府要把教育作为财政支出重点领域予以优先保障，保证教育投入实现“三个增长”。2012年，我国财政性教育经费支出占当年国内生产总值比例首次超过4%，突破2万亿元，并且连续6年保持在4%以上，2017年国家财政性教育经费达到3.42万亿元。②

坚持优先发展教育事业，教育投入逐年加大以及相关制度的日益完善，使得我国教育总体发展水平进入世界中上行列，取得了全方位、开创性的历史性成就。③至2017年，我国学前教育毛入园率达到79.6%，

---

① 薛二勇，傅王倩. 新时代教育改革的战略规划与顶层设计——全国教育大会的思想、形势、战略与政策分析［J］. 河南大学学报（社会科学版），2019（1）：11-22.

② 2017年国家财政性教育经费投入3.42万亿［EB/OL］.（2018-08-28）［2019-04-06］. http://www.chinanews.com/gn/2018/08-28/8612597.shtml.

③ 教育优先　以教育现代化支撑国家现代化［EB/OL］.（2019-02-24）［2019-04-03］. https://www.jfdaily.com/journal/2019-02-24/getArticle.htm?id=266825.

达到中等收入国家水平；义务教育巩固率达到93.8%，超过中等收入国家水平；高中阶段毛入学率为88.3%，比上年提高0.8个百分点；高等教育向普及化阶段快速迈进，高等教育毛入学率达到45.7%，[①]启动世界一流大学和一流学科建设[②]，以提升高等教育质量。职业学校每年输送近1 000万名技术技能人才，开展培训上亿人次；普通本科高校累计输送2 000多万名专业人才。[③]15岁及以上人口平均受教育年限达到9.6年，劳动年龄人口平均受教育年限达到10.5年。我国教育系统培养了数以亿计的人才，为国家的经济转型、科技创新、文化繁荣、民生改善、社会和谐提供了有力支撑。

根据国际经验，财政性教育经费占GDP比例达到4%左右时，其财政收入占GDP比例一般在30%—40%。我国是在财政收入占GDP比例不到30%的情况下达到了4%，这有力地说明党和政府对教育的重视程度是空前的。[④]坚持教育优先于经济社会发展，切实做到经济社会发展规划优先安排教育发展、财政资金优先保障教育投入、公共资源优先满足教育和人力资源开发需要，进一步发展我国的教育优势，为国家发展提供强大的人力资源支撑，从而引领社会进步、国家发展。

---

① 数据来源：中华人民共和国教育部. 2017年全国教育事业发展统计公报［EB/OL］.（2018-07-19）［2018-08-30］. http://www.moe.gov.cn/jyb_sjzl/sjzl_fztjgb/201807/t20180719_343508.html.

② 政府工作报告［EB/OL］.（2018-03-22）［2018-08-30］. http://www.gov.cn/xinwen/2018-03/22/content_5276608.htm.

③ 国务院关于印发国家教育事业发展“十三五”规划的通知［EB/OL］.（2017-01-19）［2018-08-30］. http://www.gov.cn/zhengce/content/2017-01/19/content_5161341.htm.

④ 董洪亮，赵婀娜，张烁，丁雅诵. 优先发展，坚持教育战略地位不动摇［N］. 人民日报，2018-09-07（6）.

二、坚持中国特色自主创新道路，提高创新水平

进入新世纪之后，在全球新一轮科技革命以及我国经济发展进入新常态的大背景下，国家大力实施创新驱动发展战略。2006年，国务院发布《国家中长期科学和技术发展规划纲要（2006—2020年）》，把建设创新型国家作为国家中长期科学和技术发展的战略目标。之后，党的十八大提出实施创新驱动发展战略，建设创新型国家。党的十九大报告进一步提出“加快建设创新型国家”，并指明了方向：2035年基本实现社会主义现代化，我国经济实力、科技实力将大幅跃升，跻身创新型国家前列。① 按照党中央的决策部署，坚定实施创新驱动发展战略，强化创新第一动力的地位和作用，突出以科技创新引领全面创新，具有重大而深远的意义。②

习近平总书记指出，创新是引领发展的第一动力，是建设现代化经济体系的战略支撑。抓住了创新，就抓住了牵动经济社会发展全局的“牛鼻子”。建设现代化经济体系，必须加快建设创新型国家，让创新成为走向未来的不竭动力。③ 加快建设创新型国家，是实现中华民族伟大复兴的必然选择。④ 建设创新型国家是一个综合性的战略目标，既涉及科学技术事业发展水平，也涉及经济发展质量，还涉及全社会的科学

---

① 习近平在中国共产党第十九次全国代表大会上的报告［EB/OL］.（2017-10-28）［2021-03-20］. http://www.xinhuanet.com/politics/19cpcnc/2017-10/27/c_1121867529.htm.

② 如何理解“加快建设创新型国家”［EB/OL］.（2017-12-13）［2019-04-08］. http://theory.people.com.cn/n1/2017/1213/c40531-29703538.html.

③ 崔惠民，马涛. 新知新觉：让创新成为走向未来的不竭动力［N］. 人民日报，2018-04-17（7）.

④ 王志刚. 坚持以创新引领发展　加快建设创新型国家［N］. 学习时报，2018-06-29（1）.

文化建设，而实现这一目标，核心任务是全面提升国家自主创新能力，根本途径是走出一条中国特色自主创新的道路。习近平指出，核心技术是国之重器，最关键最核心的技术要立足自主创新、自立自强。他进一步强调，面向未来，增强自主创新能力，最重要的就是要坚定不移走中国特色自主创新道路，坚持自主创新、重点跨越、支撑发展、引领未来的方针，加快创新型国家建设步伐。[①] 自主创新是我国科技发展的战略基点。习近平指出，重大科技创新成果是国之重器、国之利器，必须牢牢掌握在自己手上，必须依靠自力更生、自主创新。

坚持走中国特色自主创新道路，一是要转变科技投入的机制。针对科研项目投入，需要多关注那些探索性项目，鼓励创新人才多去研究相关项目，资源的投放要重点放在原始性创新上。二是要调整科技研究项目的评价标准，要瞄准世界科技前沿，强化基础研究，实现前瞻性基础研究、引领性原创成果重大突破。针对自主创新的科研项目设立专门的奖励方案，引导科学研究面向国家发展需求、世界科技前沿等领域。三是解决原有科研机构设置问题，统筹各方研究资源，鼓励合作创新。目前有些科研机构之间设置存在相互重叠、各个部分之间联系不够紧密、科研力量难以有效集中以及由此导致的工作效率低下等问题。进入知识经济时代，需为原创性的、国家性的科研项目提供较为开阔的空间，集中力量办大事，加强高校、科研机构、政府部门及企业之间的联系，使之相互衔接、优势互补，从而达到高效的目的。

---

① 习近平讲解中国特色自主创新道路［EB/OL］.（2018-05-30）［2019-04-04］. http://www.chinanews.com/gn/2018/05-30/8526147.shtml.

三、不断深化科技体制改革，改善创新环境

党的十八大以来，以习近平同志为核心的党中央对科技创新的高度重视前所未有，形成了从思想到战略到行动的完整体系。习近平总书记提出了一系列科技创新重大论断，强调“创新驱动是国策”“抓创新就是抓发展，谋创新就是谋未来”“推进以科技创新为核心的全面创新”，特别是“创新是引领发展的第一动力”这个重大理论创新成果，写入了党的十九大报告和新修订的党章。习近平总书记强调，创新始终是一个国家、一个民族发展的重要力量，也始终是推动人类社会进步的重要力量。创新涉及生产力和生产关系的全要素、多方面，其中最核心、最重要的是科技创新。习近平总书记强调要坚持党对科技事业的领导，坚持建设世界科技强国的奋斗目标，坚持走中国特色自主创新道路，坚持以深化改革激发创新活力，坚持创新驱动实质是人才驱动，坚持融入全球科技创新网络。

党的十八大以来，以习近平同志为核心的党中央把科技创新摆在优先发展的战略地位和核心位置，坚持走中国特色自主创新道路，坚定实施创新驱动发展战略，我国科技创新发生了历史性、整体性、格局性变革。[①] 党的十九大报告指出，创新驱动发展战略大力实施，创新型国家建设成果丰硕，“天宫”、“蛟龙”、“天眼”、“悟空”、“墨子”、大飞机等重大科技成果相继问世。科技创新是增强国家核心竞争力的不二选择，只有把科技的优势有效地转化为经济和产业竞争的“胜势”，才能形成国家之间竞争的战略势差。科技实力是彰显国家经济社会发展巨大成就的“四个实力”之一。目前，我国科技创新已进入跟跑、并跑、领跑

---

① 坚持以创新引领发展　加快建设创新型国家 [EB/OL]. (2018-06-29) [2019-04-09]. http://theory.people.com.cn/n1/2018/0629/c40531-30095001.html.

“三跑并存”新阶段，为经济发展、社会进步、民生改善和国家安全提供了强有力的支撑。[①]科技领域的重大成果，既有在基础研究中的重要突破，亦有在前沿技术上质的飞跃，科技成果转化极大地促进了供给侧结构性改革，引发了生产力和生产关系的重大调整，为社会各领域的发展提供了支持和保障。

党的十八大以来，国家颁布了一系列深化科技体制机制改革的政策文件，已基本建立适应创新驱动发展战略要求、符合社会主义市场经济规律和科技创新发展规律的中国特色国家创新体系。“创新是一个系统工程，创新链、产业链、资金链、政策链相互交织、相互支撑，改革只在一个环节或几个环节搞是不够的，必须全面部署，并坚定不移推进。”[②]2006年，《国家中长期科学和技术发展规划纲要（2006—2020年）》公布。党的十八大作出了创新驱动发展战略部署。2015年，《中共中央国务院关于深化体制机制改革加快实施创新驱动发展战略的若干意见》发布。同年，中共中央办公厅、国务院办公厅还印发了《深化科技体制改革实施方案》，提出建立技术创新市场导向机制，构建更加高效的科研体系，改革人才培养、评价和激励机制，健全促进科技成果转化的机制，建立健全科技和金融结合机制，构建统筹协调的创新治理机制，推动形成深度融合的开放创新局面，营造激励创新的良好生态，推动区域创新改革等。2016年，《国家创新驱动发展战略纲要》公布。这是国家实施创新驱动发展战略的一个顶层设计，对今后一个时期实施好创新驱动战略进行了系统谋划和全面部署，是落实战略的总体方案和路线图。总体而言，科技体制改革全面发力、多点突破、纵深发展，科技

---

① 袁志彬．40年：中国科技进入“三跑并存”时代［N］．学习时报，2018-12-19（6）．
② 习近平．为建设世界科技强国而奋斗［N］．人民日报，2016-06-01（2）．

体制改革主体架构已经确立。

四、全面深化教育改革，培养造就创新型人才队伍

“科技创新，人才为本，人才资源是最宝贵的战略资源。培养造就规模宏大、结构优化、布局合理、素质优良的人才队伍，是建设创新型国家的战略选择。”[①]“创新的事业呼唤创新的人才”，“我国要在科技创新方面走在世界前列，必须在创新实践中发现人才、在创新活动中培育人才、在创新事业中凝聚人才”。[②]可见创新驱动实质上是人才驱动，创新人才队伍建设在发展创新战略、建设创新型国家进程中具有重大意义，因而教育在创新型国家建设中居于首要的战略地位。它是创新人才培养的摇篮，是民族创新素质提高的基石，是知识创新的主体、技术创新的重要力量，也是推动科技成果向现实生产力转化的重要方面军。建设创新型国家，需要构建国家教育创新体系，实施创新教育，培养创新人才。

首先，在创新人才培养方面，一是要坚持立德树人，突出人才培养的核心地位，着力培养具有历史使命感和社会责任心，富有创新精神和实践能力的各类创新型、应用型、复合型优秀人才。二是加强创新创业教育，大力推进个性化培养，全面提升学生的综合素质、国际视野、科学精神和创业意识、创造能力。以创新精神和创新能力培养为主线，将创新教育贯穿于人才培养的全过程，建立点面结合、课内外结合，集基

---

① 习近平. 科技工作者要为加快建设创新型国家多作贡献［N］. 人民日报，2011-05-28（2）.

② 习近平. 把关键技术掌握在自己手里［EB/OL］.（2014-06-09）［2019-04-10］. http://news.xinhuanet.com/politics/2014-06/09/c_1111056694_3.htm.

础性、层次性和开放性为一体的全方位多元化的高校创新教育体系，这样才能造就创新型人才。[①] 三是合理提高高校毕业生创业比例，引导高校毕业生积极投身大众创业、万众创新。因此需更加明确高校开展创新育人教育的必要性与迫切性，完善符合高校育人和创新教育规律发展的根本指向，制定有效对策，针对高等教育服务社会的需要，提供更加规范的创新育人政策实施指向与行动指南。建立明确的高校创新创业人才分类指南，重点关注高校在立德树人、创新人才培养目标等方面的建设，重在从观念、文化和知识等方面全方位提升高校创新育人的动力。

其次，加大对创新人才的引进。“要以更加开放的视野引进和集聚人才，加快集聚一批站在行业科技前沿、具有国际视野的领军人才。”[②] 人才引进需要根据国家和地区经济发展的人才需求和人才预测展开，引进人才时应继续创新人才政策，放宽户口、编制等限制。同时，人才引进的关键在于用好人才。要创造、给予人才充分展示自身价值的机会，根据人才的专业能力和创新能力合理安排工作岗位，在科技创新、经济转型升级等方面发挥其应有的价值，提高人才的“获得感”。此外，加大对人才创新产品、创新工作的奖励，鼓励领军人才面向世界、面向国家重大需求展开研究工作、成果转化，高效优质地促进我国创新技术的发展，建设创新型国家。

---

① 李焦明. “创新教育”需要解决好三大问题 [N]. 科技日报，2017-07-03 (6).

② 习近平在上海团谈引进和集聚科技人才 [EB/OL]. (2016-03-05) [2019-04-09]. http://politics.people.com.cn/n1/2016/0305/c1024-28174488.html.

第二节 服务国家战略，促进经济建设

我国经济建设取得重大成就，经济保持中高速增长，在世界主要国家中名列前茅，国内生产总值从54万亿元增长到80万亿元，稳居世界第二，对世界经济增长贡献率超过30%；供给侧结构性改革深入推进，经济结构不断优化。[①] 习近平指出，我国经济已由高速增长阶段转向高质量发展阶段，正处在转变发展方式、优化经济结构、转换增长动力的攻关期，建设现代化经济体系是跨越关口的迫切要求和我国发展的战略目标。[②] 需要将依靠土地、资源和低成本劳动力等传统要素驱动调整为依靠科技创新驱动发展上来。当前，经济增长遇到的问题，表面是增速问题，实质是结构问题；表面是需求问题，实质是供给问题；表面是产业问题，实质是能力问题。[③] 人力资本是经济增长的引擎[④]，不论是针对发达国家[⑤] 还是发展中国家[⑥] 的研究，均发现教育和经济增长之间存

---

① 习近平在中国共产党第十九次全国代表大会上的报告［EB/OL］.（2017-10-28）［2019-04-08］. http://cpc.people.com.cn/n1/2017/1028/c64094-29613660.html.

② 习近平强调，贯彻新发展理念，建设现代化经济体系［EB/OL］.（2017-10-18）［2019-04-08］. http://www.xinhuanet.com//politics/2017-10/18/c_1121820551.htm.

③ 王志刚. 坚持以创新引领发展 加快建设创新型国家［N］. 学习时报，2018-06-29（1）.

④ Robert E. Lucas. On the mechanics of economic development［J］. Quantitative Macroeconomics Working Papers, 1999, 22(1): 3-42.

⑤ Kevin H. O' Rourke & Jeffrey G. Williamson. Around the European periphery 1870-1913: Globalization, schooling and growth［J］. European Review of Economic History, 1997, 1(2): 153-190.

⑥ R. C. Hine. Regionalism and the integration of the world economy［J］. Journal of Common Market Studies, 1992, 30(2): 115-124.

在积极关系。

一、应对经济社会转型发展，服务国家战略

《中华人民共和国国民经济和社会发展第十三个五年规划纲要》明确判断我国发展仍处于可以大有作为的重要战略机遇期，同时面临诸多矛盾叠加、风险隐患增多等严峻挑战。教育是国之大计，党之大计，回应社会需求、服务国家战略是教育应有之义。在当前经济社会转型发展时期，教育作为服务国家战略的重要活动之一，需根据国家战略进行超前布局和行动，将其置于国家和社会未来层面进行改革和发展。

首先，高校充分利用自身资源和特色为国家战略服务。“教育兴则国家兴，教育强则国家强。高等教育是一个国家发展水平和发展潜力的重要标志。”① 作为直接影响人才培养和经济发展的高等教育，利用自身人才、资源、信息和文化方面的优势，服务国家战略。基于国家战略，高校应突出建设与国家战略相关新兴产业和现代服务业相匹配的专业；针对经济社会的现实和未来发展，建立健全专业预警和动态调整机制，积极增设具有示范和辐射作用的品牌、特色专业，对于不适当的专业实行动态调整甚至退出机制。同时，应统筹基础研究与应用研究，既要围绕学科建设，加强学术研究，大力推进知识创新，更要聚焦国家战略，集中资源，形成合力，着力突破关系国计民生和经济命脉的重大关键问题。

其次，推动教育转型，培养复合型人才。当前我国处于经济社会转型阶段，在调整产业结构、创建品牌、建设创新型国家方面都有非

---

① 习近平谈教育发展：教育兴则国家兴，教育强则国家强 [EB/OL].（2018-09-10）[2019-04-11]. http://cpc.people.com.cn/n1/2018/0910/c164113-30282062.html.

常多的愿景和需求，学科交叉融合是大势所趋，社会对于复合型人才的需求更加强烈，培养复合型人才成为教育的重要目标。技术变革往往有着促进国家经济跳跃式增长的作用，而发生技术变革的关键因素在于对人才的培养，对人才的培养又直接取决于教育。《关于深化教育体制机制改革的意见》中明确提出要培养具有“认知能力”“合作能力”“创新能力”“职业能力”四种关键能力的人，要求教育进行系统改革。

最后，应从战略高度把握教育主权和话语权。教育对人的发展、价值观的形成具有重要作用，当前我国各级各类教育都取得了长足的进步，但中国特色教育理论体系的建立并未与之匹配。在全球化的今天，中国的学科发展如若没有本土的成果，就不可能在国际舞台上占有一席之地。所以，构建具有中国特色、中国风格、中国气派的学科话语体系，对于打破西方话语霸权，推动中国“走出去”，具有重要的理论和现实意义。①

二、优化结构体系，服务区域经济产业升级

党的十九大报告明确提出，要坚定实施科教兴国战略、人才强国战略、创新驱动发展战略、乡村振兴战略、区域协调发展战略、可持续发展战略和军民融合发展战略。在这七大战略中，区域协调发展战略是其他各项战略实施的具体化、综合化。《中华人民共和国国民经济和社会发展第十三个五年规划纲要》明确提出以区域发展总体战略为基础，以“一带一路”建设、京津冀协同发展、长江经济带发展为引领，形成区

① 冯建军. 构建教育学的中国话语体系［J］. 高等教育研究，2015（8）：1-8.

域协调发展新格局的目标任务。教育是区域发展战略的重要内容，也是促进区域协调发展、缩小区域发展差距的有力支撑。“十三五”期间，要坚持分类指导、分区施策，进一步促进区域教育协调发展，缩小区域教育发展差距，服务国家区域发展战略。

首先，地区需求指导地方高校的培养方向。传统大学通过培养人才间接服务社会，知识经济时代需要大学与地方建立直接的合作联系，服务区域经济社会发展是地方高校的重大责任和必然选择。由于不同区域发展水平不一，其对人才的数量和类型的需求各异，而地方高校往往处于所在区域的教育文化中心，对该地区经济社会发展过程中的需求和问题有更深入的了解和认识，客观上为地方高校提供了科研课题、人才培养方向，因此，应充分发挥高校的学科优势，在人才培养、学科研究上直接服务行业企业和地方发展。

其次，地方高校通过高素质人才的培养促进地方经济发展。地方高校对区域经济的发展意义重大，与侧重培养学术型、研究型和创新型人才的国家直属重点大学相比，前者更多属于教学型大学，其课程设置和人才培养模式虽然也按学科设置专业，但其培养的人才更多侧重应用型。人是生产力中最活跃的因素，是推动经济发展的最宝贵资源，只有培养大量合格的适用人才，才能突破区域经济发展的瓶颈。

最后，高校结构优化可以有效促进产业结构的调整。教育能够通过对区域产业结构的影响促进经济的快速增长。具体主要表现为教育对社会分工的细化、发展与深化有着重要的促进作用。随着经济社会发展，学科交叉的同时学科深度不断加强，分工更为细化，新兴学科不断产生，这也是引起产业结构变化发展的主要前提。另一方面，教育能够对社会生产力的各种要素，包括劳动力、劳动对象、劳动方式等产生影响，这些影响变化又进一步影响宏观经济生产中的资源配置及劳动关系，从而促进地区产业结构的调整。

三、深化产教融合，推进教育与经济协同发展

从经济社会的大环境上看，高校的人才培养供给侧和市场的产业需求侧之间，在结构、质量、水平等方面还不能完全适应，依然存在“两张皮”的问题[①]，造成了一定的资源浪费和结构问题。《关于深化产教融合的若干意见》将产教融合作为促进经济社会协调发展的重要举措，提出把教育与产业统筹融合。《制造业人才发展规划指南》绘制出制造强国的人才培养规划图，以为推进人才供给侧结构性改革，为产业转型发展提供高素质人才。《加快推进教育现代化实施方案（2018—2022年）》中进一步明确提出深化产教融合，到2022年，职业教育办学特色更加鲜明，为经济社会发展提供技术技能人才支撑。

深化产教融合，首先要促进知识链、创新链与产业链的衔接。2017年印发的《制造业人才发展规划指南》指出，制造业人才培养与企业实际需求脱节，产教融合不够深入。为应对这一挑战，应用型高校以及职业院校的发展，应通过行业企业的深度参与，将产业的新技术、新工艺直接对接教学和课程，针对行业企业对人才数量和能力的需求，设计相应的专业课程，及时培养经济社会所需人才。通过学校和经济社会的相互协调配合，推动学校办学模式的变革，增强与经济社会协同发展的能力。

其次，要破除体制机制障碍，深入激发学校活力，促进学校内生式

---

① 王家源. 教育，与经济社会发展同向而行［N］. 中国教育报，2018-01-16（3）.

发展。“要深化教育体制改革，健全立德树人落实机制，扭转不科学的教育评价导向，坚决克服唯分数、唯升学、唯文凭、唯论文、唯帽子的顽瘴痼疾，从根本上解决教育评价指挥棒问题。”① 为促进教育与经济协调发展，须创新高效的评价机制，建构以社会需求为导向的办学机制、以贡献为导向的评价机制、以绩效为依据的资源配置机制，激发学校活力，鼓励并支持高校应对大数据、移动互联和人工智能等的挑战。

最后，要建设培育产教融合型企业，深度参与职业教育办学和人才培养。推进产教融合改革的过程，需要企业积极参与，如果没有企业积极参与，产教融合、校企合作就会落空。②《国家职业教育改革实施方案》提出，到2022年，企业参与职业教育的积极性有较大提升，将培育数以万计的产教融合型企业。建设培育产教融合型企业的关键在于激发企业的内部动机，促进其发展活力。除了理念引导之外，要加大政府对先行企业的支持力度，形成“先行者先受益”的政策激励效应，营造良好的产教融合氛围，带动更多的企业深度参与。对于典型性、示范性的企业可以加大宣传力度，提高榜样效应，把数以万计的产教融合型企业打造成支撑高质量发展的“学习工厂”。

---

① 习近平．坚持中国特色社会主义教育发展道路 培养德智体美劳全面发展的社会主义建设者和接班人［N］．人民日报，2018-09-11（1）．

② 陈锋．产教融合需要学校和企业强化共同意识、推进共同行动［EB/OL］．（2019-04-04）［2019-04-10］．http://education.news.cn/2019-04/04/c_1210099507.htm.

第三节　教育要积极应对社会主要矛盾变化

一、新时代社会主要矛盾的变化

我国社会矛盾在不同的社会发展阶段有着不同的内容与含义，社会主要矛盾的变化既是我国发展阶段的体现，也对我国社会主义建设事业提出了新的要求。着力解决好发展不平衡不充分问题，大力提升发展质量和效益，更好满足人民在经济、政治、文化、社会、生态等方面日益增长的需要，更好推动人的全面发展、社会全面进步，是新时期需要着力解决的难题。党的十九大报告指出：“中国特色社会主义进入新时代，我国社会主要矛盾已经转化为人民日益增长的美好生活需要和不平衡不充分的发展之间的矛盾。我国稳定解决了十几亿人的温饱问题，总体上实现了小康，不久将全面建成小康社会，人民美好生活需要日益广泛，不仅对物质文化生活提出了更高要求，而且在民主、法治、公平、正义、安全、环境等方面的要求日益增长。同时，我国社会生产力水平总体上显著提高，社会生产能力在很多方面进入世界前列，更加突出的问题是发展不平衡不充分，这已经成为满足人民日益增长的美好生活需要的主要制约因素。”这一论述明确指出我国在新时代下社会主要矛盾的变化，在社会进步发展的同时，发展不平衡不充分问题显露出来，成为主要矛盾，从而影响人民生活的幸福感和获得感。

随着中国特色社会主义进入新时代，我国社会主要矛盾已经发生深刻的历史性转化，这是以习近平同志为核心的党中央基于我国发展新的历史方位提出的重大战略判断，深刻揭示了我国基本国情的新特点、新内涵、新变化。社会主要矛盾作为我们党制定重大方针政策的基本依据，不仅为明晰党和国家中心工作、推动人的全面发展和社会全面进步提供行动指南，而且深化了我们党对社会主义建设规律和人类社会发展规律的认识，成为新时代推进国家治理现代化战略抉择的根本遵循。①推进国家治理体系现代化需要从多角度共同采取措施，其中公共服务与老百姓的生活密切相关，对公共服务的期望反映着人民的美好生活需要。政府作为国家的人格化载体，不仅承载着普通人的政治期待和道德向往，而且其供给公共产品和公共服务、实施宏观调控和社会治理的能力更是衡量国家治理有效性的首要指标。公共服务的价值不仅在于为民众提供福祉，更在于为现代民族国家提供合法性支撑。②

新时代我国社会的主要矛盾是人民日益增长的美好生活需要和不平衡不充分的发展之间的矛盾。教育是我国政府公共服务的重要内容，当前社会主要矛盾在教育领域的具体表现是学生家长日益增长的对高质量教育的需要和教育质量不平衡不充分的发展之间的矛盾。③《中国教育现代化2035》又进一步对教育现代化内涵赋予了新的内容，即从普及向质量、公平、结构、服务能力等延伸，从事业发展深入到理念、内容、方法、体系、制度、治理等各个方面，这反映了对于教育主要矛盾认识的深化和发展的新要求。④教育公平与教育质量相互影响、相辅相成，教育的公平会促使教育质量的提高，高质量的教育可以推进教育公

① 唐皇凤. 社会主要矛盾转化与新时代我国国家治理现代化的战略选择［J］. 新疆师范大学学报（哲学社会科学版），2018（4）：7-17+2.

② 彭庆军. 以公共服务促国家认同——后游牧时代少数民族牧民国家认同建构研究［M］. 北京：人民出版社，2016：41.

③ 社会主要矛盾转化，教育如何应对［EB/OL］.（2018-03-07）［2019-04-05］. http://edu.people.com.cn/n1/2018/0307/c1053-29853229.html.

④ 张菀航. 创新驱动助力中国教育现代化［J］. 中国发展观察，2019（5）：13-15+12.

平，两者共同作用于教育的发展。

二、发展更加公平的教育，保障“有学上”和“上好学”

教育公平是国家的基本教育政策，是社会公平的基础。教育公平即社会公平在教育领域的延伸和体现，其核心是保障公民享有平等的受教育权利，公平地享有公共教育资源，在教育过程中被平等地对待，以及具有同等的学业成就与就业前景的机会。①实现教育公平需要从地位上实现教育公平由兼顾到第一位的转变，从核心上实现由强调经济效率优先到重视社会基本制度公正的转变，从实质上实现由关注社会发展到关注个人发展的转变。②党的十八大以来，以习近平同志为核心的党中央始终把教育摆在优先发展的战略地位，中国教育事业取得了历史性发展，总体发展水平跃入世界中上行列。在教育公平领域也取得了重大突破和成绩，财政性教育经费占国内生产总值比例持续超过4%，营养改善计划惠及3 600多万农村学生，重点高校专项招收农村和贫困地区学生人数由1万人增加到10万人，各类学校家庭困难学生资助受益者达到4.3亿人次。③教育公平一直是我国教育事业发展的价值诉求，作为世界规模最大的教育体系，中国教育的改革发展，关乎14亿中国人的获得感、幸福感，关乎国家进步与民族复兴。

教育公平的内涵包括教育起点的公平、教育过程中的公平与教育结

① 吴永军．教育公平：当今中国基础教育发展的核心价值［J］．教育发展研究，2012（18）：1-6.

② 程天君．新教育公平引论——基于我国教育公平模式变迁的思考［J］．教育发展研究，2017（2）：1-11.

③ 国家提供公平而有质量的教育　成就每个人的梦想［EB/OL］．（2018-03-12）［2019-04-11］．http://edu.people.com.cn/n1/2018/0312/c1006-29862682.html.

果的公平。教育起点公平是教育公平最直接的反映，是教育公平最基本、最明显的标志。它直接决定了个体在进入教育机构受教育后个人能力的发展和潜能的发挥。教育起点公平指个人有平等的享受教育的权利，有平等进入教育领域接受教育的机会。教育起点公平主要包括两方面内容：一是教育权利平等，即与政治上、经济上的平等权利相对应的教育上的平等权利；二是教育机会平等，确保每一个儿童都有接受教育的机会。教育起点公平意味着所有儿童受教育权以及受教育机会的实现，这是满足学生家长日益增长的对高质量教育需要的基本要求，也是建设和谐社会的重要措施。但由于城乡差距、地域差异、经济发展水平不同等因素的影响，我国不同地区教育起点公平的发展程度也存在较大差异。

教育过程公平是指在教育过程中，为了学生的差异性优化发展，给予学生公平待遇，使受教育者在接受教育过程中受到公平的对待，拥有和其他受教育者同等的受教育权利，以及享有共同的教育资源。教育过程公平从某种程度上说也是实现社会公平、造就和谐社会的伟大工具。我国的教育过程公平既包括总体上教育资源的均衡分配，即各地区外部支持力度的平衡，也包括具体课堂上每个学生感受到的差异化教育支持。实现教育过程公平，使每个学生得到适合自己的完备的教育资源与支持，是满足学生家长日益增长的对高质量教育需要的重要保障。我国大力推进义务教育均衡发展，据不完全统计，自2013年启动督导评估认定以来，各地推进义务教育均衡发展的投入不断增加，新建改扩建学校约26万所，增加学位2 725万个，补充教师172万人，参与交流的校长和教师243万人次。各地在推进义务教育均衡发展攻坚进程中，健全城乡统一的投入机制，统筹各级各渠道资金，向贫困地区、薄弱学校倾斜，多措并举强有力地促进教育公平的发展。①

教育结果公平建立在教育起点公平与教育过程公平基础之上，是两者发展水平的体现，与它们相互影响、共同发展。教育结果公平的本质，并不是需要每个来自不同背景的学生在学业成绩上完全平等，而是在教育无法控制的那部分变量排除之后，只考虑教育系统自身的变量对学习成绩所造成的影响是平等的，这部分的平等才是真正意义上的教育结果公平。②教育结果公平被视为评价、衡量教育质量的标准。③教育结果公平可以从教育结果上客观表现出来，一般来说，基础教育阶段学生所获得的教育结果包括学生在测验中的学业表现、思想道德水平、体育健康能力、心理素质水平、审美意识和劳动技能水平，落实到测量层面的主要是学业成就表现。④实现教育结果公平，是满足学生家长日益增长的对高质量教育需要的本质体现。高校提高农村生源比例、扩大中西部招生比例等能够“增加农村学生上重点高校人数”，并需加大基础教育方面的投入，让农村、中西部地区的孩子能够和城镇孩子享有同样优质的教育资源。

三、不断提高教育质量，提升人民群众教育满意度和获得感

教育质量不仅指作为结果的学生学业成绩的质量，也包括整个教育

① 教育部．全国超八成县（市、区）义务教育实现基本均衡［EB/OL］.（2018-02-28）［2019-04-10］. http://education.news.cn/2018-02/28/c_129819400.htm.

② 辛涛，黄宁．教育公平的终极目标：教育结果公平——对教育结果公平的重新定义［J］. 教育研究，2009（8）：24-27.

③ 吴全华．教育结果公平的内涵及其衍生规定［J］. 教育理论与实践，2008（25）：19-22.

④ 褚宏启，杨海燕．教育公平的原则及其政策含义［J］. 教育研究，2008（1）：10-16.

过程的质量。联合国儿童基金会（United Nations International Children's Emergency Fund，UNICEF）从学习者、环境、内容、过程和结果五个方面对教育质量进行了界定，认为教育质量内容不仅包括教育的结果即学生，而且包括教育服务整个过程，强调教育质量内容的全面性。①从教育过程的角度评价教育质量，是把阶段性教育过程作为一个整体性的评价对象，评价的目的在于反映此阶段教育过程的优缺点，从而调整教育过程，以促进学生更好地学习与发展。②基于过程来评价教育质量能够使教育活动朝着既定的科学方向发展，实时监测教育过程中的问题并加以解决，最终实现对教育质量的追求。改革开放以来，我国基础教育质量观因时演进，经历了一个动态发展的过程。教育质量观发展大致可以分为五个阶段，依次经历了"关注学业成绩的内适性质量观""关注社会人才的外适性质量观""关注学生素质发展的个适性质量观""关注教育服务的保障性质量观""关注全面质量的整体性质量观"五个演变期。③

建立科学全面的教育质量评价标准是教育事业高水平发展的体现，我国教育质量标准表现出合规定性—合需要性—合发展性的演变趋势。教育质量标准的合规定性，指的是以教育目的作为教育质量的评价标准，关注的是教育培养出来的人是否符合教育目的的规定性。教育质量

---

① UNICEF. Defining quality of education [C]. Education working paper. Programme division. New York. A paper presented by UNICEF at a meeting of the international working group on education, Florence, Italy, 2000.

② 朱新卓，严芮，刘寒月. 基于过程的教育质量及其评价 [J]. 高等教育研究，2015（5）：78-85.

③ 田娟，孙振东. 改革开放40年我国基础教育质量观的演进与反思——基于国家教育政策文本的分析 [J]. 现代教育管理，2018（11）：19-25.

标准的合需要性，是随着“教育是一种公共服务产品”理念越来越受到大家认同而产生的，主要存在于“关注教育服务的保障性质量观”时期。教育质量标准的合发展性，是根据教育适性发展需要，制定基础教育的底线标准，作为保障基础教育质量的“合格性评价”标准。①

教育质量的评价标准是多样化的，从教育过程来看，包括教育投入、教育过程和教育产出等环节的质量标准；从教育要素来看，包括教师、学生、学校、课程、教学设施等关键要素的质量标准。从标准的核心组成以及目前国际基本共识来看，可以将教育质量标准分为内容标准、评价标准和保障标准三个维度。② 内容标准（content standards），也称学术内容标准（academic content standards），它描述在核心学术性领域，如阅读、数学、科学和历史等课程中，每个学生应该知道什么和应该做什么。内容标准必须适用于所有学生，不管他们来自什么种族和民族，不管他们有着怎样的语言和文化背景，不管他们有没有特殊的学习需求。③ 评价标准（assessment standards），又称绩效标准，主要是基于内容标准描述如何评估学生知识和技能的掌握程度。绩效标准明确学生如何展示他们对教育学术内容标准所规定的知识和技能的掌握程度，如学分等。保障标准（assurance standards），也称学习机会标准，一般是指为保证学生达到内容标准和绩效标准要求，对教育者提供给受教育

① 田娟，孙振东. 改革开放40年我国基础教育质量观的演进与反思——基于国家教育政策文本的分析［J］. 现代教育管理，2018（11）：19-25.

② 中国教科院教育质量标准研究课题组，袁振国，苏红. 教育质量国家标准及其制定［J］. 教育研究，2013（6）：4-16.

③ 亚瑟·K.埃利斯，张文军. 美国基础教育标准化运动分析［J］. 教育发展研究，2008（2）：52-56.

者的教育经验和资源的性质和质量的规定，如教师质量标准。① 在推进教育现代化进程中，学校是承载育人重任的关键单位，应在课程标准、学科标准、教育管理标准、办学条件标准等单项或分类标准之外，增设以学校为单位的“学校现代化标准”，这样有助于引导教育工作者明确学校现代化发展之路，扎根本土，融通中外，将优质教育办出中国特色和世界水平。②

随着我国经济实力与国际地位的不断提高，我国社会的主要矛盾发生变化，学生以及学生家长对于高质量教育的需求越来越强烈，教育领域同样需要关注并解决新的主要矛盾。实现教育起点公平与教育过程公平是实现教育结果公平的前提，三者可以为实现教育质量的提升提供坚实的基础，满足学生家长日益增长的对高质量教育的需要，进而从整体上推动我国教育领域主要矛盾的解决。

---

① 陈霞. 基于课程标准的教育改革——美国的行动与启示［D］. 上海：华东师范大学，2004.

② 杨小微. 以标准引领中国教育现代化发展［N］. 社会科学报，2019-03-28（4）.

第四节　教育推进文化自信

一、新时代文化自信的内涵

党的十八大以来，习近平总书记站在中国特色社会主义事业的时代高度和中华民族走向伟大复兴的历史高度，将“文化自信”阐释为继“道路自信”“理论自信”“制度自信”后的第四个自信。在党的十九大报告中，习近平总书记立足新时代的历史方位，以高远的理论视野、宏大的使命担当，进一步深化和创新了文化自信思想，从时代背景、文化立场、文化使命、主体内容、发展战略等方面，作出新时代文化自信的崭新理论诠释，将对文化自信的认识提到一个新的高度，形成了习近平新时代文化自信思想，这成为新时代中国特色社会主义文化发展的理论先导。①

文化自信是新时代中国特色社会主义思想的重要组成部分，是对新时代坚持和发展什么样的中国特色社会主义、怎样坚持和发展中国特色社会主义在文化上作出的理论回答，是马克思主义文化理论的最新发展。党的十九大报告鲜明指出：“文化兴国运兴，文化强民族强。没有高度的文化自信，没有文化的繁荣兴盛，就没有中华民族伟大复兴。”教育是传播与培育中国特色社会主义先进文化的重要渠道，是文化传承和文化创新的重要途径，是汇聚文化力量、创生文化资源的重要源泉。②

---

① 刘波．习近平新时代文化自信思想的时代意涵与价值意蕴［J］．当代世界与社会主义，2018（1）：97–104.

② 姜茹茹．思想政治教育推动文化自信培育问题探究［J］．思想教育研究，2017（10）：55–59.

因此，厘清教育与文化自信的关系，构建文化育人体系是开展文化教育实践，响应文化自信号召，建设中国特色社会主义文化事业的重要命题。

二、以教育自信支撑文化自信

教育自信，指的是教育实践活动相关主体的一种心理认知，即对教育的积极认同、正面肯定与主动支持。教育自信既包括教育供给方通过教育实践活动获得积极的心理体验，产生满足感，也包括教育的需求方在教育参与基础上获得的客观成功和自我成长。教育自信的形成，是受教育者社会评价和教育供给者自我评价的统一[①]，是中国特色社会主义道路自信、理论自信、制度自信、文化自信在教育领域的体现。教育自信对文化自信起着支撑作用。教育的一大功能是传递人类的智慧结晶，培育教育自信，要坚定不移地走中国特色社会主义教育发展道路，坚持和发展中国特色社会主义教育理论体系和教育制度，自觉地通过教育传承、创新和弘扬中国特色社会主义先进文化。

教育自信是文化自信的组成部分。教育通过对先前文化的选择与传递、创造与创新，来实现文化的继承发展。在这个过程中需要对先前文化进行选择、提升，才可以传播给下一代。这一过程正是教育自信的体现，也是巩固文化自信的过程。一般而言，教育会从有利于受教育者发展、有利于社会发展、有利于国家民族发展、有利于人类发展出发来进行文化选择，这就使教育成为人类优秀文化存续的一种保障。[②]教育自

① 郅庭瑾. 新时代中国特色社会主义教育自信的内涵与理路［J］. 国家教育行政学院学报，2018（2）：55-60.

② 明庆华. 对“文化自信”与“教育自信”关系的思考［J］. 教育科学研究，2017（12）：11-13.

信在文化交流中也起着重要作用，通过对先进文化的传递与发展塑造我国国民的教育自信，进而在文化交流中更加坚定文化自信，通过教育自信与文化自信来发挥中国特色社会主义文化体系的育人作用。

文化自信是教育自信的基础。中国的文化自信建立在五千多年文明发展中孕育的中华优秀传统文化、中国共产党和人民伟大斗争中孕育的革命文化和社会主义先进文化基础之上。文化是教育内容的主要来源，失去深厚文化根基的教育将会成为无本之木，难以满足新时代对人才培育的要求。同时，文化知识制约教育的内容与水平，文化观念制约教育的观念与方式，文化模式也制约着教育的环境与模式。[①] 因此，只有对我国优秀传统文化、革命文化与社会主义先进文化保持坚定的自信，才能够为教育的开展、教育自信的巩固提供坚实的文化自信底蕴。

通过教育自信推进文化自信，发挥教育自信对文化自信的支撑作用。文化自信有助于培育教育自信，教育自信有助于巩固文化自信，二者相辅相成、相互影响。中国教育要建立自信，至少包括三个层次：第一个层次，就是中国教育自信建立在中国广博的文化根基之上；第二个层次，当今中国人的教育自信要建立在对包括中国在内的世界教育全面了解的基础上；第三个层次，就是我们的教育自信要基于专业理性，而非简单地与别人比较。[②] 发挥教育自信对文化自信的支撑作用，需要首先建立教育自信，客观辩证地分析我国教育事业发展中的问题、水平、优势与挑战，在准确定位的基础上明确发展方向，进一步发挥已有优势，弥补现有不足。要重视教育的文化功能，教育在文化的传承和发展

① 董泽芳. 更新观念才能编写出富有时代气息的新教材——参与王道俊、郭文安主编《教育学》教材编写有感［J］. 教育研究与实验，2011（2）：59-64.

② 储朝晖. 中国教育的文化自信从哪里来［J］. 今日教育，2017（1）：14-15.

中具有极为重要的作用，在传递文化时要坚持推陈出新、去粗取精，结合新时代社会背景，使优秀传统文化散发新的光辉，产生新的效能。

三、以“三种文化”构建育人体系

习近平总书记在庆祝中国共产党成立九十五周年成立大会上讲话指出，在五千多年文明发展中孕育的中华优秀传统文化，在党和人民的伟大斗争中孕育的革命文化和社会主义先进文化，积淀着中华民族最深层的精神追求，代表着中华民族独特的精神标识。构建中国特色社会主义文化育人体系，需要正确看待文化自信的基础，即中华优秀传统文化、中国革命文化以及社会主义先进文化，将三者作为教育的重要思想源泉来建设中国特色社会主义育人体系，坚定文化自信。

（一）文化自信是对中华优秀传统文化的自信

文化自信源于对本民族历史文化的深刻感知和认同。中华优秀传统文化是中国特色社会主义植根生长的土壤，是当代中国特色社会主义文化发展繁荣的根本所在，是增强当代青年文化认同感、民族认同感、国家认同感，增强国家向心力和凝聚力的思想源泉。中华文化是世界文化的重要组成部分，拥有促进和推动人类文明不断发展和不断进步的辉煌历史，也是世界上唯一从古至今一直存续、发展、繁荣的文化，深刻影响了世界文明的历史，是具有重要影响力的文明成果。习近平同志强调：“不忘本来才能开辟未来，善于继承才能更好创新。”[①] 任何国家的国民性都离不开传统的滋养，“中华优秀传统文化已经成为中华民族的基因，植根在中国人内心，潜移默化影响着中国人的思想方式和行为方

① 把培育和弘扬社会主义核心价值观作为凝魂聚气强基固本的基础工程［N］. 人民日报，2014-02-26（1）.

式”①。中华优秀传统文化“对形成和维护中国团结统一的政治局面，对形成和巩固中国多民族和合一体的大家庭，对形成和丰富中华民族精神，对激励中华儿女维护民族独立、反抗外来侵略，对推动中国社会发展进步、促进中国社会利益和社会关系平衡，都发挥了十分重要的作用”②。

（二）文化自信是对中国革命文化的自信

文化自信也源于中国共产党领导中国人民进行伟大斗争所孕育的革命文化。中国共产党顺应历史潮流，勇担历史重任，敢于牺牲，带领中国人民取得从新民主主义革命到社会主义革命与建设的一个又一个伟大胜利，实现了各民族团结统一和国家繁荣富强，最终取得民族独立和人民解放。在这个过程中，创造出极具中国革命特色的先进文化精神，如井冈山精神、长征精神、抗战精神、延安精神、西柏坡精神等。③我们党在长期艰苦卓绝的斗争中孕育了扎根人民、志向高远的革命文化，我们党始终不忘初心、不改初衷，屡遭挫折而奋起，历尽苦难铸造辉煌。也正是这种不忘初心、百折不挠的革命精神，使我们党在历经挫折后总结经验、重新奋起，开启改革开放新的征程，义无反顾地开辟和拓展了中国道路。④

（三）文化自信是对社会主义先进文化的自信

社会主义先进文化是中国共产党领导中国人民在长期革命和建设、改革过程中形成的精神财富，是中国人民在自身发展和国家发展中选择

① 习近平．青年要自觉践行社会主义核心价值观［N］．人民日报，2014-05-05（2）．

② 习近平．在纪念孔子诞辰2565周年国际学术研讨会上的讲话［EB/OL］．（2014-09-24）［2019-04-06］．http://www.xinhuanet.com//politics/2014-09/24/c_1112612018.htm．

③ 何定龙．习近平“文化自信”思想及其对青年教育的意义［J］．西南大学学报（社会科学版），2018（3）：21-27．

④ 包心鉴．夯实道路自信的深层基础［N］．人民日报，2016-09-05（10）．

的适合中国特色社会主义道路的文化，在政治信念、市场意识、社会理念、公民伦理和人本精神等层面具有独特的内涵与价值，是构建中国话语体系的最佳支撑。① 从历史的变迁来看，社会主义先进文化既汲取了中华优秀传统文化的丰厚养料，也是革命文化在新时期创新发展的成果。其主要内容包括：中国特色社会主义的共同理想，社会主义核心价值观，以爱国主义为核心的民族精神和以改革开放为核心的时代精神，集体主义精神与人的全面发展理念，社会主义荣辱观，“二为”（为人民服务，为社会主义服务）和“双百”（百花齐放，百家争鸣）方针，以中华民族伟大复兴为主要内容的中国梦等。② 习近平指出：“要使中华民族最基本的文化基因与当代文化相适应、与现代社会相协调，以人们喜闻乐见、具有广泛参与性的方式推广开来，把跨越时空、超越国度、富有永恒魅力、具有当代价值的文化精神弘扬起来，把继承传统优秀文化又弘扬时代精神、立足本国又面向世界的当代中国文化创新成果传播出去。”③

（四）构建文化育人的体系

发挥中华优秀传统文化的育人作用，需要对中国传统文化进行正确的认识和定位。鸦片战争之后，西方文化的挑战，使中国面临严重的文化危机。伴随着五四运动的深入，各种西方文化在中国竞相登场，中国文化也被置于西方文化的坐标中进行审视，从而使中国传统文化的现代意义整体上被否定，造成了中国传统文化的碎片化和断裂化，影响了人们对自身文化传统的认知和判断。④ 受历史条件的局限与制约，它不可

① 黄海. 文化自信的来源和底气［N］. 光明日报，2016-08-10（13）.
② 尹汉宁. 坚定文化自信的使命担当［N］. 学习时报，2017-02-24（1）.
③ 建设社会主义文化强国　着力提高国家文化软实力［N］. 人民日报，2014-01-01（1）.
④ 赵付科，孙道壮. 习近平文化自信观论析［J］. 社会主义研究，2016（5）：9-15.

避免地涵盖了部分在当前社会发展中显得过时或为糟粕的内容，因而在学习与创新传统文化中需要做到“古为今用、以古鉴今，坚持有鉴别的对待、有扬弃的继承”①。

发挥革命文化的育人作用，需要认识其中蕴含的鲜明时代特色与民族气息。孕育和成长于战斗岁月中的革命文化是中国道路、中国理论和中国制度发展的深厚土壤，是中国社会发展中不可或缺的优秀基因。②只有秉持对革命文化自觉和自信的态度，从国家层面高度重视革命文化的独特优势和在国家文化建设中的地位，以及革命文化在实践中的政治、文化、教育和经济价值，才能从根本上坚定中国特色社会主义文化自信，进而坚定对中国特色社会主义道路、理论和制度的自信。③

发挥社会主义先进文化的育人作用，需要抓住和用好我国发展的重要战略机遇期，大力发展社会主义先进文化，更好地满足人民精神需求、丰富人民精神世界、增强人民精神力量，为继续解放思想、坚持改革开放、推动科学发展、促进社会和谐，提供坚强的思想保证、强大的精神动力、有力的舆论支持、良好的文化条件。④社会主义核心价值观是决定文化属性与发展方向的最为深刻的关键因素。习近平指出：“一个国家的文化软实力，从根本上说，取决于其核心价值观的生命力、凝聚力、感召力。培育和弘扬社会主义核心价值观，有效整合社会意识，是社会系统得以正常运转、社会秩序得以有效维护的重要途径，也是国

① 习近平．在纪念孔子诞辰2565周年国际学术研讨会暨国际儒学联合会第五届会员大会开幕会上的讲话［N］．人民日报，2014-09-25（2）．

② 吴四伍．革命文化何以铸就文化自信［N］．人民日报（海外版），2016-08-25（6）．

③ 崔利萍．习近平关于革命文化重要论述的深刻内涵与时代价值［J］．学术交流，2017（12）：58-62．

④ 宁先圣．社会主义先进文化的内涵解析［J］．理论导报，2012（2）：11-13．

家治理体系和治理能力的重要方面。”①

要充分发挥教育的育人功能，正确发挥教育弘扬先进文化的功能，培育符合新时代社会主义事业建设要求的人才，培养熟悉中华文化、理解中华文化、尊重中华文化、热爱中华文化、对中华文化充满信心的中国人。构建中国特色社会主义文化育人体系，就是要把教育的文化传承功能与育人功能结合起来，将中华优秀传统文化、中国革命文化以及社会主义先进文化蕴含其中，结合我国国情与时代背景，提升我国文化软实力，探索一条发挥文化自信的作用来培育新时代社会主义建设人才的科学道路，为实现中华民族伟大复兴奠定文化根基，为中华民族屹立于世界民族之林提供精神支撑。正如习近平所说：“实现中国梦，是物质文明和精神文明均衡发展、相互促进的结果。没有文明的继承和发展，没有文化的弘扬和繁荣，就没有中国梦的实现。”②

---

① 习近平．习近平谈治国理政［M］．北京：外文出版社，2014：163.

② 习近平在联合国教科文组织总部的演讲［EB/OL］．（2014-03-28）［2019-04-12］. http://news.cntv.cn/2014/03/28/ARTI1395957717088579.shtml.

第五节　构建人类命运共同体，创造美好未来

人类命运共同体是指人类作为一个整体的命运共同体。以习近平同志为核心的党中央，面对国际形势的风云变幻，站在人类历史发展的战略高度，提出了国际社会日益成为一个“你中有我，我中有你”的“人类命运共同体”概念，为全世界的价值观发展提供了指引。习近平人类命运共同体思想自提出以后，伴随着“一带一路”倡议等全球合作理念与实践而不断丰富，逐渐为国际社会所认同，成为推动全球治理体系变革、构建新型国际关系和国际新秩序的共同价值规范。人类命运共同体思想是对中国优秀传统文化的创造性转化和创新性发展，是对马克思列宁主义的继承、创新和发展，是对新中国成立以来我国外交经验的科学总结和理论提升，蕴含着深厚的中国智慧。人类命运共同体思想为全球生态和谐、国际和平事业、变革全球治理体系、构建全球公平正义的新秩序贡献了中国智慧和中国方案。

一、构建人类命运共同体的时代意蕴

一是国家与人民的发展高度镶嵌在世界发展之中。在经济全球化深入发展的今天，世界各国相互依赖，一荣俱荣、一损俱损，既是命运共同体，也是利益共同体和责任共同体。当前国家的发展并不能独立于外部环境，而必须将自身置于全球化的发展体系中，以开放、包容、合作共赢的文化、政策和实践，将本国的发展与全球发展相联系，在世界图谱中找准自身的位置，这样才能实现国家共同的、可持续发展的目标。联合国《2030可持续发展议程》强调为人类、地球与繁荣，所有国家

和所有利益攸关方须携手合作，共同执行联合国《2030可持续发展议程》。这一议程的执行，须加强全球团结的精神，在所有国家、所有利益攸关方和全体人民参与的情况下，恢复全球可持续发展伙伴关系的活力。[①]可见，全球化使得各个国家的命运高度紧密联系，国家发展必然是一种互动的发展、合作的发展、多赢的发展、共同的发展。

二是当今所处的时代是一个充满机遇和挑战的时代，需要世界共同应对。面对“逆全球化”、霸权主义和强权政治的抬头，有关区域合作碎片化、贫富分化严重、恐怖主义、网络安全、传染性疾病等问题，不是单个国家所能解决的，而需要全人类共同面对和解决。今日世界现代性问题的严重性和普遍性，并不是靠丛林法则就能根本解决的，风险与挑战的公共性、跨国性、联动性的特点决定了没有哪个国家能够独自应对人类面临的各种挑战，也没有哪个国家能够退回到自我封闭的孤岛，在风险与挑战面前不允许有“旁观者”“退缩者”，更不能有“转嫁责任者”“损公肥私者”。世界各国需要以负责任的精神同舟共济，共同面对挑战，合力应对危机，维护和促进世界和平与发展。[②]

三是发展议题之间相互交叉、相互影响。联合国《2030可持续发展议程》提出17个可持续发展目标，这些可持续发展目标是整体的、不可分割的，并兼顾了可持续发展的三个方面，即经济、社会和环境。[③]世界发展涉及社会各个领域，包括政治、经济、文化、社会、科技等，这些领域之间相互交叉，交互作用明显，即领域之间发展的边界愈发模糊，使得国家发展、国家之间的发展关系变得更为复杂。

---

①③ 联合国. 变革我们的世界：2030年可持续发展议程［EB/OL］.（2015-09-25）［2019-04-11］. https://www.un.org/ga/search/view_doc.asp?symbol=A/RES/70/1&Lang=C.

② 陈积敏. 构建人类命运共同体思想的时代背景［N］. 学习时报，2018-07-02（2）.

如《2010年世界经济与社会概览：重探全球发展之路》报告中指出，2008—2009年全球经济危机和金融危机是紧随其他几场危机爆发的，表明领域间的相互影响以及这一影响所带来的各国经济的“共振效应”。因此，要以全球的、系统的、整体的视角和方法来分析和应对这些发展议题，各个国家须在社会各个领域践行以“人类命运共同体”为核心的价值体系。

二、构建人类命运共同体是中国方案

人类命运共同体强调世界各国制度、文化、结构之间求同存异，以世界和人类发展的共同利益和共同价值为追求目标，是在人类面临一致风险和挑战时提出的应对方案，同时也是在经济共生性国际关系的基础上对人类命运的一种前瞻性规划。只有形成这种共同体，才能促使各国从相互竞争、追求各自利益最大化转向相互合作，实现共赢，进而解决人类共同面对的问题。推动以“人类命运共同体”为核心的价值体系的实践，必须坚持以全人类利益发展为前进方向，以文化引领人类命运共同体的形成。

人类命运共同体话语体系，就是应对世界人民走向全球化、现代化进程中共同面临的挑战而提出的有效可行的中国方案，这一方案获得世界上许多国家的认可并写入联合国重要文件。习近平总书记也明确表示：“从顺应历史潮流、增进人类福祉出发，我提出推动构建人类命运共同体的倡议，并同有关各方多次深入交换意见。我高兴地看到，这一倡议得到越来越多国家和人民欢迎和认同，并被写进了联合国重要文件。我希望，各国人民同心协力、携手前行，努力构建人类命运共同体，共创和平、安宁、繁荣、开放、美丽的亚洲和世界。”① 可见，中国正在成为全球话语体系建构的引导者，中国智慧正在成为人类共同发展思想生产的生力军。

这一全球治理方案的提出，其根本源于中国道路和中国文化。中国道路始终是一种集体主义或公共主义式的发展道路。② 习近平总书记指出，和衷共济、和合共生是中华民族的历史基因，也是东方文明的精髓。人类命运共同体思想的提出也昭示着“和”的价值理念，蕴含着“天人合一”宇宙观、“天下为公”政治观、“和而不同”社会观等重要价值观念，是传统“和”文化在新的历史条件下的创新性发展。③ 因此，我国现代化发展道路始终以共同利益为公共发展目标，更具有全局观、发展性，从一开始就不同于西方发达国家的现代化发展道路，从而能够在机遇与挑战并存的时代率先提出超越传统现代性的全球治理方案。

三、构建人类命运共同体的教育担当

人类命运共同体是最广域的民本主义和全球集体主义，蕴含着国际民主和共同发展等时代性要求。构建人类命运共同体，深刻回答了“建设一个什么样的世界，怎样建设这个世界”的问题，为世界更好地发展奉献了中国智慧，指明了前进方向。

构建人类命运共同体，教育须倡导文化多样性。“文明如水，润物

---

① 习近平谈构建人类命运共同体［EB/OL］.（2018-10-17）［2019-04-11］. http://cpc.people.com.cn/n1/2018/1017/c64094-30345410.html.

② 人类命运共同体：历史坐标、现实基础与世界意义［EB/OL］.（2018-02-26）［2019-04-11］. http://theory.people.com.cn/n1/2018/0226/c40531-29834415.html.

③ 人类命运共同体的思想渊源、时代意义与价值［EB/OL］.（2019-02-03）［2019-04-11］. http://www.rmlt.com.cn/2019/0203/538923.shtml.

无声。我们应该推动不同文明相互尊重、和谐共处，让文明交流互鉴成为增进各国人民友谊的桥梁、推动人类社会进步的动力、维护世界和平的纽带。我们应该从不同文明中寻求智慧、汲取营养，为人们提供精神支撑和心灵慰藉，携手解决人类共同面临的各种挑战。”① 人类命运共同体的建设需要以包容、开放的态度对待文化多样性，在多样性的文化中求同存异，相互尊重。教育要引导人们正确处理好古与今、中与外、国家与全球、一元与多元等方面的关系，发挥以“人类命运共同体”为核心的价值体系的主导和规范作用，为世界价值观的协调统一保持正确的发展方向，保障其健康有序地发展。

构建人类命运共同体，教育须支撑“一带一路”建设。“一带一路”建设是推动构建人类命运共同体的重要实践平台，习近平同志强调，“一带一路”建设不是空洞的口号，而是看得见、摸得着的实际举措，将给地区国家带来实实在在的利益。共建“一带一路”倡议的核心内涵，就是促进基础设施建设和互联互通，加强经济政策协调和发展战略对接，促进协同联动发展，实现共同繁荣。② 从长远讲，广泛的民意和社会基础，是“一带一路”建设健康运行的根本保障，教育人文交流承担着不可替代的重要职能。同时，在“一带一路”建设中应加快国家汉语推广工作，深度推广来华留学教育，积极参与地区教育治理。③

构建人类命运共同体，教育须加强对外开放。“中国将加强同世界各国的教育交流，扩大教育对外开放，积极支持发展中国家教育事业发

---

① 习近平在联合国教科文组织总部的演讲［EB/OL］.（2014-03-28）［2019-04-12］. http://news.cntv.cn/2014/03/28/ARTI1395957717088579.shtml.

② 闻言. 坚持推动构建人类命运共同体　努力建设一个更加美好的世界［N］. 人民日报，2018-10-31（6）.

③ 朱兴德. “一带一路”，教育合作沟通民心［N］. 光明日报，2018-03-19（16）.

展，同各国人民一道努力，推动人类迈向更加美好的明天。”[①] 教育对外开放是中国对外开放的重要组成部分，是新时代下教育改革和发展的基本要求。《关于做好新时期教育对外开放工作的若干意见》强调，教育对外开放是我国改革开放事业的重要组成部分，中国的教育对外开放伴随着国家的对外开放，是对外开放的具体领域和具体体现，是对外开放的必然要求。经济全球化、政治多极化和文化多元化发展态势更加彰显，中国比以往任何时候都更需要同世界其他国家共享、共建、共同发展，世界的发展也更需要中国的参与，需要中国提供方案、提供智慧。[②]

---

① 习近平发表贺词：中国将加强同世界各国的教育交流［EB/OL］.（2013-09-26）［2019-04-13］. http://t.com/politics/2015-12/31/c_1117643074.htm.

② 薛二勇，刘爱玲. 习近平关于教育对外开放的思想研究［J］. 兰州学刊，2018（1）：14-21.

第二章　中国教育现代化的内外挑战

当今世界正经历百年未有之大变局，新一轮科技革命和产业变革深入发展，同时，国际力量对比深刻调整，国际环境日趋复杂，不稳定性不确定性明显增加。面向2035年，我国经济社会发展处于重要战略机遇期，教育现代化面临新的机遇与挑战，以人工智能为代表的新兴信息技术正在改变教育的形式与内容，国际形势转变与人类命运共同体理念正在重构教育的理念与结构。党的十八大以来，以习近平同志为核心的党中央从坚持和发展中国特色社会主义全局出发，提出并形成了以经济建设、政治建设、文化建设、社会建设、生态文明建设“五位一体”的总体布局和全面建成小康社会、全面深化改革、全面依法治国、全面从严治党的“四个全面”的战略布局，确立了新形势下党和国家工作的战略目标和战略举措，为实现“两个一百年”奋斗目标、实现中华民族伟大复兴的中国梦提供了理论指导和实践指南。“四个全面”的战略布局对教育现代化提出了重要要求，是《中国教育现代化2035》必须回答的重要主题。

第一节　人工智能对教育改革与发展的影响

2017年12月3日，习近平在致第四届世界互联网大会的贺信中指出："当前，以信息技术为代表的新一轮科技和产业革命正在萌发，为经济社会发展注入了强劲动力，同时，互联网发展也给世界各国主权、安全、发展利益带来许多新的挑战。全球互联网治理体系变革进入关键时期，构建网络空间命运共同体日益成为国际社会的广泛共识。"① 随着信息技术产业革命的萌发，互联网教学方兴未艾，人工智能、虚拟现实、大数据、区块链等新兴信息技术日新月异，给教育领域带来了前所未有的机遇和挑战，教育理念、教育形态和发展生态等都正在发生着深刻的变革。

一、人工智能作为国家战略

（一）人工智能是国家竞争的关键点

"人工智能"（artificial intelligence，AI）的概念是1956年首次被提出来的，在21世纪以来迎来了质的飞跃与发展，成为全球瞩目的科技焦点。

世界各国都将人工智能作为未来国家竞争的关键点，纷纷开始制定人工智能发展战略，以期占领新一轮科技革命的制高点。美国、法国、德国等国均已出台人工智能领域的国家战略，如美国发布《国家人工智能研究和发展战略计划》《人工智能白皮书》《人工智能、自动化和经济》《为人工智能的未来作准备》等；欧盟发布《2014—2020年欧洲

---

① 习近平致第四届世界互联网大会的贺信［EB/OL］.（2017-12-03）［2020-04-21］. http://www.xinhuanet.com//politics/leaders/2017-12/03/c_1122050306.htm.

机器人技术战略研究计划》《地平线2020战略——机器人多年发展战略图》等；德国发布《新高科技战略》《将技术带给人类——人机交互的研究项目》，与法国共同进行《关于人工智能战略的讨论》等；英国发布《在英国发展人工智能》《机器人与自动系统2020》；法国发布《法国及欧洲的人工智能》等；日本发布《日本复兴2016》《人工智能科技战略》等；① 西班牙发布《西班牙人工智能研究、发展与创新战略》等。我国于2017年颁布《新一代人工智能发展规划》，于2018年颁布《教育信息化2.0行动计划》，推进教育现代化与教育强国建设。

世界各国的人工智能发展战略侧重点有所不同，如美国的人工智能政策着力于应对人工智能蓬勃发展的趋势，保持美国对人工智能发展和重要领域保持世界领先地位。欧盟以及德国、英国、法国、西班牙等欧洲国家关注人工智能带来的伦理和道德风险。日本的人工智能政策期望借力于人工智能推进超智能社会的建设。中国和美国在人工智能领域已经走在世界前列，但是中国在产业应用领域要远远落后于美国，欧盟也努力让其成员国加大对人工智能的投入。

（二）高校是人工智能技术的主阵地

中国人工智能技术发展走在世界前列，表现为科研成果产出多。清华大学中国科技政策研究中心2018年7月公布的《中国人工智能发展报告（2018）》显示，中国人工智能论文总量和高被引论文数量都是世界第一，中国人工智能论文的全球占比从1997年的4.26%增长到2017年的27.68%，遥遥领先于其他国家。高校是人工智能论文产出的绝对主

① 清华大学中国科技政策研究中心. 中国人工智能发展报告（2018）[R/OL].（2018-07-24）[2020-04-21]. http://www.clii.com.cn/lhrh/hyxx/201807/P020180724021759.pdf.

力，在全球论文产出百强机构中，87家为高校，中国顶尖高校的人工智能论文产出在全球范围内表现出众。

中国人工智能的人才总量多，但杰出人才少。中国人工智能人才总量世界第二，但是杰出人才占比偏低。截至2017年，中国的人工智能人才拥有量达到18 232人，占世界总量的8.9%，仅次于美国。高校和科研机构是人工智能的主要载体，清华大学和中国科学院是全球国际人工智能人才投入量最大的机构。但是按照高H因子衡量的中国杰出人才只有977人，不及美国的五分之一，世界排名第六。①

中国高校积极投身人工智能发展。自2004年教育部正式批准北京大学设立“智能科学与技术”本科专业以来，人工智能领域受到越来越多高校的关注。截至2017年7月，由教育部批准设立“智能科学与技术”本科专业的高校已达36个，人工智能相关专业方向达79个。中国科学院大学、西安电子科技大学、南京大学、重庆邮电大学、湖南工业大学、长春理工大学、天津大学、南开大学等高校已先后成立了人工智能学院。②

《中国教育现代化2035》明确提出，将加快推进信息化时代的教育变革作为我国面向未来的重要战略任务，建设智慧化校园，探索新型教学方式，创新教育服务业态，推进教育治理方式变革。现代信息技术与教育教学的融合已是大势所趋，对此应保持敏锐的目光与积极的态度，进行科学的判断与理性的反思。

---

①② 清华大学中国科技政策研究中心. 中国人工智能发展报告（2018）[R/OL].（2018-07-24）[2020-04-21]. http://www.clii.com.cn/lhrh/hyxx/201807/P020180724021759.pdf.

二、人工智能对教育的挑战 ①

以互联网技术、大数据技术和人工智能技术为代表的现代信息技术的飞速发展及其与教育教学的深度融合，给学校教育带来了难得的机遇和严峻的挑战。当前，人工智能在工业、能源、环境、经济、教育、医疗等各个领域都扮演着重要角色，已经成为推动社会各领域发展的重要力量。在图像识别、语音识别等领域，人工智能系统的问题解决能力已经超过了人类。人工智能在特定领域解决特定问题的能力仍在飞速发展，而且因为人工智能具有独特的非人类能力，因其“连接性”和“可更新性”②，可能会在更多领域超过人类。

（一）人工智能与教育的融合

人工智能技术与教育教学的融合，成为教育发展的核心驱动力之一。20世纪70年代以来，各个学科的智能教学系统不断涌现，随着自然语言处理技术的发展，人工智能技术促进了智能教学系统的人机交互，在智能评测尤其是外语学习领域，也得到了广泛应用。有学者总结人工智能对教育有积极的正向作用，包括以下几方面。（1）知识表示。基于互联网的知识库日益丰富，成为全球学习者的知识来源，扩展了人类记忆智能。（2）机器学习。通过对教育数据深挖和学习分析，促进教育管理和决策科学化，帮助教育者因材施教。（3）模式识别。通过语言识别、情感识别等帮助学习者定制个性化学习资料。（4）自然语言处理。可以作为辅助工具应用于语言教学，或者作为人机交互手段应用于智能教学系统。（5）智能机器人。可以提升学生的学习效果。（6）智能

---

① 钟秉林，王新凤，方芳．信息科技驱动下的教育变革——机遇、挑战与反思［J］．南京师大学报（社会科学版），2019（5）：5-12.

② 尤瓦尔·赫拉利．今日简史［M］．林俊宏，译．北京：中信出版集团，2018：19.

教学系统。模仿教师帮助学习者进行某个领域的学习，增强学习者的参与感与深度学习。[①] 总之，人工智能技术与教育教学的融合将促进教育的个性化、精准性、自适应性与普适性，提高教学效率和质量，助力实现教育现代化。

教育机器人是人工智能应用于教育领域的典范，已经开始应用于学校和家庭场域中，如智能玩具、儿童娱乐同伴和家庭智能助理等，课堂机器人助教和机器人教师等技术和产品的研发也有了一定的发展。[②] 虚拟现实（VR）和增强现实（AR）技术与人工智能技术的结合也为教育发展带来了新的机遇，主要集中在支持学习环境创设、支持技能实训、支持语言学习、支持特殊儿童教育等四大方面[③]，为学习者提供关于视觉、听觉、触觉等感官的模拟，激发学习者的学习兴趣，增强对于知识的理解，培养创新思维和创造力，实现基于建构主义的学习。“VR＋教育”正成为教育产业领域新的探索与尝试，人工智能、虚拟现实技术与教育产业的深度融合，可以解决传统在线教育现场感不足等问题，为传统教育和在线教育产业的转型升级提供借鉴。

（二）人工智能对教育的挑战

信息科技驱动下的未来教育将更加重视知识本位向能力本位的转变，重视学习者批判性和创造力的培养，重视全球共同利益价值观的养成，迎接未来世界的冲突与不确定性。人工智能时代，学校教育不会消失，但是学校教育的内容、方式、组织和结构等都将可能被重构。

---

① 贾积有. 人工智能赋能教育与学习［J］. 远程教育杂志，2018（1）：39-47.

② 黄荣怀，刘德建，徐晶晶，等. 教育机器人的发展现状与趋势［J］. 现代教育技术，2017（1）：13-20.

③ 刘德建，刘晓琳，张琰，等. 虚拟现实技术教育应用的潜力、进展与挑战［J］. 开放教育研究，2016（4）：25-31.

第一，人工智能将冲击传统的教育观。人工智能技术的发展在一定程度上将会冲击人类社会存在的本质，给自由和平等的现代价值观带来威胁，我们需要重新思考人工智能时代教育将如何存在[①]，重新思考教育将致力于培养什么样的人，以什么方式培养人，明确和坚定教育的价值选择和方向等教育基本问题。第二，人工智能将改变教育内容。人工智能时代教育教学的重点不再是知识或者信息、技能的传输与获得，而是养成学生的批判性思维和创造力，培养学生的分辨和处理信息的能力，让学生学会学习，有能力应对和适应变化的环境，并在人生发展的不同阶段能够重塑自己，应对一切不确定性。第三，人工智能将拓展教育的功能。教育为人工智能技术的发展提供人力资源和智力支撑。人工智能技术的发展需要高等学校和科研院所提供创新的源头，在前沿基础理论、关键共性技术、人才队伍建设等方面提供支持；需要中小学校培养学生更好的数字素养，通过STEAM教育[②]、计算机课程、人工智能和数据科学课程等培养学生的科学素养与知识融合能力及创造力；需要人工智能技术与数学、计算机科学、物理、生物以及社会科学交叉融合，提供强大的科学储备。第四，人工智能将挑战教师的传统角色和权威地位。部分知识性教学角色将会被人工智能所取代，更加需要教师在激发学生学习兴趣、启迪学生智慧、涵养学生健全人格等方面发挥作用，凸显育人功能的重要性和不可替代性。在教师队伍建设方面，面向未来的教师应该主动应对信息技术革命的挑战，转变传统的知识传授者的角色定位，更加注重发挥为人师表的育人功能，启迪学生智慧，涵养学生人格，体现人之为人的独特性和价值所在。第五，人工智能对劳动

① 唐汉卫. 人工智能时代教育将如何存在［J］. 教育研究，2018（11）：18-24.

② STEAM教育，就是集科学、技术、工程、艺术、数字多学科融合的综合教育。

力市场的直接影响。人工智能比人类更精于计算概率和模式识别，简单、重复性劳动将首先被取代，一大批职业会逐渐消亡。同时，传统职业内涵不断更新，新的职业不断产生，比如人工智能的维护和运用等。新兴职业将会更加需要高深的专业知识，而且将不可避免地会产生庞大的“新无用阶层”①，可能会带来系统性失业的威胁。这将对高等学校的人才培养结构、学科专业结构以及就业市场带来明显的冲击。

人工智能技术与生物技术以及教育教学的结合，可能对人类社会结构以及教育带来颠覆性的冲击。当然，人工智能可以作出比人脑更加复杂和精准的计算，但不能完全替代人的情感性、创造性和批判性。要高度重视人工智能技术运用于教育教学领域的规范管理，加强对人工智能技术应用的多重伦理研究，防止技术对人的异化。

---

① 尤瓦尔·赫拉利．今日简史——人类命运大议题［M］．林俊宏，译．北京：中信出版集团，2018：19.

第二节　国际大形势转变与教育发展的关系

一、国际大形势转变

当前中国处于近代以来最好的发展时期，世界处于百年未有之大变局之中，两者同步交织、相互激荡，这是当前我国经济社会发展面临的重要的国际形势。

（一）从美国单极称霸转为一超多强

当前世界从美国单极称霸转变为一超多强。冷战后，美国成为唯一的超级大国，国际格局在经历了短暂的单极时刻之后，呈现出一超多强的态势。俄罗斯拥有与美国相抗衡的核武器，欧盟在国际政治中拥有重要地位。以中国、印度和东盟为代表的亚洲崛起，以及联合国占据多数席位的发展中国家作为整体对国际事务的影响也不容忽视。盎格鲁－撒克逊传统在美国呈现式微之势，力挺保护主义、民粹主义与孤立主义的特朗普以“退群”“砌墙”“贸易战”等方式，试图力挽美国霸权之颓势。特朗普以单边主义代替多边主义，以贸易保护主义代替自由贸易原则，频繁退出美国起主要作用的多边国际组织，旨在不受约束，凭借自己的力量重塑对自己有利的世界，改变了冷战结束以来高歌猛进的全球化进程。

美国从20世纪90年代开始就对中国执行“接触加遏制”的对话政策，但随着中国实力的上升，美国对华遏制力度加大，特朗普政府在2017年底发布国家安全战略报告，明确将中国确定为战略竞争对手，中美贸易摩擦逐渐上升为中美贸易战，中美关系面临不确定性和不稳定性，对整个世界格局变迁产生着微妙的影响。中美贸易不平衡的问题长期存在，主要是由全球分工格局造成的，其核心是技术、服务业和《中国制造业2025》给美国政府带来对中国崛起的焦虑。①中美贸易战也凸显了中国在核心技术领域里的不足，中国公司既没有掌握国外核心信息技术，也没有形成自身的核心创新与竞争力。自主创新是我国进入发达经济体行列的必经之路，中国自主创新战略和贸易争端反映了国家竞争关系的调整和全球价值链的重塑。

（二）中国成为影响世界格局的关键

中国已经成为影响当今世界大变局的重要因素。进入21世纪以来，国际格局朝着多极化的方向发展，尤其是2008年金融危机以后，西方国家的整体实力出现相对衰落，对世界事务的主导能力下降；而以中国为代表的新兴市场国家和一大批发展中国家群体性崛起，进一步改变了国际力量的分配，推动了国际格局向着更加均衡的方向发展。到2010年，中国超越美国成为世界第一制造业大国，同年中国超越日本，成为世界第二大经济体，中国成为影响当今世界格局的关键力量。中国的崛起引起美日等世界经济强国的警惕，国际关系也随之改变。中国的崛起使得日本作为世界第二大经济体时代的终结，也改变了日本在东亚地区的优势地位，日本开始视中国为竞争对手，一方面增强自主防卫力量，强化日美同盟，通过经济援助等手段拉拢东南亚国家；另一方面打造日、美、印、澳价值观联盟，通过制度和规则“规范”中国，在全球发动针对中国的“国际舆论战”，造成两国关系持续紧张。

（三）英国脱欧冲击全球治理格局

英国脱欧给欧洲区域与全球治理格局带来冲击。当前，西方出现了

---

① 雷达. 中美贸易战的长期性和严峻程度［J］. 南开学报（哲学社会科学版），2018（3）：3-5.

自工业革命以来的第一次全面颓势，老牌强国云集的欧洲已陷入老龄化深渊，社会结构受到冲击，经济增长长期乏力。区域一体化是经济全球化背景下一种重要的发展趋势，随着欧洲区域一体化的发展，欧盟在欧洲以及国际事务中有着重要的一席之地。但是英国脱欧给英国政治经济、内政外交以及欧洲乃至全球治理格局都带来了重要影响。短期内会有利于缓解和转移英国的经济社会矛盾，但也加重了欧洲一体化深化的困境，在一定程度上会推动世界格局与全球治理体系的变革。英国脱欧使欧盟失去了重要的伙伴，对处于低潮的欧洲一体化合作来说是雪上加霜。欧洲区域一体化促进了世界区域一体化进程，但是英国脱欧将会使得全球多边合作治理面临挑战，甚至会出现反一体化、反全球化思潮。①

中国始终将中欧关系置于对外关系的重要和优先地位。习近平从2018年底开始陆续对西班牙、葡萄牙、意大利、摩纳哥和法国进行国事访问，展现中国对欧政策的稳定性与持续性，欧洲多国表示“一带一路”倡议对欧洲来说是发展机遇。中国和欧盟作为世界两大经济体、维护现行国际秩序的两大重要力量，肩负着助力全球经济可持续增长、维护世界和平与发展的重要使命。欧洲在经历几次格局变迁后，对自身的实力地位和发展目标有了更清晰的认知，对待中国崛起比美国和日本更加坦然和务实，一方面会跟随美国和日本压制中国的崛起，另一方面也会抓住中国崛起带来的机遇，促进自身经济的发展。2013年中国与欧盟共同制定《中欧合作2020战略规划》，确定了中欧在和平与安全、繁荣、可持续发展、人文交流等领域加强合作的共同目标。

① 吴志成. 英国脱欧对欧洲及世界格局的影响［J］. 中国中小企业，2020（3）：74-76.

总之，冷战结束，世界进入美国称霸的单极世界。然而威胁世界和平安全的传统危机诸如核扩散、地区霸权主义等不仅没有消失，非传统危机诸如恐怖主义、网络安全等反而有所增加。美国将中俄作为主要的战略对手，通过欧洲大西洋同盟和太平洋地区同盟进行遏制。面对世界局部冲突与危机的增多，各国保守主义势力有所抬头。中国为应对国际危机，坚持和平发展道路，倡导构建人类命运共同体，积极促进“一带一路”国际合作，秉持共商共建共享的全球治理观，主要以中俄联手应对美国与北约及其盟友对两国的战略遏制，在全球治理体系中贡献中国智慧和力量。

二、人类命运共同体与教育重构

国际形势转变给中国经济社会发展带来巨大影响，一方面中国需要加强自主创新能力，建设富强民主文明和谐美丽的社会主义现代化国家；另一方面要处理好与世界各国的多边关系，在自身崛起的同时又与美国、日本、欧洲以及发展中国家保持和平共处的关系。在此背景下，党的十八大以来，习近平总书记提出了构建人类命运共同体的战略构想。人类命运共同体的战略构想是在国际大形势转变的背景下，中国政府作出的重要国际战略举措。

（一）人类命运共同体的内涵

2017年10月18日习近平在党的十九大报告中指出：“我们呼吁，各国人民同心协力，构建人类命运共同体，建设持久和平、普遍安全、共同繁荣、开放包容、清洁美丽的世界。要相互尊重、平等协商，坚决摒弃冷战思维和强权政治，走对话而不对抗、结伴而不结盟的国与国交往新路。要坚持以对话解决争端、以协商化解分歧，统筹应对传统和非传统安全威胁，反对一切形式的恐怖主义。要同舟共济，促进贸易和投资自由化便利化，推动经济全球化朝着更加开放、包容、普惠、平衡、共赢的方向发展。要尊重世界文明多样性，以文明交流超越文明隔阂、文明互鉴超越文明冲突、文明共存超越文明优越。要坚持环境友好，合作应对气候变化，保护好人类赖以生存的地球家园。”①

习近平对人类命运共同体的时代背景、重大意义、丰富内涵和实现途径等重大问题进行了深刻阐述。坚持推动构建人类命运共同体，是习近平新时代中国特色社会主义外交思想的重要内容，是习近平新时代中国特色社会主义思想的重要组成部分。人类命运共同体内涵丰富，是从人类共同时空的角度提出的新理念、新思想。构建人类命运共同体，就是要始终不渝地走和平发展的道路，这是中国根据时代发展潮流和国家根本利益作出的战略抉择。构建人类命运共同体，就是要坚持对话协商，建设一个持久和平的世界；坚持共建共享，建设一个普遍安全的世界；坚持合作共赢，建设一个共同繁荣的世界；坚持交流互鉴，建设一个开放包容的世界；坚持绿色低碳，建设一个清洁美丽的世界。构建人类命运共同体，就是要积极发展全球伙伴关系，扩大同世界各国的利益交汇点，推进中国与俄罗斯、美国、欧盟以及发展中国家之间稳定、均衡发展的国家关系框架。构建人类命运共同体，就是要积极参与全球治理体系改革和建设。

（二）人类命运共同体与教育

人类命运共同体需要重构教育理念。教育作为人类的事业、全球的共同利益，必须回应人类命运共同体的要求，把培养构建人类命运共同

---

① 习近平．决胜全面建成小康社会　夺取新时代中国特色社会主义伟大胜利——在中国共产党第十九次全国代表大会上的报告［M］．北京：人民出版社，2017：58-59.

体所需要的人，作为新世纪教育思考和实践的主题，使之具有人类命运共同体所需要的意识、价值观和行为方式。为此，教育需要唤醒人的类本性和公民的全球责任意识，建构主体间对话与理解的教育行动方式，以共享发展的理念，促进教育国际合作交流，建构全球教育共同体。① 有学者提出，应推进新型世界公民教育，通过培养国民互利的利益共同体、互融的文化共同体与互存的命运共同体理念，帮助个体养成包容的世界主义情感，助推国家履行国际责任与使命，打造世界范围的人类命运共同体，政府、学校和社会都将成为推进新型世界公民教育不可或缺的重要力量。② 总之，人类命运共同体理念下的教育应该致力于在全人类发展的时空中思考教育的本质、教育的价值、教育的目标以及教育的内容，当务之急，是塑造人类命运共同体理念下的一种新兴世界公民教育理念。

人类命运共同体赋予了国际教育合作新使命。应在人类社会整体进步的目标下，树立教育对外交流合作新理念。在人类命运共同体理念下，教育不仅是民族国家的事业，而且是全人类的事业，事关人类社会整体发展。教育交流与合作必须跳出民族和国家的思维，维护全人类共同理念和增进全人类的福祉，助力实现民心相通，推进人类文明交流互鉴。人类命运共同体理念下的教育交流与合作，是增进各国人民相互了解的桥梁和纽带，尊重世界文明多样性，倡导构建多元竞争共同发展的合作模式。人类命运共同体赋予了国际教育合作新坐标。人类命运共同

---

① 冯建军. 推动构建人类命运共同体：教育何为［J］. 教育研究，2018（2）：37-42+57.

② 刘宝存，张伟. 文化冲突与理念弥合——“一带一路”背景下新型世界公民教育刍议［J］. 清华大学教育研究，2018（4）：56-63.

体的新理念对教育领域的国际交流与合作具有规范和引领作用。以人类命运共同体引领教育国际合作，需要超越以“民族国家利益”界定国际合作目标，保障平等地位和自主性，承认和尊重差异，消解国际合作中的“中心—边缘”结构。同时，教育国际合作在助力人类命运共同体建设上需要发挥积极作用，从维护全人类利益的高度出发，通过构筑跨国学术共同体、世界青年共同体和社会责任共同体，携手解决人类面临的问题与挑战，共同为促成公平正义、合作共赢的世界秩序作贡献。①

人类命运共同体推动全球治理创新。人类命运共同体是一种新型国际秩序观，是中国为解决国家间冲突和全球性问题而贡献给世界的中国方案，在一定程度上冲击着以西方为主导的世界秩序和国际关系准则。2017年11月10日，习近平在亚太经合组织工商领导人峰会上的主旨演讲中指出：“我们正面临全球经济治理体系的深刻转变。世界经济格局的演变对全球经济治理体系提出了更高要求。坚持多边主义，谋求共商共建共享，建立紧密伙伴关系，构建人类命运共同体，是新形势下全球经济治理的必然趋势。”② 人类命运共同体共商共建共享和合作共赢的理念，有助于推动世界范围内的教育交流与合作，也在改变世界教育长期存在的“中心—边缘”结构。我国积极重视与联合国教科文组织的合作，积极参与教科文组织及其他国际组织的多边行动，积极参与国际规则制定，加大对发展中国家的教育援助项目支持力度等，都是为全

---

① 周作宇，马佳妮. 人类命运共同体：高等教育国际合作的价值坐标［J］. 教育研究，2017（12）：42-50+67.

② 习近平. 抓住世界经济转型机遇　谋求亚太更大发展——在亚太经合组织工商领导人峰会上的主旨演讲［N］. 人民日报，2017-11-11（2）.

球教育治理体系和治理方式变革作出中国贡献。[①] 人类命运共同体理念下的教育合作模式，并不是中国模式的输出或复制。2017年12月1日，习近平在中国共产党与世界政党高层对话会上的主旨讲话中指出："我们不'输入'外国模式，也不'输出'中国模式，不会要求别国'复制'中国的做法。"[②]

① 邹华，黄斌. 构建人类命运共同体与教育对外交流合作的新使命［J］. 理论导刊，2019（1）：72-77.

② 习近平. 携手建设更加美好的世界——在中国共产党与世界政党高层对话会上的主旨讲话［J］. 当代世界，2017（12）：7.

第三节　国家对外开放大局与教育支撑作用

一、国家对外开放大局

对外开放是中国的一项基本国策。党的十八大以来，我国全面推进中国特色大国外交，形成了全方位、多层次、立体化外交布局。面向未来，中国坚持推动构建人类命运共同体，将其作为新时代中国特色社会主义思想和基本方略，贯彻新发展理念，建设现代化经济体系，推动形成全面开放新格局。将以“一带一路”建设为重点，坚持引进来和走出去并重，遵循共商共建共享原则，加强创新能力开放合作，形成陆海内外联动、东西双向互济的开放格局。优化区域开放布局，加大西部开放力度。加大对发展中国家特别是最不发达国家援助力度，促进缩小南北发展差距。中国秉持共商共建共享的全球治理观，支持联合国发挥积极作用，支持扩大发展中国家在国际事务中的代表性和发言权。中国将继续发挥负责任大国作用，积极参与全球治理体系改革和建设。

2013年9月和10月，国家主席习近平在出访中亚和东南亚国家期间，先后提出共建“丝绸之路经济带”和“21世纪海上丝绸之路”（简称“一带一路”）的重大倡议，得到国际社会高度关注。2015年3月28日，国家发展改革委、外交部、商务部联合发布了《推动共建丝绸之路经济带和21世纪海上丝绸之路的愿景与行动》。“一带一路”倡议是践行人类命运共同体理念的重要战略举措。2017年12月1日，习近平在中国共产党与世界政党高层对话会上的主旨讲话中指出：“我提出‘一带一路'倡议，就是要实践人类命运共同体理念。"①

"一带一路"倡议是党和国家统筹国内外局势作出的重要战略决策，涉及基础设施建设、贸易投资、产业合作等硬实力，也涉及政策、文化、人才等软实力，需要教育提供文化、人才等软实力支撑。"一带一路"倡议为国内外以及区域之间的教育合作与交流提供了发展机遇。2016年7月，教育部牵头制定了《推进共建"一带一路"教育行动》，阐述了教育在"一带一路"建设中的支撑作用，并提出中国教育要行动起来，倡导沿线各国建立教育共同体，共同致力于推进沿线各国民心相通，培养大批共建"一带一路"急需人才，提供人才支撑，推动教育深度合作，全面提升区域教育影响力，实现共同发展。

我国对外开放大局对教育对外开放提出了更高的要求。《中国教育现代化2035》将"开创教育对外开放新格局"作为重要战略任务之一：对外开放是推进教育现代化的重要举措。要面向国家对外开放全局，积极服务"一带一路"建设，全面加强与世界各国和国际组织的务实合作，不断丰富开放内涵，提高开放水平和国际影响力，为构建人类命运共同体作出重要贡献。可以看出，"一带一路"建设等对外开放大局对教育现代化的影响深远。

二、"一带一路"下的教育发展

（一）各类人才培养新要求

"一带一路"倡议给各级各类人才培养带来契机。人才是"一带一路"建设的重点和关键，"一带一路"愿景与目标的实现离不开创新创

① 习近平．携手建设更加美好的世界——在中国共产党与世界政党高层对话会上的主旨讲话［J］．当代世界，2017（12）：5.

业人才、国际组织人才、非通用语言人才、华人华侨人才、海外高端人才以及急需领域专业人才等各类人才的支撑和保障。教育尤其是高等教育领域应根据“一带一路”倡议的要求，切实担负起人才培养的重要使命。“一带一路”建设对高等教育人才培养需求加大，任务增多，劳动力市场前景广阔，急需我国创新路径，形成有中国特色的国际化发展道路。① 如何发挥中国职业教育的优势，提升合作国家的职业教育质量，服务当地经济社会发展，也是亟待探索和解决的重要问题，当前已经开始探索围绕“一带一路”援建项目开展特色专业共享等。② 加强“一带一路”沿线国家和地区的汉语国际教育，可以为“一带一路”建设打通语言通道，这对汉语国际教育的培养模式提出了挑战。③ 来华留学生教育是扩大“一带一路”对外教育开放的重要途径，2017年，共有31.72万沿线国家留学生来华留学，占来华留学生总数的64.85%。④ 沿线国家来华留学生的规模效应显著促进留学生教育整体水平的提升。如何推动沿线国家来华留学生教育的充分、均衡发展，促进学历学位互认等成为当前面临的主题。⑤

---

① 刘进，陈劲. 改革开放40年：面向“一带一路”的高等教育国际化转向［J］. 河北师范大学学报（教育科学版），2018（5）：62-67.

② 罗恒，卡罗莱·穆西米，刘清堂. “一带一路”倡议下职业教育国际合作模式探究——以中国—肯尼亚职教项目为例［J］. 比较教育研究，2018（9）：11-18.

③ 张亚蓉. “一带一路”新形势下汉语国际教育专业改革与发展模式构想［J］. 西北大学学报（哲学社会科学版），2018（6）：142-150.

④ 全面推进共建“一带一路”教育行动　教育部与四省市签署《推进共建“一带一路”教育行动国际合作备忘录》［J］. 教育现代化，2019（18）：6.

⑤ 胡瑞，余赛程. “一带一路”沿线国家来华留学生教育结构评价与发展策略［J］. 河北师范大学学报（教育科学版），2018（5）：68-73.

（二）教育合作交流新契机

“一带一路”倡议为国内外教育合作与交流带来新的机遇。“一带一路”倡议为沿线国家之间的教育合作与交流带来了难得的历史契机。现阶段沿线与我国合作办学的国家有9个，开设中国研究中心的国家有10个，我国设置“一带一路”国别研究中心涉及的国家有32个。有研究者通过对“一带一路”倡议涉及的39个沿线发展中国家的高等教育毛入学率进行非线性回归分析发现，沿线国家高等教育发展模式可以分为快速增长型、发展趋缓型和发展波动型，半数左右沿线国家的高等教育毛入学率将经历不同程度的起伏变化过程，为我国中外合作办学提供了机遇。① 也有研究证明，教育合作需要分析沿线国家教育质量和科技发展实力，高等教育发展质量和研发水平都高的沿线国家具备合作的优势与条件，而二者均低的沿线国家是“一带一路”建设需突破的重点国家，适合运用“走出去”战略予以支持，而二者各有优劣势的沿线国家则需要分类开展合作。从国际教育合作与交流的发展趋势来看，学位学历的互认互通是区域合作的必要条件。当前，中国致力于推动落实联合国教科文组织《亚太地区承认高等教育资历公约》，学位学历认证标准联通，实现“一带一路”沿线国家之间的学位学历的互认互通。我国已与24个“一带一路”沿线国家签署了高等教育学位学历互认协议，共有60所高校在23个沿线国家开展境外办学，16所高校与沿线国家高校建立了17个教育部国际合作联合实验室。②

---

① 吕明霞.“一带一路”沿线国家高等教育的发展趋势分析——基于39国的统计数据［J］. 现代教育管理，2019（1）：92-97.

② 全面推进共建“一带一路”教育行动　教育部与四省市签署《推进共建“一带一路”教育行动国际合作备忘录》［J］. 教育现代化，2019（18）：6.

（三）区域集群发展新机遇

“一带一路”倡议为国内教育区域集群发展带来契机。根据《推动共建丝绸之路经济带和21世纪海上丝绸之路的愿景与行动》，中国将充分发挥国内各地区包括西北地区、东北地区、西南地区、沿海和港澳台地区、内陆地区的比较优势，实行更加积极主动的开放战略，加强东中西部互动合作，全面提升开放型经济水平。《中国教育现代化2035》提出构建适应区域和产业发展需要的教育布局，服务国际区域协调发展战略以及“一带一路”建设等重大政策，可以说，这是教育适应“一带一路”等国家对外开放大局作出的重要战略部署。首先，加强高等教育的集群发展。应加强与区域经济社会发展之间的关系，从区域发展战略的角度发展教育，实现教育的“溢出”效应，为区域发展提供支撑。2019年2月18日，中共中央、国务院印发《粤港澳大湾区发展规划纲要》，打造国际科技创新中心，对国内外顶尖水平高等院校的人才培养与科技支撑提出了重要命题。其次，加强了对中西部地区的支持力度。《中国教育现代化2035》提出振兴中西部地区高等教育，加大对中西部贫困地区、民族地区等教育薄弱地区支持力度，在“一带一路”建设过程中加强沿线地区的发展。最后，加快推进各省市参与“一带一路”国家战略。2019年2月18日，教育部与辽宁省、山东省、重庆市、宁波市在京签署《推进共建“一带一路”教育行动国际合作备忘录》，推进相关省市积极对接“一带一路”倡议，发挥自身区位优势，着力提高教育对外开放水平。

（四）教育合作模式新探索

“一带一路”倡议为探索教育领域新型合作模式带来契机。“一带一路”建设中沿线国家和中国的合作与欧洲高等教育区域较为成熟的教育合作模式有共同点也有差异。欧洲高等教育区域整合是在欧洲经济社会一体化趋势之下产生的，是经济社会一体化功能“外溢”的结果；同时，欧洲文化的认同为欧洲高等教育区域整合提供了内化的机制，无论是在地缘还是在文化背景上都有相似之处，更容易获得相互认可。即便如此，教育体制的多样性也为欧洲区域高等教育融合带来了较大的障碍与阻力。而“一带一路”沿线国家的教育合作与发展，是在中国占据主导地位的对外开放战略下进行的，时间短，经济建设与教育合作同步进行，而且沿线65个国家和地区横跨亚欧大陆，文化、宗教、教育体制、教育水平等差异性大，这也增加了合作的难度。有学者认为，“一带一路”倡议的推行在为中国及沿线国家带来发展机遇的同时，也必然引发一定的问题和风险，文化领域已经出现的冲突和分歧正在影响甚至妨碍这一倡议的实施，从而提出倡导一种具有全新含义的新型世界公民教育。①“一带一路”建设下教育领域合作与交流模式的探索，将为世界范围区域高等教育合作与交流提供新的范例。

① 刘宝存，张伟. 文化冲突与理念弥合——“一带一路”背景下新型世界公民教育刍议［J］. 清华大学教育研究，2018（4）：56-63.

第四节 国家战略布局对教育的新要求

《中国教育现代化2035》紧紧围绕统筹推进“五位一体”总体布局和协调推进“四个全面”战略布局，以此为中国教育现代化的重要指导思想，要求2020年确保“十三五”规划各项发展目标全面实现，全面建成小康社会顺利收官。

一、全面建成小康社会

小康社会是古代思想家描绘的诱人的社会理想，也表现了普通百姓对宽裕、殷实的理想生活的追求。20世纪70年代末80年代初，邓小平在规划中国经济社会发展蓝图时提出“小康社会”的战略构想。随着中国特色社会主义建设事业的深入，其内涵和意义不断地得到丰富和发展。党的十八大报告明确提出了全面建成小康社会的建设目标。

教育现代化是全面建成小康社会的重要组成部分。自改革开放之初邓小平提出小康社会的奋斗目标之后，历次党的代表大会都将教育纳入建设小康社会的总体框架之中，而且对教育在全面建成小康社会、实现社会主义现代化中的战略地位以及教育现代化等都进行了深入的阐释，教育现代化是全面建成小康社会题中应有之义，教育现代化是社会主义现代化的重要组成部分。党的十九大报告指出，从2020年到2035年，在全面建成小康社会的基础上，再奋斗十五年，基本实现社会主义现代化，“我国经济实力、科技实力将大幅跃升，跻身创新型国家前列；人民平等参与、平等发展权利得到充分保障，法治国家、法治政府、法治社会基本建成，各方面制度更加完善，国家治理体系和治理能力现代化基本实现；社会文明程度达到新的高度，国家文化软实力显著增强，中华文化影响更加广泛深入；人民生活更为宽裕，中等收入群体比例明显提高，城乡区域发展差距和居民生活水平差距显著缩小，基本公共服务均等化基本实现，全体人民共同富裕迈出坚实步伐；现代社会治理格局基本形成，社会充满活力又和谐有序；生态环境根本好转，美丽中国目标基本实现”[①]。《中国教育现代化2035》制定的中国教育未来发展目标都是全面建成小康社会之后，基本实现社会主义现代化发展目标的组成部分。

教育现代化是全面建成小康社会的必然要求。国内外教育改革与发展的经验表明，教育现代化可以先于社会现代化实现，从而推动社会的全面进步。[②]我国国家战略布局设计中将教育纳入建设小康社会的总体框架，确定了教育在全面建成小康社会和基本实现现代化的国家总体战略中具有基础性、先导性、全局性的战略地位。全面建成小康社会，需要教育为之提供相应的人力与智力支撑，对各级各类教育的现代化都提出了更高的要求。全面建成小康社会要求基础教育的均衡发展，实现区域共同发展，缩小城乡差距，实现基本公共服务的均等化。全面建成小康社会需要职业教育的支撑与驱动，培养高技术、高技能人才，培养大国工匠，提升农村劳动力人口质量。[③]全面建成小康社会，需要现代化高等教育的支撑与驱动，高等教育在服务全面建成小康社会中完成自身的

① 习近平. 决胜全面建成小康社会　夺取新时代中国特色社会主义伟大胜利——在中国共产党第十九次全国代表大会上的报告［M］. 北京：人民出版社，2017：28.

② 方晓东. “基本实现教育现代化”为全面建设小康社会做贡献［J］. 人民教育，2010（7）：2-5.

③ 张志军，张蕴启. 试论新时代职业教育和全面建成小康社会的逻辑关系［J］. 职业技术教育，2018（7）：6-11.

现代化蜕变，走以提高质量为核心的内涵式发展道路是全面建成小康社会的必然选择，也是高等教育现代化的必由之路。① 全面建成小康社会，要求发展民族教育，对发展少数民族地区经济、提升少数民族生活质量和文化素质、改进生产基础、促进民族团结、构建和谐社会等都有重要作用。总之，全面建成小康社会对各级各类教育都提出了重要要求。

二、全面深化改革

党的十八大以来，习近平总书记高举改革开放旗帜，对全面深化改革提出一系列重要论断，作出一系列战略部署，创造性提出全面深化改革的总目标是完善和发展中国特色社会主义制度、推进国家治理体系和治理能力现代化。党的十九大将全面深化改革总目标作为习近平新时代中国特色社会主义思想的重要内容并载入党章。2017年10月25日，习近平总书记在十九届一中全会上的讲话中指出，新时代坚持和发展中国特色社会主义，根本动力仍然是全面深化改革。②

全面深化改革，要求深化教育领域综合改革。《中国教育现代化2035》将坚持改革创新作为教育现代化的基本原则：将改革作为推进教育现代化的根本动力，深化教育领域综合改革，增强系统性、整体性、协同性，破除不合时宜的体制机制弊端。充分运用新技术新机制新模式，创新教育服务供给方式，深化办学体制和教育管理改革，充分激发教育事业发展生机活力。2019年3月19日，习近平总书记主持召开中央全面深化改革委员会第七次会议，会议审议通过了《关于扩大高校和科研院

① 张德祥. 全面建成小康社会与高等教育的历史责任［J］. 中国高教研究，2013（2）：1–2.

② 习近平. 在党的十九届一中全会上的讲话［J］. 前线，2018（1）：4–10.

所科研相关自主权的若干意见》等意见。会议强调：高校和科研院所是实施创新驱动发展战略、建设创新型国家的重要力量。要完善相关制度体系，加快转变政府职能，强化成果导向，精简科研项目管理流程，改革重大科技项目立项和组织实施机制，给予高校和科研院所更多自主权。

全面深化改革，要求高校哲学社会科学为全面深化改革服务。2016年5月17日，习近平总书记在哲学社会科学工作座谈会上发表重要讲话指出："面对改革进入攻坚期和深水区、各种深层次矛盾和问题不断呈现、各类风险和挑战不断增多的新形势，如何提高改革决策水平、推进国家治理体系和治理能力现代化，迫切需要哲学社会科学更好发挥作用。"① 这要求提高高等学校哲学社会科学研究水平，回应中国改革实践中的重大现实问题。《中国教育现代化2035》提出深入开展重大理论问题、现实问题、未来发展问题和实践经验总结，就是对这一要求的回应。

全面深化改革，要求运用信息化技术助力教育变革。信息化是教育现代化的重要内容，也是推进教育现代化的最关键途径。信息技术改变了人与人之间互动的方式，改变了人们认知世界的方式，信息技术革命正在驱动一场新的教育变革。《中国教育现代化2035》将加快信息化时代教育变革作为教育现代化的重要战略任务之一，推动教育组织形式和管理模式变革创新，建设智能化校园，探索新型教学方式，创新教育服务业态，推进教育治理方式变革，以教育信息化带动教育现代化。

三、全面依法治国

依法治国就是依照体现人民意志和社会发展规律的法律治理国家，

① 习近平．在哲学社会科学工作座谈会上的讲话［N］．人民日报，2016-05-19（2）．

而不是依照个人意志、主张治理国家；要求国家的政治、经济运作、社会各方面的活动通通依照法律进行，而不受任何个人意志的干预、阻碍或破坏。2019年2月25日，习近平总书记在中央全面依法治国委员会第二次会议上的讲话中指出："改革开放40年的经验告诉我们，做好改革发展稳定各项工作离不开法治，改革开放越深入越要强调法治。要完善法治建设规划，提高立法工作质量和效率，保障和服务改革发展，营造和谐稳定社会环境，加强涉外法治建设，为推进改革发展稳定工作营造良好法治环境。"①

全面依法治国，要求坚持依法治教、依法治校。教育法治化是我国教育发展的必然趋势，是现代化教育的必然特征。全面推进依法治国总目标是建设中国特色社会主义法治体系、建设社会主义法治国家。新中国成立70多年来，中国的教育法治化水平逐步提高，逐步建立了完备的教育法律体系，依法治教、依法治校是建设法治社会、推进全面依法治国的题中应有之义。《中国教育现代化2035》将坚持依法治教作为教育现代化的基本原则：更加注重运用法治思维和法治方式推动教育改革发展，加强教育法律法规体系建设，完善行政执法体制机制，大力推行依法行政、依法办学、依法治校，为实现教育现代化提供法治保障。

全面依法治国，要求教育治理能力的现代化。现代教育治理体系是教育现代化的重要保障。《中国教育现代化2035》将形成全社会共同参与的教育治理新格局作为2035年主要发展目标：教育管理体制和制度体系更加系统完备、科学规范、运行有效，政府依法行政、引领教育发

① 习近平主持召开中央全面依法治国委员会第二次会议强调　完善法治建设规划提高立法工作质量效率　为推进改革发展稳定工作营造良好法治环境［J］. 人民法治，2019（5）：2.

展的能力显著增强，教育管理信息化和决策施政科学化、民主化、精细化显著提高。中国特色现代学校制度更加完善，学校办学自主权得到有效保障，学校发展活力明显增强。建成畅通有序的社会参与教育治理渠道和网络，形成政府、学校、社会依法共同参与教育治理的制度保障，实现教育治理现代化。《中国教育现代化2035》将“推进教育治理体系和治理能力现代化”作为教育现代化的重要战略任务之一。

全面依法治国，要求坚持人民主体地位。坚持人民主体地位，是社会主义法治的基本属性。人民是依法治国的主体和力量源泉。习近平总书记指出，把坚持党的领导、人民当家作主、依法治国有机统一起来是我国社会主义法治建设的一条基本经验。要把体现人民利益、反映人民愿望、维护人民权益、增进人民福祉落实到依法治国全过程，使法律及其实施充分体现人民意志。《中国教育现代化2035》将坚持服务人民作为教育现代化的基本原则：“深入落实以人民为中心的发展思想，把满足人民群众接受良好教育的需求作为教育改革发展的出发点与落脚点，着力解决人民最关心最直接最现实的教育问题，努力办好人民满意的教育。”《中国教育现代化2035》体现了全面依法治国的基本要求。

四、全面从严治党

全面从严治党是党的十八大以来党中央作出的重大战略部署，是“四个全面”战略布局的重要组成部分，也是全面建成小康社会、全面深化改革、全面依法治国顺利推进的根本保证。2018年1月5日，习近平总书记在学习贯彻党的十九大精神研讨班开班式上的讲话中指出：“要把新时代坚持和发展中国特色社会主义这场伟大社会革命进行好，我们党必须勇于进行自我革命，把党建设得更加坚强有力。勇于自我革命，从严管党治党，是我们党最鲜明的品格，全面从严治党永远在路上。”① 全面从严治党对教育现代化提出了新的要求。

全面从严治党，要求加强党对教育事业的全面领导。2018年10月10日，习近平在全国教育大会上发表重要讲话，强调指出，加强党对教育工作的全面领导，是办好教育的根本保证。教育部门和各级各类学校的党组织要增强“四个意识”、坚定“四个自信”，坚定不移维护党中央权威和集中统一领导，自觉在政治立场、政治方向、政治原则、政治道路上同党中央保持高度一致。各级党委要把教育改革发展纳入议事日程，党政主要负责同志要熟悉教育、关心教育、研究教育。各级各类学校党组织要把抓好学校党建工作作为办学治校的基本功，把党的教育方针全面贯彻到学校工作各方面。《中国教育现代化2035》将加强党对教育事业的全面领导作为教育现代化的重要保障，强调党的领导是做好教育工作的根本保障，要建设高素质专业化系统干部队伍，加强各级各类学校党的领导和党的建设工作，持之以恒正风肃纪，深入推进教育系统全面从严治党、党风廉政建设和反腐败斗争。

全面从严治党，要求学校重视思想政治教育工作。2019年3月18日，习近平总书记主持召开学校思想政治理论课教师座谈会并发表重要讲话。他强调指出，思想政治理论课是落实立德树人根本任务的关键课程。青少年阶段是人生的“拔节孕穗期”，最需要精心引导和栽培。我们办中国特色社会主义教育，就是要理直气壮开好思政课，用新时代中国特色社会主义思想铸魂育人，引导学生增强中国特色社会主义道路自信、理论自信、制度自信、文化自信，厚植爱国主义情怀，把爱国情、

① 习近平在学习贯彻党的十九大精神研讨班开班式上发表重要讲话［EB/OL］.（2018-01-05）［2020-04-21］. http://www.gov.cn/zhuanti/2018-01/05/content_5253681.htm.

强国志、报国行自觉融入到坚持和发展中国特色社会主义事业、建设社会主义现代化强国、实现中华民族伟大复兴的奋斗之中。

全面从严治党，要求高校为党的科学决策提供咨询服务。2016年5月17日，习近平总书记在哲学社会科学工作座谈会上发表重要讲话指出："面对全面从严治党进入重要阶段、党面临的风险和考验集中显现的新形势，如何不断提高党的领导水平和执政水平、增强拒腐防变和抵御风险能力，使党始终成为中国特色社会主义事业的坚强领导核心，迫切需要哲学社会科学更好发挥作用。"① 尤其是要推动中国特色新型智库建设，发挥新型高校智库的学科与人才优势，为全面从严治党提供决策依据。

① 习近平. 在哲学社会科学工作座谈会上的讲话［N］. 人民日报，2016-05-19（2）.

第三章　中国教育现代化的指导思想

推进教育现代化的指导思想是：以习近平新时代中国特色社会主义思想为指导，全面贯彻党的十九大和十九届二中、三中全会精神，坚定实施科教兴国战略、人才强国战略，紧紧围绕统筹推进“五位一体”总体布局和协调推进“四个全面”战略布局，坚定“四个自信”，在党的坚强领导下，全面贯彻党的教育方针，坚持马克思主义指导地位，坚持中国特色社会主义教育发展道路，坚持社会主义办学方向，立足基本国情，遵循教育规律，坚持改革创新，以凝聚人心、完善人格、开发人力、培育人才、造福人民为工作目标，培养德智体美劳全面发展的社会主义建设者和接班人，加快推进教育现代化、建设教育强国、办好人民满意的教育。

将服务中华民族伟大复兴作为教育的重要使命，坚持教育为人民服务、为中国共产党治国理政服务、为巩固和发展中国特色社会主义制度服务、为改革开放和社会主义现代化建设服务，优先发展教育，大力推进教育理念、体系、制度、内容、方法、治理现代化，着力提高教育质量，促进教育公平，优化教育结构，为决胜全面建成小康社会、实现新时代中国特色社会主义发展的奋斗目标提供有力支撑。①

① 中国教育现代化2035［EB/OL］.（2019-02-23）［2019-04-11］. http://www.gov.cn/xinwen/2019-02/23/content_5367987.htm.

第一节　党的坚强领导是办好我国教育的根本保证

加强党对教育工作的全面领导，是办好教育的根本保证。[①]党和国家一直高度重视教育工作，坚持教育优先发展战略地位。党的十八大以来，我国教育事业全面发展，中西部和农村教育明显加强，教育质量进一步提高，教育公平进一步加强，人民对教育的满意度、获得感进一步提高。教育战线取得的历史性成就，是党中央坚强领导的结果。新时代中国特色社会主义教育的进一步发展，必须继续坚持党的领导。

一、中国特色社会主义教育必须坚持党的领导

党政军民学，东西南北中，党是领导一切的。各个领域、各个方面都必须坚定自觉地坚持党的领导，党是最高的政治领导力量。历史和事实都证明，中国共产党的领导是中国特色社会主义制度的最大优势。坚持党的领导，是党和国家的根本所在、命脉所在，是全国各族人民的利益所系、幸福所系。加强和改善党的领导，就是要牢牢把握加强党的执政能力建设、先进性和纯洁性建设这条主线，主动提高党的建设的科学化水平。坚持党的领导就是必须始终坚持党总揽全局、协调各方的领导核心地位。中央委员会、中央政治局、中央政治局常委，是党的领导决策核心。党中央作出的决策部署，各部门都要贯彻落实，各方面党组织都要对党委负责，自觉向党委报告重大工作和重大情况。各地区各部门

① 习近平．坚持中国特色社会主义教育发展道路　培养德智体美劳全面发展的社会主义建设者和接班人［N］．人民日报，2018-09-11（1）．

党委要加强向党中央报告工作。[①]党中央是大脑和中枢，党中央必须有定于一尊、一锤定音的权威。党的地方组织的根本任务是确保党中央决策部署贯彻落实。党组在党的组织体系中具有特殊地位，要贯彻落实党中央和上级党组织决策部署。每个党员特别是领导干部都要强化党的意识和组织观念，自觉做到思想上认同组织、政治上依靠组织、工作上服从组织、感情上信赖组织。[②]

党的领导是中国特色社会主义最本质的特征，必须坚持中国共产党的领导。坚持党的领导是由我们党的性质决定的。中国共产党是中国工人阶级的先锋队，同时是中国人民和中华民族的先锋队，是中国特色社会主义事业的坚强领导核心。坚持党对一切工作的领导是历史和人民的选择。在革命、建设、改革的各个历史时期，人民都选择了中国共产党。坚持党对一切工作的领导，也是实现中华民族伟大复兴的根本保证。“中国共产党人的初心和使命，就是为中国人民谋幸福，为中华民族谋复兴。”[③]中国特色社会主义最本质的特征是中国共产党的领导，中国特色社会主义制度的最大优势是中国共产党的领导。习近平总书记作出的这一重大论断，丰富发展了马克思主义建党学说，深刻反映了对党的领导和中国特色社会主义这一基本关系的认识达到了新高度。党的十八大以来，人民生活不断改善。全面从严治党成效卓著。我们取得了改革开放和社会主义现代化建设的历史性成就，这些成就是全方位的、

---

① 中共中央宣传部. 习近平总书记系列重要讲话读本［M］. 北京：学习出版社，人民出版社，2016：101-104，88.

② 切实贯彻落实新时代党的组织路线　全党努力把党建设得更加坚强有力［N］. 人民日报，2018-07-05（1）.

③ 中共中央宣传部. 习近平新时代中国特色社会主义思想三十讲［M］. 北京：学习出版社，2018：74-76.

开创性的，是党中央坚强领导的结果。全方位、开创性的成就同样体现在教育事业上。

新时代中国特色社会主义教育必须坚持党的领导。加强教育系统党的建设是新时代党的建设总要求的重要组成部分，中国特色社会主义教育的本质就是要加强党的领导，落实党的建设总要求。经过长期努力，中国特色社会主义进入了新时代。中国特色社会主义新时代，我们党一定要有新气象新作为。新时代党的建设总要求是：坚持和加强党的全面领导，坚持党要管党、全面从严治党，以加强党的长期执政能力建设、先进性和纯洁性建设为主线，以党的政治建设为统领，以坚定理想信念为根基，以调动全党积极性、主动性、创造性为着力点，全面推进党的政治建设、思想建设、组织建设、作风建设、纪律建设，把制度建设贯穿其中，深入推进反腐败斗争，不断提高党的建设质量，把党建设成为始终走在时代前列、人民衷心拥护、勇于自我革命、经得起各种风浪考验、朝气蓬勃的马克思主义政党。① 办好新时代中国特色社会主义教育事业，关键在党；不仅要切实加强党对教育工作的领导权，坚持正确的政治方向，掌握教育领域意识形态工作的主导权，更要着力加强教育系统党的思想建设、组织建设、作风建设、反腐倡廉建设、制度建设，增强政治意识、大局意识、核心意识、看齐意识，强化基层党组织的创造力、凝聚力、战斗力，为教育综合改革发展提供坚强的政治保证和组织保障。

当前，教育系统正在自觉运用习近平新时代中国特色社会主义思想武装头脑、指导实践、推动工作，全面贯彻党的教育方针，落实立德树

① 习近平. 决胜全面建成小康社会　夺取新时代中国特色社会主义伟大胜利——在中国共产党第十九次全国代表大会上的报告［M］. 北京：人民出版社，2017：61-62.

人根本任务，加快建设教育强国，办好中国特色社会主义教育。

二、坚持办学正确政治方向

马克思主义是立党立国的根本指导思想，是我国教育最鲜亮的底色。在2018年9月召开的全国教育大会上，习近平强调，在党的坚强领导下，全面贯彻党的教育方针，坚持马克思主义指导地位，坚持中国特色社会主义教育发展道路，坚持社会主义办学方向。① 马克思主义照亮了人类探索历史规律和寻求自身解放的道路，是我党必须长期坚持的指导思想，是教育系统加强党的领导工作的指导思想。马克思主义是不断发展的开放的理论，始终站在时代前沿。马克思主义同中国共产党的命运、中国人民的命运、中华民族的命运紧紧相连。马克思主义为中国革命、建设、改革提供了强大思想武器。② 新时代中国特色社会主义思想，是对马克思列宁主义、毛泽东思想、邓小平理论、“三个代表”重要思想、科学发展观的继承和发展，是马克思主义中国化的最新成果，是党和人民实践经验和集体智慧的结晶，是中国特色社会主义理论体系的重要组成部分，是全党全国人民为实现中华民族伟大复兴而奋斗的行动指南，必须长期坚持并不断发展。③

国家教育法律明确规定，以马克思主义为指导思想推进教育事业发展，坚持党对教育工作的领导。2015年全国人大常委会通过关于修改

---

① 习近平. 坚持中国特色社会主义教育发展道路　培养德智体美劳全面发展的社会主义建设者和接班人 [N]. 人民日报，2018-09-11 (1).

② 习近平. 在纪念马克思诞辰200周年大会上的讲话 [N]. 人民日报，2018-05-05 (2).

③ 习近平. 决胜全面建成小康社会　夺取新时代中国特色社会主义伟大胜利——在中国共产党第十九次全国代表大会上的报告 [M]. 北京：人民出版社，2017：20.

《中华人民共和国教育法》的决定，公布了最新修订后的《中华人民共和国教育法》。教育法总则第三条规定："国家坚持以马克思列宁主义、毛泽东思想和建设有中国特色社会主义理论为指导，遵循宪法确定的基本原则，发展社会主义的教育事业。"第五条规定："教育必须为社会主义现代化建设服务、为人民服务，必须与生产劳动和社会实践相结合，培养德、智、体、美等方面全面发展的社会主义建设者和接班人。"这是国家教育基本法对国家教育方针的权威性表述，与1995年的修订相比，在篇幅上增加了十个字，增加的内容有"为人民服务""与社会实践"相结合，社会主义建设者和接班人的维度在原来的德智体基础上增加了"美"育。无论是老版本的教育法，还是新修订的教育法，都强调了教育"为社会主义现代化"服务，都以"培养社会主义建设者和接班人"为教育目标，党是社会主义现代化建设事业的领导核心，党的领导是中国特色社会主义的本质特征，贯彻落实国家教育方针，本质上就是坚持党的领导。2021年，全国人大常委会又通过关于修改《中华人民共和国教育法》的决定，对教育方针又进行了完善。

教育方针体现了马克思主义的指导思想地位，体现了党对教育工作的领导。教育决定着人类的今天，也决定着人类的未来。习近平总书记在学校思想政治理论课教师座谈会上的重要讲话中强调，新时代贯彻党的教育方针，要坚持马克思主义指导地位，贯彻新时代中国特色社会主义思想，坚持社会主义办学方向。① 基础教育坚持以马克思主义为指导思想，贯彻落实国家教育方针，体现了党对教育工作的领导。基础教育在国民教育体系中处于基础性、先导性地位，必须把握好定位，从多方

---

① 习近平. 用新时代中国特色社会主义思想铸魂育人　贯彻党的教育方针落实立德树人根本任务［N］. 人民日报，2019-03-19（1）.

面采取措施全面贯彻落实党的教育方针，努力使我国基础教育越办越好。高等教育坚持以马克思主义为指导思想，贯彻落实国家教育方针，体现党对教育工作的领导。高校要把马克思主义作为必修课，成为马克思主义学习、研究、宣传的重要阵地。习近平总书记在与北京大学师生座谈时指出，高校只有抓住培养社会主义建设者和接班人这个根本才能办好，才能办出中国特色世界一流大学。为此，第一要坚持办学正确政治方向。马克思主义是我们立党立国的根本指导思想，也是我国大学最鲜亮的底色。第二要建设高素质教师队伍。人才培养，关键在教师。建设政治素质过硬、业务能力精湛、育人水平高超的高素质教师队伍是大学建设的基础性工作。要从培养社会主义建设者和接班人的高度，考虑大学师资队伍的素质要求、人员构成、培训体系等。第三要形成高水平人才培养体系。人才培养体系涉及学科体系、教学体系、教材体系、管理体系等，而贯通其中的是思想政治工作体系。①

三、各级党组织要坚持教育优先发展

教育是国之大计、党之大计。②建设教育强国是中华民族伟大复兴的基础工程，必须把教育事业放在优先发展位置。③坚持把优先发展教育事业作为推动党和国家各项事业发展的重要先手棋，不断使教育同党和国家事业发展要求相适应、同人民群众期待相契合、同我国综合国力和国际地位相匹配。全面落实教育优先发展战略，在经济社会发展规划

---

① 习近平．在北京大学师生座谈会上的讲话［N］．人民日报，2018-05-03（2）．

② 习近平．坚持中国特色社会主义教育发展道路　培养德智体美劳全面发展的社会主义建设者和接班人［N］．人民日报，2018-09-11（1）．

③ 习近平．决胜全面建成小康社会　夺取新时代中国特色社会主义伟大胜利——在中国共产党第十九次全国代表大会上的报告［M］．北京：人民出版社，2017：45．

上优先安排教育、财政资金投入上优先保障教育、公共资源配置上优先满足教育和人力资源开发需要。[①]“中国将坚定实施科教兴国战略，始终把教育摆在优先发展的战略位置，不断扩大投入，努力发展全民教育、终身教育，建设学习型社会，努力让每个孩子享有受教育的机会，努力让13亿人民享有更好更公平的教育，获得发展自身、奉献社会、造福人民的能力。”[②]人民群众对美好生活的需求，对“更好的教育”的期待就是党的奋斗目标。教育是阻断贫困代际传递的治本之策，治贫先治愚，扶贫先扶智。[③]

习近平总书记的系列重要讲话为各级党组织加强对教育工作的领导提供了方向指引和路径遵循。各级党委都要把教育改革发展纳入议事日程，党政主要负责同志要熟悉教育、关心教育、研究教育。习近平总书记指出，中国特色社会主义是改革开放以来党的全部理论和实践的主题，全党必须高举中国特色社会主义伟大旗帜，牢固树立中国特色社会主义道路自信、理论自信、制度自信、文化自信，确保党和国家事业始终沿着正确方向胜利前进。各级党委政府要为学校办学安全托底，解决学校的后顾之忧，维护教师和学校应有的尊严，保护学生的生命安全。[④]习近平总书记建议各地党委书记和有关部门党组书记多到高校视察、指导，要求他们同知识分子和学生加强联系、加强交流。

---

① 习近平. 坚持中国特色社会主义教育发展道路　培养德智体美劳全面发展的社会主义建设者和接班人［N］. 人民日报，2018-09-11（1）.

② 习近平主席在联合国“教育第一”全球倡议行动一周年纪念活动上发表视频贺词［N］. 人民日报，2013-09-27（3）.

③ 脱贫攻坚战冲锋号已经吹响　全党全国咬定目标苦干实干［EB/OL］.（2015-11-28）［2018-04-11］. http://www.gov.cn/xinwen/2015-11/28/content_5017921.htm.

④ 习近平. 决胜全面建成小康社会　夺取新时代中国特色社会主义伟大胜利——在中国共产党第十九次全国代表大会上的报告［M］. 北京：人民出版社，2017：45.

加强学校党建工作，发挥政治核心作用。组织路线对坚持党的领导、加强党的建设、做好党的组织和队伍建设工作具有十分重要的意义。党在教育领域的基层组织建设主要体现为学校党建工作，发挥大中小学党组织的政治核心功能。一是发挥好中小学基层党组织的政治核心作用。中小学校党组织要把握学校发展方向，参与决定重大问题并监督实施，支持和保证校长依法行使职权，领导学校德育和思想政治工作，培育和践行社会主义核心价值观，维护各方合法权益，推动学校健康发展。中小学的党建工作要与教育教学业务同部署同落实同考评。二是高校坚持和完善党委领导下的校长负责制。只有坚持党对高校工作的领导，才能办好中国特色社会主义大学。高等教育是一个国家发展水平和发展潜力的重要标志。办好我国高等教育，必须坚持党的领导，牢牢掌握党对高校工作的领导权，使高校成为坚持党的领导的坚强阵地。高校党委对学校工作实行全面领导，承担管党治党、办学治校主体责任，把方向、管大局、作决策、保落实。高校党委要坚持和完善党委领导下的校长负责制，抓好基层党组织建设，把党建和思想政治工作优势转化为高校发展优势。党委要保证高校正确办学方向，掌握高校思想政治工作主导权，保证高校始终成为培养社会主义事业建设者和接班人的坚强阵地。三是加强和完善党对职业学校、民办学校的领导。立足思想建党，推进制度治党，开展覆盖全部公办学校、民办学校、职业学校的基层组织建设。

全面推进民办学校党的建设各项工作，有效发挥基层党组织战斗堡垒作用和共产党员先锋模范作用。《关于加强民办学校党的建设工作的意见（试行）》要求，支持和规范民办教育发展，要坚持和加强党对民办学校的领导，设立民办学校要做到党的建设同步谋划、党的组织同步设置、党的工作同步开展，确保民办学校始终坚持社会主义办学方向。[①]一是加大民办学校党组织组建力度，优化组织设置，理顺隶属关系，选好管好党组织书记，加大党务干部培训力度，定期排查整顿软弱涣散基层党组织，提升党组织政治功能和服务水平，充分发挥战斗堡垒作用。二是加强民办高校党的基层组织建设，做好在高校教师和学生中发展党员工作，加强党员队伍教育管理，使每个师生党员都做到在党爱党、在党言党、在党为党。探索完善高等学校院系领导体制和运行机制，强化院系党委（党总支）的政治功能与作用。三是通过建立健全党组织，建立党组织参与决策和监督机制，探索党组织发挥政治核心作用的有效途径。加强民办高校、中外合作办学中党的建设和思想政治工作。

① 习近平主持召开中央全面深化改革领导小组第二十三次会议［N］. 人民日报，2016-04-19（1）.

第二节　以习近平新时代中国特色社会主义思想为引领

习近平新时代中国特色社会主义思想，是对马克思列宁主义、毛泽东思想、邓小平理论、“三个代表”重要思想、科学发展观的继承和发展，是马克思主义中国化最新成果，是党和人民实践经验和集体智慧的结晶，是中国特色社会主义理论体系的重要组成部分，是全党全国人民为实现中华民族伟大复兴而奋斗的行动指南，必须长期坚持并不断发展。①

一、习近平新时代中国特色社会主义思想是党和国家必须长期坚持的指导思想

党的十九大概括和提出了习近平新时代中国特色社会主义思想，把它确立为党必须长期坚持的指导思想并写进党章，这是党的十九大最重大的理论创新、最重要的政治成果、最深远的历史贡献。十三届全国人大一次会议通过的宪法修正案，郑重地把习近平新时代中国特色社会主义思想载入宪法，实现了从党的指导思想向国家指导思想的转化。习近平新时代中国特色社会主义思想是国家政治生活和社会生活的根本指针。②

新时代中国特色社会主义思想，明确坚持和发展中国特色社会主义，总任务是实现社会主义现代化和中华民族伟大复兴，在全面建成小

---

① 习近平．决胜全面建成小康社会　夺取新时代中国特色社会主义伟大胜利——在中国共产党第十九次全国代表大会上的报告［M］．北京：人民出版社，2017：20.

② 中共中央宣传部．习近平新时代中国特色社会主义思想三十讲［M］．北京：学习出版社，2018：1.

康社会的基础上，分两步走，在本世纪中叶建成富强民主文明和谐美丽的社会主义现代化强国；明确新时代我国社会主要矛盾是人民日益增长的美好生活需要和不平衡不充分的发展之间的矛盾，必须坚持以人民为中心的发展思想，不断促进人的全面发展、全体人民共同富裕；明确中国特色社会主义事业总体布局是“五位一体”、战略布局是“四个全面”，强调坚定道路自信、理论自信、制度自信、文化自信；明确全面深化改革总目标是完善和发展中国特色社会主义制度、推进国家治理体系和治理能力现代化；明确全面推进依法治国总目标是建设中国特色社会主义法治体系、建设社会主义法治国家；明确党在新时代的强军目标是建设一支听党指挥、能打胜仗、作风优良的人民军队，把人民军队建设成为世界一流军队；明确中国特色大国外交要推动构建新型国际关系，推动构建人类命运共同体；明确中国特色社会主义最本质的特征是中国共产党领导，中国特色社会主义制度的最大优势是中国共产党领导，党是最高政治领导力量，提出新时代党的建设总要求，突出政治建设在党的建设中的重要地位。①

二、习近平新时代中国特色社会主义思想是推进教育现代化的根本遵循

习近平新时代中国特色社会主义思想是立足时代之基、回答时代之问的科学理论，具有系统完备的科学体系和特色鲜明的理论品格，是经过实践检验、富有实践伟力的强大武器，是21世纪马克思主义，是当代中国马克思主义，必须长期坚持。必须把学习贯彻习近平新时代中国

① 习近平. 决胜全面建成小康社会　夺取新时代中国特色社会主义伟大胜利——在中国共产党第十九次全国代表大会上的报告［M］. 北京：人民出版社，2017：19-20.

特色社会主义思想作为首要任务，贯穿教育改革发展全过程，落实到教育现代化各领域各环节，确保在教育战线落地生根。

《中国教育现代化2035》及其实施方案是深入贯彻落实习近平新时代中国特色社会主义思想的战略安排。党的十八大以来，以习近平同志为核心的党中央坚定不移实施科教兴国战略和人才强国战略，坚持优先发展教育，大力推进教育领域综合改革，持续加大教育投入，教育现代化加速推进，教育发展迈上新台阶，取得全方位、开创性的历史性成就。教育总体发展水平已进入世界中上行列，全民思想道德素质和科学文化素质全面提升，我国教育发展已经站在新的起点上。中国特色社会主义新时代，要把我国建成富强民主文明和谐美丽的社会主义现代化强国，满足人民美好生活需要，实现中华民族伟大复兴中国梦，归根到底靠人才、靠教育，必须加快推进教育现代化，把我国建设成为教育强国。中国社会主要矛盾的变化，是关系全局的历史性变化。新时代的城镇化和农业农村现代化水平将显著提高，国民财富将快速增长，中等收入群体比例明显提高，人口结构持续变化，人民群众对教育的需求更为多样，必须顺应人民群众的期盼，加快发展更高质量、更加公平、更具个性的教育，促进社会公平正义与和谐进步。

教育现代化是顺利实现新时代中国特色社会主义总任务的重要组成部分。党的十九大明确了习近平新时代中国特色社会主义思想的总任务是实现社会主义现代化和中华民族伟大复兴，在全面建成小康社会的基础上，分两步走，在本世纪中叶建成富强民主文明和谐美丽的社会主义现代化强国。社会主义现代化必然包含教育现代化，教育现代化是中华民族伟大复兴的基础工程。创新型国家的建设需要推进教育现代化。当前，新一轮科技革命和产业革命正在孕育兴起，重大科技创新正在引领社会生产变革。着眼未来，推动教育变革，抓紧培养适应和引领未来发展的一代新人，特别是培养集聚大批拔尖创新人才，有利于加快实现我国整体科技水平从跟跑向并行、领跑的战略性转变。建设经济强国需要推进教育现代化。加大人力资本投资，大力开发人力资源、人才资源，从要素驱动、投资驱动转向创新驱动，形成新发展动能，有利于深化供给侧结构性改革，有利于建设现代化经济体系，有利于不断增强我国经济创新力和竞争力。建设社会主义文化强国需要推进教育现代化。充分发挥教育在培育和践行社会主义核心价值观中的主阵地作用，传承和弘扬中华优秀传统文化，推动创新性转化、创新性发展，吸收人类文明有益成果，增强国家文化软实力的重要作用，有利于推进社会主义文化强国的建设。①

三、加快推进教育现代化是落实习近平总书记关于教育的系列重要论述的战略部署

党的十九大从新时代坚持和发展中国特色社会主义的战略高度，作出了优先发展教育事业、加快教育现代化、建设教育强国的重大部署。教育是民族振兴、社会进步的重要基石，是功在当代、利在千秋的德政工程，对提高人民综合素质、促进人的全面发展、增强中华民族创新创造活力、实现中华民族伟大复兴具有决定性意义。

新时代新形势对教育现代化提出了新要求。改革开放和社会主义现代化建设、促进人的全面发展和社会全面进步，对教育和学习提出了新的更高的要求。我们要抓住机遇、超前布局，以更高远的历史站位、更

① 中国教育现代化2035［EB/OL］.（2019-02-23）［2019-04-11］. http://www.gov.cn/xinwen/2019-02/23/content_5367987.htm.

宽广的国际视野、更深邃的战略眼光，对加快推进教育现代化、建设教育强国作出总体部署和战略设计，坚持把优先发展教育事业作为推动党和国家各项事业发展的重要先手棋，不断使教育同党和国家事业发展要求相适应、同人民群众期待相契合、同我国综合国力和国际地位相匹配。建设社会主义现代化强国，对教师队伍建设提出新的更高要求，也对全党全社会尊师重教提出新的更高要求。[①] 加强教师队伍建设，既是我们对我国教育事业规律性的认识，也是推进教育现代化的重要战略任务。

面对新形势新任务，必须清醒认识到，我国教育发展仍不平衡不充分，还不完全适应国家经济社会发展和人民群众日益增长的新要求新期盼。主要表现在：科学的教育理念尚未牢固确立，素质教育尚未得到充分发展，思想品德教育有待进一步加强，教师队伍建设尚不能满足教育现代化需要；区域、城乡之间教育发展尚存在明显差距，基本公共教育服务均等化水平有待提升；农村义务教育、学前教育、职业教育仍是短板，有效服务全民终身学习的体系制度尚不健全；人才培养结构与社会需求契合度不够，教育支撑引领创新发展和服务国家对外开放大局的能力亟待提升；政府为主、社会共同投入教育的机制还不健全，教育治理能力现代化水平有待提高。加快推进教育现代化、建设教育强国的战略部署和总体设计，就是为了推动我国教育不断朝着更高质量、更有效率、更加公平、更可持续的方向前进，以教育现代化支撑国家现代化。

---

① 习近平．坚持中国特色社会主义教育发展道路　培养德智体美劳全面发展的社会主义建设者和接班人［N］．人民日报，2018-09-11（1）．

第三节　全面贯彻党的教育方针

教育必须为社会主义现代化建设服务、为人民服务，必须与生产劳动和社会实践相结合，培养德智体美劳全面发展的社会主义建设者和接班人。总之，培养社会主义建设者和接班人，是我们党的教育方针，是我国各级各类学校的共同使命。①

一、各级党组织要将贯彻党的教育方针作为领导教育工作的重要抓手

办好中国的事情，关键在党。做好教育工作，关键在党。各级党委和宣传思想部门、组织部门、教育部门要加强对高校党的建设工作的领导和指导，坚持党的教育方针，坚持社会主义办学方向，加强和改进思想政治工作，切实把党要管党、从严治党落到实处。②各级各类学校党组织都应该把抓好学校党建工作作为办学治校的基本功，把党的教育方针全面贯彻到学校工作各方面。

新时代党的组织路线是全面贯彻新时代中国特色社会主义思想，以组织体系建设为重点，着力培养忠诚干净担当的高素质干部，着力集聚爱国奉献的各方面优秀人才，坚持德才兼备、以德为先、任人唯贤，为坚持和加强党的全面领导、坚持和发展中国特色社会主义提供坚强组织

---

① 习近平．在北京大学师生座谈会上的讲话［N］．人民日报，2018-05-03（2）．

② 习近平就高校党建工作作出重要指示　强调坚持立德树人思想引领　加强改进高校党建工作［N］．人民日报，2014-12-30（1）．

保证。[①]党在教育领域的领导工作主要体现为贯彻落实党的教育方针，发挥好大中小学党组织的政治核心功能。加强中小学校党的建设，对于全面贯彻党的教育方针、保证社会主义办学方向、落实立德树人根本任务、办好人民满意的教育，具有重要意义。《关于加强中小学校党的建设工作的意见》指出，中小学校党组织是党在学校中全部工作和战斗力的基础，发挥政治核心作用，全面负责学校党的思想、组织、作风、反腐倡廉和制度建设。习近平总书记指出，各地党委书记和有关部门党组书记多到高校视察、指导，要同知识分子和学生加强联系、加强交流。“要多到高校走走，多同师生接触，多去高校作报告，回答师生关注的理论和现实问题。要加强同高校知识分子的联系，多关心、多交流、多鼓励，善交朋友、广交朋友、深交朋友，多听他们的意见，真听他们的意见。”[②]

要将贯彻落实党的教育方针纳入政府督导评价体系。《国务院办公厅关于印发对省级人民政府履行教育职责的评价办法的通知》要求，要将省级人民政府贯彻执行党的教育方针情况纳入评价体系。贯彻执行党的教育方针情况主要包括：全面贯彻党的教育方针，加强和改善党对教育工作的领导，加强和改进教育系统党的建设，落实全面从严治党和党风廉政建设主体责任，加强教育系统领导班子建设，加强和改进学校思想政治工作，把握党对学校意识形态工作的领导权、主导权，维护教育系统安全稳定等。

要将贯彻落实党的教育方针纳入教育对外开放工作。中共中央办公

① 习近平. 决胜全面建成小康社会　夺取新时代中国特色社会主义伟大胜利——在中国共产党第十九次全国代表大会上的报告［M］. 北京：人民出版社，2017：65.

② 习近平. 习近平谈治国理政：第二卷［M］. 北京：外文出版社，2017：379.

厅、国务院办公厅《关于做好新时期教育对外开放工作的若干意见》强调，要全面贯彻党的教育方针，以服务党和国家工作大局为宗旨，统筹国内国际两个大局、发展安全两件大事，坚持扩大开放，做强中国教育，推进人文交流，不断提升我国教育质量、国家软实力和国际影响力，为实现中华民族伟大复兴的中国梦提供有力支撑。

二、将党的教育方针深度融入各级各类教育的发展改革

深化教育体制机制改革，要全面贯彻党的教育方针，坚持社会主义办学方向，全面落实立德树人根本任务，构建以社会主义核心价值观为引领的大中小幼一体化德育体系，注重培养学生终身学习发展、创新性思维、适应时代要求的关键能力，统筹推进育人方式、办学模式、管理体制、保障机制改革，使各级各类教育更加符合教育规律、更加符合人才成长规律，更能促进人的全面发展，着力培养德智体美全面发展的社会主义事业建设者和接班人。①

青少年是祖国的未来、民族的希望。我们要把下一代教育好、培养好，必须从学校抓起、从娃娃抓起。在大中小学循序渐进、螺旋上升地开设思想政治理论课非常必要，是培养一代又一代社会主义建设者和接班人的重要保障。②基础教育在国民教育体系中处于基础性、先导性地位，必须把握好定位，全面贯彻落实党的教育方针，从多方面采取

① 习近平主持召开中央全面深化改革领导小组第三十五次会议［EB/OL］.（2017-05-23）［2019-04-11］. http://www.xinhuanet.com/2017-05/23/c_1121023088.htm.

② 习近平．用新时代中国特色社会主义思想铸魂育人　贯彻党的教育方针落实立德树人根本任务［N］. 人民日报，2019-03-19（1）.

措施，努力把我国基础教育越办越好。① 推动学前教育深化改革规范发展，是党和政府为老百姓办实事的重要民生工程。要全面贯彻党的教育方针，遵循学前教育规律，完善学前教育体制机制，健全学前教育政策保障体系，推进学前教育普及普惠安全优质发展，满足人民群众对幼有所育的期盼。规范校外培训机构发展，要全面贯彻党的教育方针，坚持立德树人，发展素质教育，以建立健全校外培训机构监管机制为着力点，构建校外培训机构规范有序发展的长效机制，切实解决人民群众反映强烈的中小学生课外负担过重问题。要提高学校教学质量，强化学校教育的主阵地作用。②

办好我们的高校，必须坚持以马克思主义为指导，全面贯彻党的教育方针。全国高校思想政治工作会议强调，要全面贯彻党的教育方针，遵循教育规律，以立德树人为根本，以中国特色为统领，以支撑创新驱动发展战略、服务经济社会为导向，推动一批高水平大学和学科进入世界一流行列或前列，提升我国高等教育综合实力和国际竞争力，培养一流人才，产出一流成果。要引导和支持高等院校优化学科结构，凝练学科发展方向，突出学科建设重点，通过体制机制改革激发高校内生动力和活力。③ 坚持中国特色、世界一流，就是要全面贯彻党的教育方针，坚持社会主义办学方向，加强党对高校的领导，扎根中国大地，遵循教

---

① 习近平在北京市八一学校考察时强调全面贯彻落实党的教育方针　努力把我国基础教育越办越好［N］. 人民日报，2016-09-10（1）.

② 习近平主持召开中央全面深化改革委员会第三次会议强调　激发制度活力激活基层经验激励干部作为　扎扎实实把全面深化改革推向深入［N］. 人民日报，2018-07-07（1）.

③ 习近平主持召开中央全面深化改革领导小组第十五次会议强调　增强改革定力保持改革韧劲　扎扎实实把改革举措落到实处［N］. 人民日报，2015-08-19（1）.

育规律，创造性地传承中华民族优秀传统文化，积极探索中国特色的世界一流大学和一流学科建设之路，努力成为世界高等教育改革发展的参与者和推动者，培养中国特色社会主义事业建设者和接班人，更好地为社会主义现代化建设服务、为人民服务。①

民办教育和职业教育改革发展要贯彻落实党的教育方针。中共中央办公厅《关于加强民办学校党的建设工作的意见（试行）》要求加强民办学校党的建设，对于全面贯彻党的教育方针、坚持社会主义办学方向、落实立德树人根本任务，具有重要意义。民办学校党组织是党在民办学校中的战斗堡垒，发挥政治核心作用。具体表现在宣传执行党的理论和路线方针政策，宣传执行党中央、上级党组织和本组织的决议，引导学校全面贯彻党的教育方针，依法办学、规范办学、诚信办学，坚决反对否定和削弱党的领导，反对西方所谓“普世价值”等错误思潮传播，反对各种腐朽价值观念。《民办学校分类登记实施细则》指出，民办教育是社会主义教育事业的重要组成部分。民办学校应当遵守国家法律法规，全面贯彻党的教育方针，坚持党的领导，坚持社会主义办学方向，坚持公益性导向，坚持立德树人，对受教育者加强社会主义核心价值观教育，培养德智体美等方面全面发展的社会主义建设者和接班人。办学方向、教学内容、办学行为违背党的教育方针，违反国家相关法律规定，将被依法责令限期改正、警告、没收违法所得，甚至被依法追究刑事责任。国务院印发的《国家职业教育改革实施方案》要求，要加强党对职业教育工作的全面领导，做好职业教育改革组织实施和相关保障

① 国务院关于印发统筹推进世界一流大学和一流学科建设总体方案的通知［EB/OL］.（2015-11-05）［2019-07-10］. http://www.gov.cn/zhengce/content/2015-11/05/content_10269.htm.

工作。全面贯彻党的教育方针，将党建工作与学校事业发展同部署、同落实、同考评。

三、广大教师要自觉把党的教育方针贯彻到教学管理工作全过程

长期以来，我国广大教师认真贯彻党的教育方针，默默耕耘、无私奉献，用爱心、知识、智慧点亮学生心灵，培养了一批又一批优秀人才，为我国教育事业发展、为国家发展和民族振兴作出了突出贡献，赢得了全社会广泛赞誉和普遍尊重。①

全面深化新时代教师队伍建设改革，要全面贯彻党的教育方针，坚持社会主义办学方向，遵循教育规律和教师成长发展规律，全面提升教师素质能力，深入推进教师管理体制机制改革，形成优秀人才争相从教、教师人人尽展其才、好老师不断涌现的良好局面。②我们的教育是为人民服务、为中国特色社会主义服务、为改革开放和社会主义现代化建设服务的，党和人民需要培养的是社会主义事业建设者和接班人。好老师的理想信念应该以这一要求为基准。广大教师要始终同党和人民站在一起，自觉做中国特色社会主义的坚定信仰者和忠实实践者，忠诚于党和人民的教育事业，自觉把党的教育方针贯彻到教学管理工作全过程，严肃认真对待自己的职责。③

---

① 正在乌兹别克斯坦访问的习近平向全国教师致慰问信 [N]. 人民日报，2013-09-10 (1).

② 习近平主持召开十九届中央全面深化改革领导小组第一次会议强调 全面贯彻党的十九大精神 坚定不移将改革推向深入 [N]. 人民日报，2017-11-21 (1).

③ 习近平. 做党和人民满意的好老师——同北京师范大学师生代表座谈时的讲话 [N]. 人民日报，2014-09-10 (1).

习近平总书记在全国教育大会上强调，在党的坚强领导下，全面贯彻党的教育方针，坚持马克思主义指导地位，坚持中国特色社会主义教育发展道路，坚持社会主义办学方向，立足基本国情，遵循教育规律，坚持改革创新，以凝聚人心、完善人格、开发人力、培育人才、造福人民为工作目标，培养德智体美劳全面发展的社会主义建设者和接班人，加快推进教育现代化、建设教育强国、办好人民满意的教育。长期以来，广大教师贯彻党的教育方针，教书育人，呕心沥血，默默奉献，为国家发展和民族振兴作出了重大贡献。[①] 同时，他在给大中小学和幼儿园教师的回信中，也多次重申贯彻教育方针的必要性。在中央美术学院百年校庆之际，习总书记希望学院坚持正确办学方向，落实党的教育方针，发扬爱国为民、崇德尚艺的优良传统，以大爱之心育莘莘学子，以大美之艺绘传世之作，努力把学院办成培养社会主义建设者和接班人的摇篮。[②]

通过思想政治工作贯彻党的教育方针的关键在教师。办好思想政治理论课关键在教师，关键在发挥教师的积极性、主动性、创造性。办好思想政治理论课，最根本的是要全面贯彻党的教育方针，解决好培养什么人、怎样培养人、为谁培养人这个根本问题。新时代贯彻党的教育方针，要坚持马克思主义指导地位，贯彻新时代中国特色社会主义思想，坚持社会主义办学方向，落实立德树人的根本任务，坚持教育为人民服务、为中国共产党治国理政服务、为巩固和发展中国特色社会主义制度服务、为改革开放和社会主义现代化建设服务，扎根中国大地办教育，

---

① 习近平．坚持中国特色社会主义教育发展道路　培养德智体美劳全面发展的社会主义建设者和接班人［N］．人民日报，2018-09-11（1）.

② 习近平给中央美术学院老教授回信［N］．人民日报，2018-08-31（1）.

同生产劳动和社会实践相结合，加快推进教育现代化、建设教育强国、办好人民满意的教育，努力培养担当民族复兴大任的时代新人，培养德智体美劳全面发展的社会主义建设者和接班人。① 做好思想政治工作，必须坚持以马克思主义为指导，以社会主义核心价值观为引领，全面贯彻党的教育方针。②

---

① 习近平．用新时代中国特色社会主义思想铸魂育人　贯彻党的教育方针落实立德树人根本任务［N］．人民日报，2019-03-19（1）．

② 习近平．坚持把立德树人作为中心环节［N］．光明日报，2016-12-09（1）．

第四节　教育现代化的三个着力点

提高教育质量，促进教育公平，优化教育结构，是决胜全面建成小康社会、实现新时代中国特色社会主义发展的奋斗目标的需要，是推进教育现代化的着力点。

一、提质量

提高人才培养质量是推进教育现代化的核心。党的十九大报告强调，要努力让每个孩子都能享有公平而有质量的教育。要把促进人的全面发展和适应社会需要作为衡量教育质量的根本标准，着力增强学生的社会责任感、创新精神和实践能力。深化教育改革，推进素质教育，创新教育方法，提高人才培养质量，努力形成有利于创新人才成长的育人环境。广大教师要树立正确人才观，培育和践行社会主义核心价值观，着力提高人才培养质量，弘扬劳动光荣、技能宝贵、创造伟大的时代风尚，营造人人皆可成才、人人尽展其才的良好环境，努力培养数以亿计的高素质劳动者和技术技能人才。①要提高学校教学质量，强化学校教育的主阵地作用。《国务院关于统筹推进县域内城乡义务教育一体化改革发展的若干意见》指出，当前我国已进入全面建成小康社会的决胜阶段，正处于新型城镇化深入发展的关键时期，这对整体提升义务教育办学条件和教育质量提出了新要求。统筹城乡教育资源配置，向乡村和城乡接合部倾斜，大力提高乡村教育质量。提高质量，公平共享。把立德树人

---

① 习近平就加快发展职业教育作出重要指示　更好支持和帮助职业教育发展　为实现“两个一百年”奋斗目标提供人才保障［N］. 人民日报，2014-06-24（1）.

作为根本任务，把均衡发展和品质提升作为重要抓手，积极培育和践行社会主义核心价值观，促进教育公平，使城乡学生共享高质量的教育。着力提升乡村教育质量，按照国家课程方案开设国家课程，通过开展城乡对口帮扶和一体化办学、加强校长教师轮岗交流和乡村校长教师培训、利用信息技术共享优质资源、将优质高中招生分配指标向乡村初中倾斜等方式，补齐乡村教育短板。深入实施农村义务教育学生营养改善计划，提高营养膳食质量，改善学生营养状况。《对省级人民政府履行教育职责的评价办法》强调，评价工作坚持以提高教育教学质量为中心。

提高人才培养质量和研究成果质量是教育现代化对高等教育和现代哲学社会科学研究提出的要求。完善质量保障体系，将学生成长成才作为出发点和落脚点，建立导向正确、科学有效、简明清晰的评价体系，激励学生刻苦学习、健康成长。积极引入专门机构对学校的学科、专业、课程等水平和质量进行评估。资金分配更多考虑办学质量特别是学科水平、办学特色等因素，重点向办学水平高、特色鲜明的学校倾斜，在公平竞争中体现扶优扶强扶特。① 要创新人才评价机制，建立健全以创新能力、质量、贡献为导向的科技人才评价体系，形成并实施有利于科技人才潜心研究和创新的评价制度。② 要充分发挥职称制度对提高人才培养质量的导向作用。③ 中共中央印发的《关于加快构建中国特色哲

① 国务院关于印发统筹推进世界一流大学和一流学科建设总体方案的通知［EB/OL］.（2015-11-05）［2019-07-10］. http://www.gov.cn/zhengce/content/2015-11/05/content_10269.htm.

② 习近平．在中国科学院第十九次院士大会、中国工程院第十四次院士大会上的讲话［N］. 人民日报，2018-05-29（2）.

③ 关于深化职称制度改革的意见［EB/OL］.（2017-01-08）［2019-08-11］. http://www.gov.cn/xinwen/2017-01/08/content_5157911.htm#1.

学社会科学的意见》强调，构建具有自身特质的学术评价体系，坚持正确的学术导向，以学术质量、社会影响、实际效果为衡量标准，建立科研信用管理、评价结果公布等制度，建立健全分类评价机制，科学设置考核周期，引导教学研究人员潜心钻研、铸造精品。

职业教育、民办教育的发展，要遵循提高质量的原则。经过5—10年左右时间，职业教育基本完成由追求规模扩张向提高质量转变。推进高等职业教育高质量发展，完善学历教育与培训并重的现代职业教育体系。发挥企业重要办学主体作用，鼓励有条件的企业特别是大企业举办高质量职业教育。提高技术技能人才待遇水平，健全经费投入机制，加强职业教育办学质量督导评价。[①]完善提高职业教育质量的体制机制。健全德技并修、工学结合的育人机制。充分发挥行业主管部门的指导、评价和服务作用，支持行业组织推进校企合作、发布人才需求信息、参与教育教学、开展人才质量评价。[②]《民办学校分类登记实施细则》要求建立营利性和非营利性民办学校分类登记、分类管理制度，提高教育质量。支持学校董（理）事会和校长依法依章行使职权，开展工作，参与学校改革发展稳定和事关师生员工切身利益的重大事项决策，帮助学校健全章程和各项管理制度，促进学校提高教育质量、培养合格人才。民办培训机构党组织要突出诚信守法，引导培训机构端正培训思想，切实提高培训质量和社会效益。《营利性民办学校监督管理实施细则》要求营利性民办学校应当以培养人才为中心，遵循教育规律，不断提高教

---

① 国家职业教育改革实施方案［EB/OL］.（2019-02-13）［2019-08-11］. http://www.gov.cn/xinwen/2019-02/13/content_5365377.htm.

② 关于深化教育体制机制改革的意见［EB/OL］.（2017-09-24）［2019-08-11］. http://www.gov.cn/xinwen/2017-09/24/content_5227267.htm.

育教学质量，增强受教育者的社会责任感、创新精神、实践能力。教育、人力资源社会保障行政部门依据《中华人民共和国民办教育促进法》规定的管理权限，加强对营利性民办学校办学行为和教育教学质量的监督管理，依法依规开展督导和检查，组织或者委托社会组织定期进行办学水平和教育教学质量评估，并向社会公布评估结果。

教育对外开放工作要追求提高质量。教育对外开放是我国改革开放事业的重要组成部分，要服务党和国家工作大局，统筹国内国际两个大局，提升教育对外开放质量和水平。一是加快留学事业发展，提高留学教育质量。二是引进国外优质资源，全面提升合作办学质量。三是健全质量保障。推动亚太区域内双边多边学历学位互认，支持联合国教科文组织建立世界范围学历互认机制。四是加强与国际组织合作，积极参与国际教育质量标准研究制定。参与国际学生评估测试，提高我国教育质量评估监测能力。①

二、促公平

促进公平始终是推进教育现代化的重要着力点。习近平总书记十分关心人民群众的教育获得感，多次强调教育公平是社会公平的重要基础，要不断促进教育发展成果更多更公平惠及全体人民，以教育公平促进社会公平正义。②这些重要论述，既深刻阐明了我国教育的社会主义性质，又鲜明表达了我国教育的人民立场。坚持改革创新，坚持教育公

① 关于做好新时期教育对外开放工作的若干意见［EB/OL］.（2016-04-29）［2017-08-11］. http://www.gov.cn/zhengce/2016-04/29/content_5069311.htm.

② 习近平在北京市八一学校考察时强调　全面贯彻落实党的教育方针　努力把我国基础教育越办越好［N］. 人民日报，2016-09-10（1）.

平，推动教育从规模增长向质量提升转变，促进区域、城乡和各级各类教育均衡发展，以教育现代化支撑国家现代化。[①] 促公平是实现教育现代化的内在需要。

各级各类教育的改革发展要坚持促公平原则。党的十九大报告强调，推进教育公平，贯彻党的教育方针，培养德智体美全面发展的社会主义建设者和接班人。《关于深化教育体制机制改革的意见》要求，坚持以人民为中心，着眼促进教育公平、提高教育质量。建设学习型社会，努力让每个孩子享有受教育的机会，努力让13亿人民享有更好更公平的教育，获得发展自身、奉献社会、造福人民的能力。[②]《国务院关于统筹推进县域内城乡义务教育一体化改革发展的若干意见》要求统筹推进县域内城乡义务教育一体化发展，对缩小城乡教育差距、促进教育公平具有重要意义。文件要求加大对乡村特别是老少边穷等地区义务教育扶持力度，让城乡学生和贫困地区的孩子们都有机会接受公平、高质量的义务教育，促进教育公平。《乡村教师支持计划（2015—2020年）》提出，发展乡村教育，让每个乡村孩子都能接受公平、有质量的教育，阻止贫困现象代际传递，是功在当代、利在千秋的大事。要全面深化改革，营造公平公正的社会环境，促进社会流动，不断激发广大青年的活力和创造力。[③] 加快民族教育发展，对于推进教育公平，实现公平而有质量的教育具有重要意义。在前进道路上，我们要始终实现好、维护好、发展好最广大人民根本利益，让改革发展成果更多更公平惠及

① 习近平．坚持中国特色社会主义教育发展道路　培养德智体美劳全面发展的社会主义建设者和接班人［N］．人民日报，2018-09-11（1）．

② 习近平．中国将努力发展全民教育、终身教育［N］．人民日报，2013-09-27（3）．

③ 习近平．青年要自觉践行社会主义核心价值观——在北京大学师生座谈会上的讲话［N］．人民日报，2014-05-05（2）．

人民。通过教育信息化，逐步缩小区域、城乡数字差距，大力促进教育公平，让亿万孩子同在蓝天下共享优质教育、通过知识改变命运。①

公平也是贯彻各项教育政策制度改革的重要工作原则。考试招生制度是国家基本教育制度。考试招生制度改革和教育教学改革要遵循促公平原则。《国务院关于深化考试招生制度改革的实施意见》肯定了考试招生制度对社会公平的历史性贡献。考试招生制度总体上符合我国的国情，其权威性、公平性得到社会认可。该文件把促进公平公正作为改革的基本价值取向，要求加强宏观调控，完善法律法规，健全体制机制，切实保障考试招生机会公平、程序公开、结果公正。落实并深化考试招生制度改革和教育教学改革，提高人才选拔水平和教育质量，是促进教育公平的重要举措。②深化考试招生制度改革，总的目标是形成分类考试、综合评价、多元录取的考试招生模式，健全促进公平、科学选才、监督有力的体制机制，构建衔接沟通各级各类教育、认可多种学习成果的终身学习立交桥。考试招生制度改革要在充分论证搞好顶层设计的基础上，试点先行，分步实施，有序推进。③健全课题招标或委托制度，完善公开公平公正、科学规范透明的立项机制，建立长期跟踪研究、持续滚动资助的长效机制。依据《对省级人民政府履行教育职责的评价办法》，促进公平也是推动省级人民政府履行教育工作相关职责的重要工作要求。

---

① 习近平致国际教育信息化大会的贺信［N］. 人民日报，2015-05-24（2）.

② 让老百姓过上好日子——关于改善民生和创新社会治理［N］. 人民日报，2016-05-06（9）.

③ 习近平. 在中央全面深化改革领导小组第四次会议上的谈话［N］. 人民日报，2014-08-19（1）.

三、优结构

通过优结构推进教育现代化，主要体现在优化教育的类型结构、优化教师队伍结构、优化教育财政投入结构，以最大化发挥教育投入的政策效果。

首先，优化各类教育的结构。《国务院关于统筹推进县域内城乡义务教育一体化改革发展的若干意见》指出，在许多地方，城乡二元结构矛盾仍然突出，乡村优质教育资源紧缺，需要深化综合改革，推进依法治教，提高教育质量，统筹推进县域内城乡义务教育一体化改革发展，着力解决“乡村弱”和“城镇挤”问题，巩固和均衡发展九年义务教育，加快缩小县域内城乡教育差距。《关于学前教育深化改革规范发展的若干意见》提出要着力调整办园结构，把发展普惠性学前教育作为重点任务，结合本地实际，着力构建以普惠性资源为主体的办园体系，坚决扭转高收费民办园占比偏高的局面。“双一流”方案也着力优化结构。优化高校区域布局、学科结构、专业设置，坚持以教学为中心，突出创新意识和实践能力，培养更多创新人才、高素质人才。引导和支持高等院校优化学科结构，凝练学科发展方向，突出学科建设重点，通过体制机制改革激发高校内生动力和活力。借鉴世界名校先进管理经验，完善内部治理结构，加快建设具有中国特色的现代大学制度，助推一流大学和一流学科建设。① 加快发展现代职业教育，是优化教育结构的重要举措，是基本实现教育现代化的内在要求。依据《对省级人民政府履行教育职责的评价办法》，教育结构和学校布局的优化是省级人民政府统筹推进

① 国务院关于印发统筹推进世界一流大学和一流学科建设总体方案的通知［EB/OL］.（2015−11−05）［2019−07−10］. http://www.gov.cn/zhengce/content/2015-11/05/content_10269.htm.

教育工作的重要内容。

其次，优化教师队伍结构。国家繁荣、民族振兴、教育发展，需要我们大力培养造就一支师德高尚、业务精湛、结构合理、充满活力的高素质专业化教师队伍，需要涌现一大批好老师。中共中央、国务院《关于全面深化新时代教师队伍建设改革的意见》指出，当前，教师城乡结构、学科结构分布不尽合理，准入、招聘、交流、退出等机制还不够完善，管理体制机制亟须理顺。争取经过5年左右，教师队伍规模、结构、素质能力基本满足各级各类教育发展需要。推进教师培养供给侧结构性改革，为义务教育学校侧重培养素质全面、业务见长的本科层次教师，为高中阶段教育学校侧重培养专业突出、底蕴深厚的研究生层次教师。适应加快推进教育现代化的紧迫需求和城乡教育一体化发展改革的新形势，充分考虑新型城镇化、全面二孩政策及高考改革等带来的新情况，根据教育发展需要，在现有编制总量内，统筹考虑、合理核定教职工编制，盘活事业编制存量，优化编制结构，向教师队伍倾斜，采取多种形式增加教师总量，优先保障教育发展需要。《乡村教师支持计划（2015—2020年）》提出，全面推进教师“县管校聘”改革，按照教师职业特点和岗位要求，完善教师招聘机制，统筹调配编内教师资源，着力解决乡村教师结构性缺员和城镇师资不足问题。改革教育治理体系。深化义务教育治理结构改革，完善县域内城乡义务教育一体化改革发展监测评估标准和督导评估机制，切实提高政府教育治理能力。

再次，优化经费投入结构。办好现代化教育，必须有强有力的人、财、物和体制机制保障。学前阶段，国家将进一步加大学前教育投入力度，逐步提高学前教育财政投入和支持水平，主要用于扩大普惠性资源、补充配备教师、提高教师待遇、改善办园条件。教育经费投入要更多地向教师倾斜，确保教师平均工资收入水平不低于或高于当地公务员的平均工资收入水平。要优化支出结构，更多地用在实验室、远程教育、运动场等教学需求的设施上，进一步提升教育教学质量。优先支持教师队伍建设最薄弱、最紧迫的领域，重点用于按规定提高教师待遇保障、提升教师专业素质能力。国务院人力资源社会保障部门和教育部门要研究确定县域统一的义务教育学校岗位结构比例，完善职称评聘政策，逐步推动县域内同学段学校岗位结构协调并向乡村适当倾斜，实现职称评审与岗位聘用制度的有效衔接，吸引优秀教师向农村流动。在高等教育阶段，主要是适应人才培养结构调整需要，优化高等学校教师结构，鼓励高等学校加大聘用具有其他学校学习工作和行业企业工作经历教师的力度。

最后，优化人才结构，服务教育对外开放大局。我国要在科技创新方面走在世界前列，必须在创新实践中发现人才、在创新活动中培育人才、在创新事业中凝聚人才，必须大力培养造就规模宏大、结构合理、素质优良的创新型科技人才。我国科技队伍规模是世界上最大的，但是，我们在科技队伍上也面对着严峻挑战，就是创新型科技人才结构性不足矛盾突出，世界级科技大师缺乏，领军人才、尖子人才不足，工程技术人才培养同生产和创新实践脱节。改进和完善院士遴选机制、学科布局、年龄结构、兼职和待遇、退休退出制度等，以更好发挥广大院士作用。①要尊重人才成长规律，解决人才队伍结构性矛盾，构建完备的人才梯次结构，培养造就一大批具有国际水平的战略科技人才、科技领

① 习近平．在中国科学院第十七次院士大会、中国工程院第十二次院士大会上的讲话［N］．人民日报，2014-06-10（2）．

军人才、青年科技人才和创新团队。[①] 已经完成学业的留学人员也要拓宽眼界和视野，加快知识更新，优化知识结构，努力成为堪当大任、能做大事的优秀人才。[②] 推进孔子学院改革发展，围绕建设中国特色社会主义文化强国的伟大战略，服务中国特色大国外交，深化改革创新，优化分布结构，加强力量建设，提高办学质量，使之成为中外人文交流的重要力量。

① 习近平. 在中国科学院第十九次院士大会、中国工程院第十四次院士大会上的讲话［N］. 人民日报，2018-05-29（2）.

② 习近平. 在欧美同学会成立100周年庆祝大会上的讲话［N］. 人民日报，2013-10-22（2）.

第四章　中国教育现代化的基本理念

理念即信念、思想和观念，是抽象于物质世界的意识，是统领和指导实践的灵魂和根本。中国教育现代化的理念，是中国特色社会主义进入新时代，基于对中国乃至世界经济社会发展总体形势的判断，基于“两个一百年”伟大奋斗目标的总擘画，基于国家一系列重大战略布局，形成的对教育事业适应未来发展总体性思想观念。这是党的教育指导思想和国家发展战略构想在教育事业领域的延展与体现，是教育现代化推进的指引与遵循，承上启下统领未来教育事业的改革发展。

党的十九大对2020—2035年从全面建成小康社会到基本实现现代化作出战略安排，2035年基本实现教育现代化成为实现国家现代化的必然要求。未来十几年是我国推进教育现代化建设的关键时期，教育发展面临前所未有的机遇与挑战。立足历史方位，我国教育领域主要矛盾突出表现为学生家长日益增长的对高质量教育的需要和教育质量不平衡不充分的发展之间的矛盾，传统教育体系、制度、内容、教学方式难以适应时代发展的需求。新使命、新形势、新技术、新问题，需要更为强调教育发展基本理念引领2035年基本实现教育现代化的征程，不断丰富“以德为先”“面向人人”“以学生为中心”“知行合一”“终身学习”等教育基本理念的内涵，全面、科学、持续创新教育制度和实践路径，全面解决好教育发展不平衡不充分问题，全面提升教育发展质量和效益，更快满足人民在教育方面日益增长的高质量教育需要，更好推动人的全面发展、社会的全面进步。

第一节　以德为先，全面发展

更加注重以德为先。全面落实立德树人根本任务，把思想品德、理想信念教育摆在首要位置，坚持以树人为核心、以立德为根本，育人和育才相统一，将社会主义核心价值观融入人才培养全过程、各环节，着力提高受教育者的道德品质和思想水平，培养一代又一代拥护中国共产党领导和我国社会主义制度、立志为中国特色社会主义奋斗终身的有用人才。更加注重全面发展。大力发展素质教育，促进德育、智育、体育、美育和劳动教育有机融合，全面提升学生意志品格、思维能力、创新精神等综合素质，提高身心健康发展水平，培育担当民族复兴大任的时代新人。

世界上每个成熟的民族和国家都有属于自己特有的文化形态和文化个性，而“德”是文化核心，是构成这个民族、这个国家亲和力和凝聚力的重要源泉。从古至今，中华民族都十分重视“德”在国家和人民中的培育，坚信“国无德不兴，人无德不立”的基本道理。教育的唯一工作和全部工作，都可以总结在“道德”这一概念中。无论教育的基本理念随着时代的需求而呈现出怎样的变迁，它以道德目的为根本目的这一点，却始终是不变的主题。长期以来，我国道德教育所饱受诟病的并非其重要性而是其实效性。在教育政策、教育研究以及教育实践层面，始终坚持“以德为先”的育人理念，但是在理论立意与实践效果之间已产生较大偏离。实践中，许多地方存在“重智育，轻德育”“智育是学校的生命线，德育是学校的风景线”的“德育空洞”现象；在实效上，“以德为先”要求更多关注“才”的培养，某种程度上忽略了对“人”的关切，培养出来的不全是德才兼备、和谐发展的人，而不少是“畸形人”抑或“半个人”，要么是“只懂技术而灵魂苍白的空心人”，要么是“不懂技术而奢谈人文的边缘人”。①

“德”的基本含义指的是内在的品格、德性，是涵盖诚信、仁义等一切美好品德的道德范畴和外化出来的行为规范，即要求人们恪守基本的操守、品行，遵从一定的社会规范。我国不同历史阶段“德”的思想内涵是在继承历史上中华民族优秀传统文化和道德观念的基础上形成和发展起来的，体现了极其鲜明的中华民族的文化特色。作为不同阶段凸显德育重要性的表述，比如“德育为首”“德育为本”“德育为先”“立德树人”等，“德”的思想内涵随着时代的发展变迁而不断延续丰富。2016年12月7日，习近平同志在全国高校思想政治工作会议上从“培养什么样的人、如何培养人以及为谁培养人这个根本问题”的高度赋予了“立德树人”新的理论内涵，“立德树人”既是宏观目标和方法论的要求，也是微观过程和实践性的要求。在成“人”的要求上具备的“德”，不仅仅是指道德品质和道德能力，还包括理想信念、人生价值追求和法律素养等；在树“人”的过程中立“德”，“士有百行，以德为首”，同时凸显“德”的生命全程关怀，“德”的养成伴随“人”的成长过程，成“人”的教育事业不仅仅由学校承载，婴幼儿教育、老年教育、社会教育也在其中；在“立德树人”目标的实现上，“百年树人”意味着立“德”的艰巨性，基于对教育的总体性的深刻关切，需要

① 刘娜，杨士泰. 立德树人理念的历史渊源与内涵［J］. 教育评论，2014（5）：141–143.

全员、全过程、全方位育人，事关整个国家的教育生活和教育发展，而不仅仅是学校教育。在“立德树人”的育人根本任务下，明确了新时期“以德为先”育人理念的新内涵。

一切教育的本质就是把“人”培养成“社会人”的过程，成“人”的目标价值高于成“才”，成“人”的核心在于“人”的品德养成，而非知识或才能。在新时期“以德为先”的根本育人理念之下，全面、科学、持续创新教育制度和实践路径。在目标上，要始终坚持全面贯彻党的教育方针，落实立德树人和“四为”目标，不断提高受教育者的思想水平、政治觉悟、道德品质和文化素养，培养德智体美劳全面发展的社会主义建设者和接班人；在认识上，要始终坚持陶行知先生“德育与智育统一论”，“知识的学习与品行的修养两者是统一的，服从于同一的学习心理之定律”之德育生命力的“命门”；在实践上，要更为注重践行和培育社会主义核心价值观，摒弃传统德育简单化为“道德知识获取”的观念，引导学生选择、构建遵循道德规范的生活和生活方式，树立生活德育的理念，通过人们自己的生活来提高和发展个体道德和社会道德，形成学校、家庭、社会“1＋1＋1＞3”的协同教育效果；“教师的人格是进行教育的基石”，要弘扬“四有”教师精神，引导教师以身作则、以德修身、以德立学、以德施教，铸就新时代“危难时保护学生的张丽莉、至诚报国的黄大年”的大爱师魂，“用中国梦激扬青春梦，为学生点亮理想的灯、照亮前行的路”。

德育位于五育之首，是个体成长成才的根本所在。以立德为根本，育人和育才相统一。培养为生活做好准备的个体，培养社会主义现代化的建设者和接班人，适应未来社会的发展大势和需求，就更加需要以德育为先导和根基，德智体美劳五育并举。在智育层面必然要打破和改变传统应试主义的学校教育教学方式，彻底扭转“唯分数”倾向，促进学生全面而富有个性的成长。因此，教育现代化对这一理念进一步的明确和强化，也将有力推动教育领域课程教学、考试评价等关键环节的改革。

第二节　面向人人，终身学习

更加注重面向人人。坚持有教无类，保障每个人平等受教育权利，努力提供公平、优质、包容的教育，使教育选择更多样、成长道路更宽广，让教育改革发展成果更多更公平惠及全体人民，让人人都有人生出彩的机会。

2015年联合国教科文组织《教育2030行动框架》关注全纳与公平，即给每个人一个公平的机会、不让任何人掉队，是“面向人人”的核心内涵，旨在解决的就是教育公平问题。一般而言，教育公平指每个人均受到公正和平等的对待，形式教育公平强调人人享有同等的教育机会、教育资源、教育质量、就业机会，以及社会弱势群体的特殊对待；实质教育公平同时还强调必须满足多元化、差异化、个性化教育需求。当前，我国教育发展面临区域、城乡、学校之间发展差异较大，“择校”现象突出，女童教育保障不足，一部分少数民族地区教育滞后等有限公共教育资源难以满足个体多元差异发展的问题，最大问题在于优质教育资源不足、分布不均。比如东部地区一些家长费心劳神“择校”、中西部地区学位短缺与“大班额”现象并存；东西部区域、城乡之间教育资源天然“水位差”悬殊；特殊教育领域“齐抓共管许多时候变成了没人管”，仍有相当比例残障儿童随班就读存在阻碍。从总体上看，人民群众的教育诉求已从“有书读”转向“读好书”，“人人上好学”成为当前对教育公平的强烈呼声。新时期不全面、不均衡的教育资源供给与经济社会发展多元化需求，尤其是与人民群众日益增长的对优质教育需求之间的矛盾，成为教育领域主要矛盾。

众所周知，教育公平是时代与理念结合的产物，而非一种自发的实然状态。不同历史时期的教育公平具有不同的内涵与特点。从教育公平到社会公平的通道如何打通，如何保证人民群众有更多获得感，已成为未来要解决的关键问题。2013年3月17日，习近平主席在第十二届全国人大第一次会议上强调，全体中国人民共同享有人生出彩、梦想成真、同祖国和时代一起成长与进步的机会。随后两年，教育改革发展的焦点越来越凝练，聚集到“公平”和“优质”两个关键词上，从提出“促进教育事业优先发展”到“促进教育公平发展和质量提升”和“发展更高质量更加公平的教育”。2016年9月，习近平主席在考察北京市八一学校时指出，教育公平是社会公平的重要基础，要不断促进教育发展成果更多更公平惠及全体人民，以教育公平促进社会公平正义。新时期，“面向人人”的教育理念，即一种“有质量的教育公平”理念，已成为全社会的新期待。“有质量的教育公平”不是简单地扩大规模、增加机会，而是以推进教育公平为基本价值取向，以“高质量的教育”和“实质性的公平”为两翼，让每一个人都能享有适合自己的优质教育。①

“面向人人”“有质量的教育公平”理念，是我国新时期落实“以人民为中心”发展思想在教育领域的最好体现。新阶段，我国从初级阶段教育公平所面对的短缺性矛盾，转到高级阶段教育公平面对的结构性矛盾，即主要矛盾已不在教育供给上，而在于优质教育资源不足，人们对于教育的满意度不高，追求一种有质量的教育公平正在成为全社会的共识。但是，“有质量的教育公平”如何从理念演变为现实？新时期，在“面向人人”“有质量的教育公平”理念之下，新时代技术变革提供

① 王建华. 新教育公平的旨趣［J］. 教育发展研究，2017（2）：12-17.

了新的机会，在一定程度上助力教育资源均衡问题的解决，数字化、网络化、终端化可以让优质教育资源连接供需双方，从而实现资源的优化配置。全面、科学、持续创新教育制度和实践路径，需要进一步完善基本公共教育资源均衡配置机制，逐步缩小区域、城乡、学校之间的差距，不断提升义务教育均等化水平，保障流动人口子女入学待遇市民化，实现困难群体帮扶精准化，推进适龄残疾儿童少年教育全覆盖，最终实现基本公共教育服务均等化；需要进一步全力以赴从中西部地区最困难的地方和最薄弱的环节做起，综合施策、精准发力、补齐短板、提升水平，推动各级教育高水平普及；需要进一步完善教育质量持续提升的良性机制，树立科学的教育质量观，改进人才培养方式，完善质量保障体系，大幅度提高各类教育质量，向世界水平的优质教育迈进。

20世纪70年代联合国教科文组织正式提出“终身教育”的概念，并在随后发布的《学会生存——教育世界的今天和明天》《教育——财富蕴藏其中》《联合国可持续发展教育十年（2005—2014）国际实施计划》《反思教育：向“全球共同利益”的理念转变？》等系列报告中，从最初提倡“学会生存”到提出“可持续发展”理念，不断深化了对终身学习内涵的逻辑思考，使得终身学习从一种教育思想逐渐发展到关注人的生存与发展，进而演化为人们的一种权利与生活方式。①“终身学习”理念回答了“要我学”“我要学”“如何学”“何时何地学”“学什么”等若干疑惑，解决了自主学习、学会学习、方便学习、合理学习等基本问题。当前，囿于传统基础教育观的局限，在对教育“起跑线”认识的基础上形成了传统限于学校教育阶段的“短跑”场景及规划的固有

① 李兴洲，耿悦．从生存到可持续发展：终身学习理念嬗变研究——基于联合国教科文组织的报告［J］．清华大学教育研究，2017（1）：94-100.

观念，学校教育阶段的“短跑”是一种狭隘的学习时空观，容易导致基础教育发展乃至人才培养行为的短期化，以至于把终身学习看作大学后的延伸或补充，抑或把终身学习看作非正规教育机构的任务，造成高等教育在终身学习推进中功能的缺失；职业化学习人群的分类性、学习需求的差异性、学习行为的选择性、学习方式的快捷性等特点交织在一起，使职业化的学习呈现出高度的复杂性；对于老年人群学习特点尤其是任务的把握还不够明确和清晰，是老年人群学习难以推进、“最后一公里”难以打通的重要原因所在。①

一直以来，教育和学习在人类社会漫长的发展过程中发挥着传承与创新的重要作用，成为人的生存与发展以及社会发展的必需品。终身学习的价值追求在于人在拥有自身权利的基础上，以持续不断的主动学习开发个人潜能的方式，关注人与社会、自然的可持续发展的意识与能力，推动整个人类进步和发展。②“终身学习”理念的嬗变不仅是社会变革使然，更是人类自我发展的必然规律。在党的十九大报告中，首次提出要办好“网络教育”和建设“教育强国”，面对科技驱动学习变革的“必然”，正在悄然从“能”与“不能”的问题转向“如何”与“怎样”的问题，人工智能、VR、AR技术等必将重塑未来终身学习，“连接”“数据”“认知”三者同生共长，正在不断拓展教育本身和人性认知的发展空间。毋庸讳言，传统教育和学习难以应对未来，“把人生分成工作和学习两段，显然已经无法应对变化的未来了”，史无前例的技术

① 彭坤明，金丽霞. 关于终身学习四个阶段的讨论［J］. 终身教育研究，2017（3）：3-11.

② 李兴洲，耿悦. 从生存到可持续发展：终身学习理念嬗变研究——基于联合国教科文组织的报告［J］. 清华大学教育研究，2017（1）：94-100.

变革将使教育前所未有地普及、学习前所未有地高效、终身学习前所未有地重要。[①]“终身学习”理念的延续和丰富，反映了不同历史时期、不同实践需求以及人的全面发展的要求，从关注生存到着眼于长远，归于外部因素推动和内在规律生成的统一。[②]

“终身学习”理念对教育的战略地位、战略主题、覆盖群体、教育体系构成和社会教育总投入和构成等基本问题，均提供了新的教育政策价值取向，决定着未来教育政策的基本走向。[③]新时期，在“终身学习”的学习生活化理念之下，全面、科学、持续创新教育制度和实践路径，总的来说，必须将全体人民学有所教与终身受益作为衡量教育发展水平的重要标准，为每个人在人生不同时期的学习提供开放优质的学习资源、丰富多样的学习机会、灵活便捷的学习方式、绿色友好的学习环境，让学习成为一种生存需要和生活方式；同时还需要进一步完善普通教育、职业教育、继续教育和自学考试之间的衔接机制，努力搭建开放畅通的终身学习“立交桥”；建立跨部门、跨行业的国家资历框架机制；建立各种学习成果认定标准、学分标准、学分积累和转换机制，建立健全国家学分银行和个人学习账号制度，完善学习成果认证制度，优化方便全民终身学习的制度环境；需要进一步拓宽学历教育渠道、扩大继续教育培训、扩大社区学习资源供给、丰富老年教育资源、推动学习型组织建设，进一步完善终身学习服务平台，建成体现终身学习理念的现代教育体系，满足全民终身学习需要，实现“人人皆学、处处能学、时时可学”。

① 李兴洲，耿悦. 从生存到可持续发展：终身学习理念嬗变研究——基于联合国教科文组织的报告［J］. 清华大学教育研究，2017（1）：94-100.

② 陈宗周. 终身学习时代来临［N］. 电脑报，2017-04-10（7）.

③ 王晓霞. 终身学习取向下教育政策的五个基本问题——基于国际经验的分析［J］. 开放学习研究，2017（3）：5-11.

第三节　因材施教，知行合一

> 更加注重因材施教。面向学习者个性化、多样化的学习发展需求，完善教育体系，创新体制机制，改进培养模式，努力使不同性格禀赋、不同兴趣特长、不同素质潜力的学生都能接受符合自己成长需要的教育，促进学习者主动学习、释放潜能，获得发展自身、奉献社会、造福人民的能力。更加注重知行合一。坚持能力为重，将教育与生产劳动和社会实践紧密结合，在提高学生学习能力的同时强化实践环节，以知促行、以行促知，学以致用，着力培养学习者适应未来发展的职业素养和创新创业能力。

因材施教的本质就在于以学生为中心，即教育事业的改革发展和教育教学活动都要充分考虑到学生身心发展规律、未来成长和生活准备，这是人本主义核心思想在教育领域的具体体现，在中西哲学和教育发展史上有系统的理论基础和实践依据。“以学生为中心”是美国人本主义心理学家卡尔·罗杰斯于20世纪50年代提出的一种教育理念，被称为教育中的“哥白尼式革命”，旨在从根本上改变受教育者的地位，使他们从一个被动的学生变成自我主导的学生并被置于教育的中心，从一个纯粹的客体变成教育中的主体之一。当然，纵观千百年来教育思想史的演进历程不难发现，“以学生为中心”并不是一种全新的教育理念。比如，早在苏格拉底和孔子的教育中，便可以感受到一种类似的对学生的关注和尊重；此外，从卢梭的自然教育以来的全部人本教育理论与实践，尽管这些不同的教育观念在不同的历史时期，面对不同的具体问题，处于不同的具体情境，但在关怀人生与增进人生的价值、“以学生为本位”、信赖和尊重人性以及维护人的尊严等核心内容上表现出一致性。[①] 人本教育表现的都是“以学生为中心”，内在要义是“尊重人性，关怀人生，促进人生幸福”。在我国，体现“以学生为中心”理念的教育教学思想古已有之，但由于班级教学制的提出、工业革命的影响、中国的特殊国情等原因，近代以来的教育逐渐偏离了“以学生为中心”的理念。当下，“以教师为中心”“以教为中心”表现出来的教师完全主导课堂、唱独角戏、满堂灌、填鸭式、以知识传授为主的教学模式，已无法适应剧烈变革时代创新型人才培养的需要。

“以学生为中心”作为人本教育最现代和最激进的形式，以培养健全和完整的人为目标。正如顾明远先生在“未来教育的变与不变”的阐述中所说，未来信息技术给教育环境、培养目标、教育内容、教学模式、师生关系会带来革命性变化，但是学校及教师不会消亡，教育的本质不变，“以学生为中心”所体现的以人为本、促进人和社会全面发展的教育本质不会变。[②] 人是教育现代化的出发点、立足点与归宿，走向2035年的中国教育必须彰显以人为本的核心理念，坚定不移实施科教兴国、人才强国战略，培养集聚大批拔尖创新人才，始终站在科技进步最前沿，助推创新型国家建设。科技融入教育的诸多非正式学习场景，比如WEB2.0、新媒体、云计算、教育大数据与学习分析、慕课微课公开课、传感器技术、虚拟现实、3D打印等等，为“以学生为中心”理念的逻辑展开提供了广阔的空间。我们要进一步理解的是，“以学生为

① 刘秀峰. “以学生为中心”的人生观教育如何可能［J］. 高等教育研究，2012（3）：65-70.

② 顾明远. 顾明远看教育：未来教育的变与不变［EB/OL］.（2016-12-07）［2021-03-22］. http://www.sohu.com/a/112905257_106041.

中心”的教育并非不以教师为本和放任学生，也并非忽略对学生基础和共性知识以及基本道德的培养，不要求学生适应社会的需要，弱化教师在执行教育理念和教育活动中的主导地位。“以学生为中心”的教育恰恰更加强调教师的主体地位，正如李艳梅在清华大学百年校庆大会上对“以学生为中心”教育的阐释：“对于教师而言，每名学生都是唯一，都需要去发现、去欣赏、去雕琢，我总是微笑地面对学生，希望他们也微笑着面对人生、充满信心地迎接未来。”①

更加强调因材施教，是对教育本质更加深刻的认识。教育现代化的核心是人的现代化，是以人为中心的教育体系、教育理念、教育制度和教育技术的现代化。“以学生为中心”是一种从教育意义上真正对人的生命意义的尊重，我国教育政策、学校制度应从“以学生为中心”出发，彻底调整不利于学生学习和发展的体制机制。②新时期，在“以学生为中心”的人本教育理念之下，全面、科学、持续创新教育制度和实践路径，需要更为注重“以学生为中心”的理念，面向学生个性化、多样化的学习和发展需求，因材施教，努力为每位学生提供适合的、高质量的教育，促进学生主动学习、释放潜能、全面发展；需要更为注重“以学生为中心”范式的转变，创新实施素质教育的有效途径，实行启发式、探究式、参与式、合作式等教学方式，建立健全产教融合校企合作职业教育育人、产学研用协同育人以及特殊才能和超常需求学生育人机制，进一步创新大数据和信息时代“以学生为中心”的个性化教学的教育模式；要更为注重发挥教师在落实“以学生为中心”理念中的作

① 李培根. 以学生为中心的教育：一个重要的战略转变［J］. 中国高等教育，2011（13）：8-9.

② 刘献君. 论“以学生为中心”［J］. 高等教育研究，2012（8）：1-6.

用，教师要从批评者和主导者转变为促进者，和学生建立“主体—主体”的平等、友善、和谐的新型师生关系，努力做到理解学生、尊重学生、服务学生、启迪学生和激励学生，“帮助每一位学生找到自己、发现自己、唤醒自己、成为自己”。正如苏格拉底和柏拉图一致认为，学生内心已经拥有真理，教育就是教师引导学生去发现自己身上的真理。

人的社会生活在本质上是实践的。作为一种感性的现实的人类活动，实践是人与外部世界进行物质、能量和信息变换的最基本的方式。人正是通过自己的批判和创造性实践，参加并影响着现存感性世界及其发展方向，促成其向人的世界的生成运动。① 现代教育从一般意义上对“知行合一”的理念进行了通俗化的阐释，主要是把“知”视为知识、技能的传授与学习，把“行”视为知识、技能的实践，同时认为在知识与技能的掌握过程中，有效的教育统一于学习与实践之中。长期以来，我国对教育的认识存在偏差，更多局限于“知识”的传授和习得上，“知识本位”的传统人才培养模式盛行。“知识本位”的人才培养，以掌握知识作为人才培养的根本目标，“重知识、轻能力”“重理论、轻实践”，毕业生掌握知识水平高，解决实际问题能力低，普遍存在不“顶天”也不“立地”的问题。不“立地”表现为学校教的知识大多与现实脱节，不少毕业生在工作岗位上无法适应企业和市场的需求；不“顶天”表现为在创新型人才培养上，教的知识往往又过于具体与专业，不利于创新创业。②

习近平总书记指出，要进一步加强第二课堂建设，重视实践育人，

---

① 周远清，瞿振元，陈浩，刘献君，别敦荣，周光礼，宣勇，马陆亭. 中国特色高等教育思想体系举要［J］. 中国高教研究，2017（4）：1-25.

② 钱颖一. 新论解答“钱学森之问”［N］. 新华日报，2017-06-08（11）.

坚持教育同生产劳动和社会实践相结合，开展各类社会实践，让学生在亲身参与中认识国情、了解社会，受教育、长才干。[①] 当前，我国主动适应经济发展新常态，全面深化“双创”教育改革，以推进素质教育为主题，面向全体、分类施教、结合专业、强化实践，培养实践能力强的“双创”人才。新时代，“知”是“行”的思想指引，“行”是“知”的实践转化。“知行合一”的教育理念就是要充分发挥社会实践的育人功能，重视实践、重视创新，引导学生从实践中发现和探究问题，养成创新思维和形成创新能力。就“知行合一”的内在逻辑而言，学生获得知识后，运用到社会实践中，并在实践中发现问题、分析原因、找到方法，从而在已有的知识体系中不断尝试着寻找解决问题的方法，通过经验积累，自己提出一个新方法并最终解决，此为一个创造性思维的生成过程，也是“知行合一”的循环过程。由此，学生不仅深化了对知识的理解，还掌握了独立解决问题的方法，在知识运用中提高了实践能力。[②]

“知行合一”、行胜于言，坚持知、信、行与学、用、思相统一，在润物细无声的潜移默化中持续发力，在落细、落小、落实上下功夫。新时期，在“知行合一”的实践育人理念之下，全面、科学、持续创新教育制度和实践路径，需要更加强调理念的引导作用，凸显以“能力为重”的主旋律，将教育与生产劳动和社会实践紧密结合，把学习、观察、实践与思考紧密结合起来，以知促行、以行促知，学以致用，着力

---

① 中共教育部党组．深入学习贯彻习近平总书记关于青年学生成长成才重要思想　大力培养中国特色社会主义建设者和接班人［N］．光明日报，2017-09-08（2）．

② 李煜凯．高等教育创新人才培养的新思路——基于中美比较的视角［J］．中国高等教育评估，2016（3）：7-10．

培养学生创新创业能力；需要充分尊重学生的天性，在专业和课程设置方面朝多样化方向发展，学生可以根据自己的兴趣和社会需要自由选择课程；需要进一步落实社会企事业单位育人责任，建立完善学生实习实训和社会实践的保障与激励机制，开展校内外结合的科技教育活动，引导中小学与高校、科研机构及科技馆协同提升青少年科学素质，培养和壮大创新后备人才队伍；完善科学公正考试评价制度，突出对学生独立思考和运用知识分析问题、解决问题能力的考查，健全全过程、全方位人才培养质量闭环反馈监控体系。

第四节　融合发展，共建共享

更加注重融合发展。推动教育向社会开放、向产业开放，推进产教融合、科教融合、军民融合，推动学校教育、社会教育、家庭教育有机结合，促进人才培养与产业链、创新链有效衔接，实现教育与经济社会深度融合、协同发展。更加注重共建共享。将教育作为关系国家和全民利益的公益性事业，坚持政府主导、全社会多元参与，坚持人人尽责、人人享有，多渠道扩大教育供给，构建全社会共同参与建设、共同参与治理、共同分享成果的教育发展新格局。

教育既是国计也是民生，但从一个民族和国家以个体为基本构成单元的社会结构关系意义上讲，推进中国特色社会主义现代化建设，实现国家富强、人民幸福，教育事业从根本上讲更具有国计的重要位置。因此，党和国家一直以来高度重视教育事业发展，总体上实现了教育的跨越式发展，迈进了世界中上水平。但是，在新的历史时期，要实现教育事业新的更大发展，服务于国民素质的进一步总体提升，服务于经济社会向更高水平发展，服务于“两个一百年”伟大奋斗目标的实现，就更加需要以系统观念推进教育的开放和融合发展，需要全社会各界的切实参与。

未来十几年是我国推进教育现代化建设的关键时期，教育发展面临前所未有的机遇与挑战。面向未来教育，2015年联合国教科文组织《教育2030行动框架》将教育使命扩大至“全纳、公平和全民终身学习，给每个人公平的机会”。伴随着技术变革，以人工智能（AI）为代表的一些跨领域、跨学科的重大颠覆性技术创新，正在引领时代、产业、市场的新变革。立足历史方位，我国教育领域主要矛盾突出表现为受教育者对优质教育的需要和教育发展不平衡不充分的矛盾，教育体系、制度、内容、教学方式与新时代发展的需求还不完全适应。新使命、新技术、新动向，亟须突破与融合传统教育的边界，激发全面推进教育发展的活力，更快满足受教育者日益增长的优质教育需要，更好推动人的全面发展、社会的全面进步。具体而言，这种融合在个体发展过程的层面表现为个人品德与社会公德的融合、促进公平与提高质量的融合、教师主导与师生互动的融合、知识学习与实践运用的融合、学校教育与自我学习的融合等，在教育公共服务与经济社会关系的层面看则体现为教育教学内容与生产生活实践、新技术领域等的融合，在社会和谐发展的层面体现为城市与乡村的一体化融合发展。

更加注重融合发展和共建共享的理念，既是对未来教育发展形态的一个总体研判与应对，也是对适应学习型社会建设和多元化教育需求的总体考量和引领，更是对深化教育领域供给侧改革、现代教育治理体系和能力建设的战略性思考与观念深化。也就是说，教育事业不能再局限于教育系统内部和教育工作者，而是要更加突出作为整个经济、政治、社会等五位一体大系统中的有机组成部分，所以要开放融合，要共建共享，更加广泛地发挥人民群众的力量，真正实现人民教育人民办、人民教育为人民。

在理念指导实践的层面上，要特别注重职业教育融合发展，切实推进和多元化教育供给侧改革。2016年1月26日，中央财经领导小组第十二次会议研究供给侧结构性改革方案，习近平总书记强调供给侧结构性改革的根本目的是提高社会生产力水平，落实好以人民为中心的发展思想。深化教育供给侧结构性改革还迫切需要基于教育事业自身的特点和教育发展的规律，立足于国计民生的重大考量，秉持建设人力资本强国的战略目标，进一步强化对教育供给侧结构性改革基本理论、内在逻辑与实施方略的认知与共识，正确引领、理性研判、科学推动教育领域改革深化，服务“两个一百年”伟大奋斗目标的实现。基本认知需要超越经济学概念的推衍，回归对教育本质及改革的理性思考。对政府而言，要在教育资源配置方面进行简政放权，要引导和强化市场机制对教育资源的优化配置作用，满足社会的多样化选择需求，贴近每个学生和社会个体的发展、生存与生活实际。实施教育供给侧结构性改革，以问题解决为导向，实现教育现代化的过程以促进经济社会发展为目标。①

以终身学习的广义教育观念引领教育服务形态的多元化供给。经济社会的发展和一系列国家战略的实施，既迫切需要国民素质的总体提升，又迫切需要数以亿计的高素质劳动人才、数以万计的专业人才和一大批拔尖创新人才。这就需要形态丰富的教育培训作坚强的人才支撑和智力保障。在对当前教育体系进行改革的同时，与时俱进推动形成教育融入经济社会的“大教育观”。突破以正规学校教育为主要表现形式的传统国民教育体系认识，以终身教育理念为导向，以普通教育和职业教育为基础，在全民学习、终身学习的开放教育体系中进行系统的教育供给改革。

① 庞丽娟，杨小敏．关于教育供给侧结构性改革的思考和建议［J］．国家教育行政学院学报，2016（10）：12-16.

第五章　中国教育现代化的基本原则

《中国教育现代化2035》明确了推进教育现代化的基本原则，即坚持党的领导、坚持中国特色、坚持优先发展、坚持服务人民、坚持改革创新、坚持依法治教、坚持统筹推进，为加快推进教育现代化、建设教育强国、办好人民满意的教育提供了根本遵循。坚持党的领导是推进教育现代化的政治保障，坚持中国特色彰显了扎根中国大地办教育的坚定自信，坚持优先发展是推动教育现代化的重要先手棋，坚持服务人民是教育现代化的根本宗旨，坚持改革创新是推进教育现代化的动力，坚持依法治教是推进教育现代化的内在要求，坚持统筹推进是教育现代化的基本方式。

第一节　坚持党的领导

党的十九大报告将“坚持党对一切工作的领导”作为新时代坚持和发展中国特色社会主义基本方略的第一条，并作为最高政治原则写入党章。习近平总书记在全国教育大会上发表重要讲话，从党和国家事业发展全局出发，突出强调了加强党的领导对于做好教育工作的极端重要性，对加强党对教育工作的全面领导提出了明确要求，为加快推进教育现代化、建设教育强国、办好人民满意的教育指明了正确政治方向。①

坚持党的领导是加快教育现代化建设的政治保证和组织保障，只有加强党对各级各类学校的领导，才能办好中国特色社会主义教育。党的十八大以来，我国教育事业发展之所以取得显著成就，最根本的就是，在以习近平同志为核心的党中央坚强领导下，党对教育事业的全面领导得到有力贯彻，党对教育工作的领导得到全面加强。要实现《中国教育现代化2035》的发展目标，就必须以习近平新时代中国特色社会主义思想为指导，全面贯彻党的教育方针，坚持马克思主义指导地位，坚持中国特色社会主义教育发展道路，坚持办学正确政治方向，着力加强教育系统党的政治建设、思想建设、组织建设、作风建设、纪律建设，把制度建设贯穿其中，牢牢掌握教育领域意识形态工作的领导权。

一、坚持党的领导，需要突出思想政治领导

一是把思想政治工作贯穿学校教育管理全过程，始终坚持马克思主义指导地位，将马克思主义作为做好教育工作的根本指导思想，使教育领域成为坚持党的领导的坚强阵地。将思想政治工作作为学校工作的生命线，各级党委、教育行政部门、学校党组织必须抓细、抓实、抓好，精心培育和组织一支能做、会做思想政治工作的政工队伍，把思想政治工作做在日常、做到个人。二是将思想政治教育与人才培养过程紧密结合，增强教育的亲和力和针对性。把思想政治教育与课程教学紧密结合，实现教学育人；在人才培养中研究和践行先进思想政治理论，实现科研育人；构建以人为本的管理服务体系，引导学生自我管理、自我服

① 人民日报评论员．坚持党对教育事业的全面领导——论学习贯彻习近平总书记全国教育大会重要讲话［N］．人民日报，2018-09-18（2）．

务，实现管理育人；鼓励和支持学生参与集体活动，实现活动育人；构建良好的教书育人环境，实现环境育人。

二、坚持党的领导，需要坚定教育“四个自信”

新中国成立尤其是改革开放以来，随着我国教育政策制度体系的不断完善、各级各类教育事业的持续快速发展，我国教育领域的改革发展取得了巨大成就。新时代深化教育综合改革，需要在中国特色教育理论体系的指导下，继续深耕实践、传承创新，这就要求在教育领域的各条战线上都必须坚定中国特色教育发展的道路自信、理论自信、制度自信、文化自信。教育部门和教育工作者必须在坚定教育理想信念上下功夫，教育引导广大学生树立共产主义远大理想和中国特色社会主义共同理想，增强学生“四个自信”，立志肩负起实现中华民族伟大复兴的时代重任。

三、坚持党的领导，需要全面增强教育的“四个意识”

增强政治意识、大局意识、核心意识、看齐意识，不仅是对全体党员干部个人的要求，更是对贯彻党对教育事业全面领导的必然要求，在未来各级教育部门和各级各类学校的改革中，必将以全面增强“四个意识”为指引，着力强化党组织建设，充分发挥党组织的领导核心作用，努力做到对党忠诚、为党分忧、为党担责、为党尽责，更加坚定不移地维护党中央的权威和集中统一领导，自觉在政治立场、政治方向、政治原则、政治道路上与党中央始终保持高度一致，以党中央的要求为教育改革的指引。

四、坚持党的领导，需要全面加强党的建设

历史和实践一再证明，全面加强党的领导是保障我国各项事业持续快速发展的关键。一是各级党委要把教育改革发展纳入议事日程，党政主要负责同志要熟悉教育、关心教育、研究教育。二是全面加强大中小学领导班子建设，坚持完善高校党委领导下的校长负责制，推进高校院系、中小学、民办学校、中外合作办学院校党组织建设。三是加强基层党委领导班子及基层党组织建设，提高师生凝聚力和向心力，深入推进领导方式改革，将加强党的领导与人才培养实践相结合，始终遵循“集体领导、民主集中、个别酝酿、会议决定”的领导原则，健全领导机制，激发各方活力，聚力教育改革创新。

第二节　坚持中国特色

世界各国的教育制度有很多普遍性，更有各国的特殊性。独特的历史、独特的文化、独特的国情，决定了我国必须走自己的教育改革发展道路。努力办好人民满意的教育，培养更多的社会主义事业建设者和接班人，加快推进中国特色的教育现代化，离不开扎根中国大地办教育的决心、信心与行动。从发展历史看，中华民族有着重视教育的优良传统，并在长期的教育实践基础上形成了有教无类、因材施教、知行合一等一系列教育理念，不仅对我国教育发展有着重要影响，而且对世界现代教育发展具有启迪作用。

改革开放以来，中国教育发展取得的成就和基本经验让全世界看到了中国教育发展的魅力，展现了中国教育的坚定自信。党的十八大以来，习近平总书记关于坚持扎根中国大地办教育的重要论述，背靠中国优秀文化传统，脚踏中国教育的现实问题，面向未来，提供了有中国特色的教育现代化之路。坚持走自己的路，在改革实践中不断丰富和发展中国特色教育理论体系，是我国教育改革发展的优秀品质。随着教育改革发展步入新时代，党的十九大报告和全国教育大会精神都明确提出了始终坚持中国特色社会主义道路的要求，这也成为未来教育改革发展重要的指导思想。

一、坚持中国特色的教育现代化，需要坚定社会主义办学方向

一是全面贯彻落实党的教育方针。教育方针是国家或政党确定教育事业发展方向、指导整个教育事业发展的战略原则和行动纲领。坚持社

会主义办学方向，贯彻落实立德树人根本任务，发展素质教育，推进教育公平，培养德智体美劳全面发展的社会主义建设者和接班人。二是在党的旗帜下办人民满意的教育，坚持不懈地传播马克思主义科学理论，并与教育实践相结合，用马克思主义中国化理论奠定教育改革的思想基础。三是努力构建中国特色哲学社会科学的学科体系、学术体系、话语体系、管理体系，把中国特色社会主义理论体系贯穿到学科建设、人才培养、科学研究、课程设置、教材编写、学术评价等各环节。四是加强教材建设，体现国家意志，把握正确方向和价值导向。尊重教育规律和学生成长成才规律，加强和完善教材编写、审查、出版、使用、评价等各环节的管理，逐步形成适应中国特色社会主义发展要求、立足国际学术前沿、门类齐全、学段衔接的教材体系和管理办法。

二、坚持中国特色的教育现代化，需要积极传承中国基因

只有扎根中国才能更好地走向世界，中国文化是中国特色的重要内容，在教育中加强中国文化教育是坚持教育中国特色的应有之义。一是必须坚持教育为人民服务、为中国共产党治国理政服务、为巩固和发展中国特色社会主义制度服务、为改革开放和社会主义现代化建设服务，始终做到为党育人、为国育才。二是要围绕立德树人根本任务，坚持把社会主义核心价值观融入教育全过程，深化中国特色社会主义宣传教育。加强红色革命文化教育，讲好伟人故事、传承革命精神，激励广大青少年奋发进取；强化社会主义先进文化总结、提炼、升华、传播，推进社会主义先进文化融入生活、融入教育、融入课程、融入心里，不断增强文化育人能力和水平。三是在国家《关于实施中华优秀传统文化传承发展工程的意见》《完善中华优秀传统文化教育指导纲要》等文件的

指导下，分学段有序推进传统文化教育，推进传统文化融入课程教材体系，全面加强传统文化教育。

三、坚持中国特色的教育现代化，需要增强教育制度自信

一是以中国特色为统领，充分发挥社会主义制度的优越性，促进教育全面服务国家与区域重大发展需求，使人民群众享受到更多更好的改革发展成果。二是着力构建具有中国特色的教育强国思想体系和话语体系。未来我国的教育改革，不仅要“干好实事”，还要“讲好故事”，既要合理借鉴国际经验，又要继承和发扬我国传统文化的精华，尊重我国的教育文化和环境，坚持用中国方式，走出中国道路，发出中国声音，推进中国教育走向世界。三是坚持和完善党委领导下的校长负责制。以教育治理机制改革为重点，推进党委对本校工作的全面领导，履行管党治党、办学治校的主体责任；构建校长治校和党委领导之间的新型关系，在具体环境中不断丰富和完善党委领导下的校长负责制，构建现代学校制度体系。

四、坚持中国特色的教育现代化，需要坚持教育公益性原则

一是把教育公平作为国家基本教育政策。教育公平是社会公平的重要基础，必须坚持以人民为中心发展教育，努力让每个人享有受教育的机会，获得发展自身、奉献社会、造福人民的能力。二是加快建成伴随每个人一生的教育，让学习成为每个人的生活习惯和生活方式，实现人人皆学、处处能学、时时可学；加快建成平等面向每个人的教育，努力使每个人不分性别、不分城乡、不分地域、不分贫富、不分民族都能接受良好教育；加快建成适合每个人的教育，努力使不同性格禀赋、不同

兴趣特长、不同素质潜力的学生都能接受符合自己成长需要的教育；加快建成更加开放灵活的教育，努力使教育选择更多样、成长道路更宽广，使学业提升通道、职业晋升通道、社会上升通道更加畅通。

第三节　坚持优先发展

教育是国之大计、党之大计，也是民族振兴、社会进步的重要基石，对提高人民综合素质、促进人的全面发展、增强中华民族创新创造活力、实现中华民族伟大复兴具有决定性意义。我们需要从实现“第二个一百年”奋斗目标的历史高度，加深对新时代优先发展教育这一重大战略的认识，决胜全面建成小康社会，必须优先发展教育，办好人民满意的教育；开启全面建设社会主义现代化国家新征程，必须优先发展教育，加快教育现代化；实现中华民族伟大复兴的中国梦，必须优先发展教育，将建设教育强国作为基础工程。党的十八大以来，党中央坚持把教育摆在优先发展的战略位置，对教育工作作出一系列重大决策部署。党的十九大报告明确提出：“必须把教育事业放在优先位置，深化教育改革，加快教育现代化，办好人民满意的教育。”

一、加强改革顶层设计

一是始终坚持把优先发展教育事业作为推动党和国家各项事业发展的重要先手棋，牢固树立抓教育就是抓发展、谋教育就是谋未来的理念，在组织领导、发展规划、资源保障上把教育事业摆在优先发展地位，将教育发展同国家发展的现实需求和民族振兴的长远目标紧密结合，把教育投入作为重点投入，在国家现代化全局中超前规划、优先发展教育。二是以习近平新时代中国特色社会主义思想为指导，准确把握教育事业发展面临的新形势新任务，全面落实教育优先发展战略，在经济社会发展规划上优先安排教育、财政资金投入上优先保障教育、公共资源配置上优先满足教育和人力资源开发需要。三是以新发展理念统筹各级各类教育事业发展，深化教育领域综合改革，加快建设学习型社会。按照党的十九大的部署，完善职业教育和培训体系，深化产教融合、校企合作，加快一流大学和一流学科建设，实现高等教育内涵式发展。办好网络教育、继续教育。加强师德师风建设，培养高素质教师队伍，倡导全社会尊师重教，同时继续支持和规范社会力量兴办教育。通过深化教育领域综合改革，持续推进教育公平，解决教育发展的不平衡不充分问题，不断扩大优质教育资源供给，实现教育治理能力现代化。

二、优先保障教育投入

教育投入是支撑国家长远发展的基础性、战略性投资，是教育事业的物质基础，是公共财政的重要职能。一是落实各级政府财政教育支出责任。坚持把教育作为各级人民政府财政支出重点领域予以优先保障，按照中央与地方财政事权和支出责任划分原则，以及中央对地方转移支付制度改革要求，督导落实各级政府财政教育支出责任，保证国家财政性教育经费支出占国内生产总值的比例一般不低于4%，确保财政一般公共预算教育支出逐年只增不减，确保按在校学生人数平均的一般公共预算教育支出逐年只增不减。二是健全各级教育生均拨款制度。更加注重通过加强政策设计、制度设计、标准设计带动投入，完善各级教育预算拨款制度和投入机制。巩固完善城乡统一的义务教育经费保障机制，落实完善职业院校生均拨款制度，落实完善高等学校预算拨款制度和研究生教育生均拨款制度，推动地方探索建立学前教育和普通高中生均拨款制度，合理确定并适时提高相关拨款标准和投入水平。三是鼓励引导社会力量投入教育。贯彻落实新修订颁布的《中华人民共和国民办教育促进法》和国务院印发的《关于鼓励社会力量兴办教育促进民办教育健康发展的若干意见》，按照分类管理原则，建立差别化政策体系，完善制度政策，在政府补贴、政府购买服务、基金奖励、捐资激励、土地划拨、税费减免等方面对非营利性民办学校给予扶持；可根据经济社会发展需要和公共服务需求，通过政府购买服务及税收优惠等方式对营利性民办学校给予支持。四是完善培养成本合理分担机制。非义务教育实行以政府投入为主、受教育者合理分担、其他多种渠道筹措经费的投入机制。建立公办学校学费标准根据培养成本、经济发展状况和群众承受能力，按照规定程序动态调整的机制。实行民办教育分类收费政策，非营利性民办学校收费，通过市场化改革试点，逐步实行市场调节价；营利性民办学校收费实行市场调节价，具体收费标准由民办学校自主确定。

第四节　坚持服务人民

为人民服务、办人民满意的教育，是我国教育的根本宗旨。从供需关系看，人民群众是教育的主体，如果没有满足人民群众“有学上”“上好学”的诉求，教育就是无源之水、无本之木。因此，教育的改革发展必须服务人民、造福人民。

党的十八大以来，我国教育实现了跨越式增长，教育总体发展水平进入世界中上行列。据统计，2020年全国共有各级各类学校53.71万所，在校生2.89亿人，专任教师1 792.18万人。全国各级教育普及水平不断提高，国民受教育机会进一步扩大。学前教育毛入学率85.2%，小学学龄儿童净入学率99.96%，初中阶段毛入学率102.5%，高中阶段毛入学率91.2%，高等教育毛入学率54.4%。①我国建成了世界上最大规模的教育体系，总体上解决了人民群众“有学上”的问题，但人民群众对优质教育资源的需求更加强烈，个性化、多样化、终身化的学习需求逐渐成为主流。在新的历史起点上、在更高水平上办好人民满意的教育，要准确把握新矛盾对教育工作提出的新任务、新要求，深入落实以人民为中心的发展思想，把满足人民群众接受良好教育的需求作为教育改革发展的出发点和落脚点，着力解决人民最关心最直接最现实的教育问题，坚持以人的全面发展为本、以促进教育公平为本、以办好人民满意的教育为本。

---

① 2020年全国教育事业统计主要结果［EB/OL］.（2021-03-01）［2021-03-22］. http://www.moe.gov.cn/jyb_xwfb/gzdt_gzdt/s5987/202103/t20210301_516062.html.

一、办人民满意的教育，培养社会主义事业建设者和接班人

实现中华民族伟大复兴是新时代我国包括教育改革发展在内的各项事业发展的主要目标，中华民族伟大复兴福在千秋、利在万代，实实在在地惠及全体人民，教育为人民服务集中表现在为培育实现中华民族伟大复兴的社会主义事业建设者和接班人服务，培育一代又一代素质较高、信念坚定、艰苦奋斗，为中华民族复兴伟业而努力奋斗的人才。当前，国际经济社会发展形势的变化、国内产业结构转型升级步伐的加快、社会供给双方矛盾问题的不断凸显，都显示出全面深化教育改革、培养更多高素质人才的重要性和紧迫性。在我国教育目的的指引下，未来的教育改革，一方面会结合我国经济社会发展人才需求，建立动态的人才培养结构调整机制，不断优化人才培养结构，提高人才培养的精准性和社会适应性；另一方面会大力实施素质教育和创造力教育，培养更多综合素质较高、创新能力较强的人才，为经济社会发展注入强大的人才动力。

二、推进教育均衡发展，让全体人民享有更多的受教育机会

深入推进教育公平、让全体人民享有接受良好教育的机会，是长期以来教育为人民服务的努力方向。新时代，我国经济社会发展的主要矛盾已经发展为人民日益增长的美好生活需要和不平衡不充分的发展之间的矛盾，这对于教育发展来说，就是要在未来的改革中不断优化教育结构，推进教育公平。一是适应国家战略需求和区域发展需要，优化教育尤其是高等教育结构，调整学科专业、类型、层次和区域布局，重点支持目前尚无教育部直属高校的省份建设“双一流”大学和学科，满足中西部地区人民群众对优质高等教育资源的迫切诉求。二是适应经济社会

发展对多样化高素质人才的需求，深化新高考内容和形式改革，努力让每个学生都有成才成功的机会，探索实行基于统一高考和高中学业水平考试成绩、参考综合素质评价“三位一体”的多元录取机制，为提升学生综合素质、促进社会纵向流动服务。三是更加关注和强调结构化公平，促进人民群众接受高等教育的机会能够更加公平。及时有效回应社会关切，进一步缩小地区之间、城乡之间高考录取率的差距，为“老少边穷岛”地区的学生提供更多入读重点高校和中央部属高校的机会，畅通农村和贫困地区学子纵向流动的渠道。

三、全面提高教育质量，满足群众“上好学”的愿望诉求

当前，我国教育面临着需求升级和消费升级的“双升级”压力，人民群众关注点从“有学上”转向了“上好学”，追求目标是优质的教育特别是高等教育资源，因此扩大优质资源成为我国教育改革发展的当务之急。一是要全面树立以学生为中心的教育质量观，全面深化学校教育教学改革，破解制约教学质量提升的关键部位和重点环节，提高教师教的质量和学生学的质量，将学生学习成果作为评价教育质量的核心标准，不断提高全体人民群众对教育质量的满意水平。二是把满足人民群众质量需求作为教育供给侧结构性改革的主攻方向，以不断深化教育综合改革、创新业态和方式、丰富和拓展教育类型等举措为抓手，努力为全体人民提供更加适合的教育尤其是高等教育。三是不断完善教育质量保障体系，加强分类评估、分类指导，以学校自我评估为基础，以院校评估、专业认证及评估、国际评估和教学基本状态数据常态监测为主要内容，调动政府、学校、专门机构和社会多方主体积极参与，确保教育质量整体处于较高水平。

第五节 坚持改革创新

改革创新是培育和释放教育主体活力、推进教育现代化的根本动力。大力推进改革创新尤其是教育体制改革创新，才能使我国教育越办越好、越办越强。《中国教育现代化2035》着眼我国教育事业的长远发展，对教育改革创新作出了重点部署，为坚决破除制约教育事业发展的体制机制障碍指明了方向和路径，对于加快推进教育现代化具有重大意义。

经过改革开放40多年的建设，我国教育事业迈上了新台阶，教育发展总体水平明显提升，服务经济社会发展能力显著提高，国际影响力稳步增强，人力资源强国建设加快推进，为提高全民族素质和全面建成小康社会作出了重要贡献。这是教育战线坚持改革开放取得的伟大成就，充分证明了改革创新是推进教育事业蓬勃发展的强大动力。党的十八大以来，教育领域综合改革全面深化，一批标志性、引领性的改革举措取得明显成效。但也要看到，教育改革已入深水区，点多面广线长，需要做的事情很多，目前我国教育还存在一些突出问题和短板。要解决这些问题，就必须大力推进教育改革创新，更加注重教育改革的系统性、整体性、协同性，破除不合时宜的体制机制弊端，充分激发教育事业发展生机活力，以改革激活力、增动力。

一、增强改革的系统性、协同性，整体推进教育改革创新

一是坚持重点突破和整体推进相结合。我国改革发展的典型特征是采取先行试点、总结推广的方式，这种由点而面、先易后难的改革推进

方式，既控制了风险，又通过有效的推广机制使成功经验迅速普及，成为渐进式改革战略的重要经验，也是新时期推进改革开放、探索新的发展模式和体制模式的重要途径。同样，贯彻落实教育现代化的战略部署也不例外，需要始终坚持重点突破和整体推进相结合，在探索中创新、在创新中推进，为推进教育现代化建设积累丰富的实践经验。二是教育改革创新要注重顶层设计与基层创新相结合。一方面，政府不断从加强领导、创新体制机制、完善扶持力度、加快现代学校制度建设、提高教育教学质量等方面创新教育管理方式，同时鼓励各地政府结合本地实际制定教育相关法规政策；另一方面，鼓励学校管理者不断更新教育理念，创新办学形式，激发了教育的活力和竞争力。

二、充分运用新技术新机制新模式，创新教育服务供给方式

一是进一步加强政策引导，让市场发力，满足群众日益增长的多样化个性化教育需求，在助力人力资本积累和社会创造力增强的同时，积极创新教育供给方式。将教育纳入整个产业规划来统筹安排，以产业战略统筹教育空间、以优质服务满足教育需求、以教育服务带动社会消费，坚持产教融合、校企合作、工学结合，引厂入校、送教进企，加快推动教育与工业、商业、文化、体育、旅游服务业的融合发展。教育系统内部，针对各学段公办与民办教育结构比例，科学确立各类教育的功能定位与发展空间。① 二是进一步调动社会力量兴办教育的积极性，促进民办教育持续健康发展。以实行营利性和非营利性民办学校分类管理为突破口，鼓励社会力量办学创新体制机制，完善扶持政策，加强民办

① 周海涛，张墨涵．如何创新教育供给和扩大教育消费［N］．光明日报，2016-04-05（14）．

教育规范管理。三是创新和扩大教育供给，提高教育服务的质量和效率。创新和扩大教育供给，满足我国居民消费由温饱型向追求品质、注重个性化升级，对教育服务质量、便利化程度等迅速提高的新要求，提高消费者满意度，使其享受教育、愉悦学习，从而扩大教育消费。

三、明确教育改革的重点任务，破除制约教育事业发展的体制机制障碍

一是深化办学体制和教育管理改革，充分激发教育事业发展生机活力，着眼于“教好”“学好”“管好”，提高教育质量。深化教育领域“放管服”改革，充分释放教育事业发展生机活力。尊重教育发展规律，充分发挥学校办学主体作用，大幅减少各类检查、评估、评价，加强对办学方向、标准、质量的规范引导，为学校潜心治校办学创造良好环境。完善吸引优秀人才从事教育的体制机制。二是健全立德树人落实机制，扭转不科学的教育评价导向，坚决克服唯分数、唯升学、唯文凭、唯论文、唯帽子的顽瘴痼疾，从根本上解决教育评价指挥棒问题。三是提升教育服务经济社会发展能力，调整优化高校区域布局、学科结构、专业设置，建立健全学科专业动态调整机制，加快一流大学和一流学科建设，推进产学研协同创新，积极投身实施创新驱动发展战略，着重培养创新型、复合型、应用型人才。四是扩大教育开放，同世界一流资源开展高水平合作办学，提升我国教育的国际影响力。

第六节　坚持依法治教

依法治教是我国教育法制建设的指导方针，也是推进教育现代化的内在要求。党的十八届四中全会提出完善中国特色社会主义法治体系、建设社会主义法治国家的总目标，教育领域是全面依法治国系统工程的重要组成部分，着力健全依法治教体系，促进教育治理体系和治理能力现代化是未来教育改革的重要任务。改革开放40多年来，教育领域的法制建设不断推进，已经建立了一整套的法律法规和制度体系。总的来看，坚持依法治教，需要更加注重运用法治思维和法治方式推动教育改革发展，加强教育法律法规体系建设，完善行政执法体制机制，大力推行依法行政、依法办学、依法治校，为实现教育现代化提供法治保障。

一、深入推进各级各类教育行政部门及学校依法行政、依法办学

依法行政是坚持以人民为中心、维护受教育者根本利益、提高工作效率和政府形象的重要保障，坚持依法治教必须大力推进依法行政。第一，推进各级政府依法履行教育行政管理职能。在教育领域“放管服”和“管办评”分离改革的背景下，进一步扩大省级政府对教育的统筹权，强化市县级政府的执行职责，促进各级教育行政部门依法明确职能权限和责任，制定并公布责权清单，进一步简化行政审批制度，优化审批流程，提高行政办事效率，改善服务方式，提高服务水平。第二，着力健全依法决策机制，促进决策规范化、科学化、民主化、法制化。全面落实重大决策的公众参与、专家论证、风险评估、集体讨论等制度，

确保决策制度科学、程序正当、过程公开、责任明确。第三，不断完善教育领域信息公开制度。努力推进教育行政部门、学校重大决策等方面的信息公开，探索信息公开新途径、新方式，促进教育信息公开工作常态化，使学校教育能够接受社会的广泛监督。第四，加快构建多元参与的教育治理机制。依法健全教育督导制度，完善第三方评估机制，健全教育的市场监管标准和体制，充分发挥市场在教育资源配置中的作用。

二、加强法治宣传教育，扎实推进依法治校

一方面，大力推进教育法治宣传教育，促进教育系统的领导干部和广大师生牢固树立社会主义法治观念，努力做到知法、懂法、守法、用法，使其成为社会主义教育法治的忠实崇尚者、自觉遵守者、坚定捍卫者。其一，实施教育法治观念提升工程，在教育领域广泛开展教育法治宣传教育。探索实施对教育行政部门领导干部、学校管理者、教师进行法治培训，丰富培训形式，扩大培训群体，建立法治知识学习与岗位绩效考核挂钩制度，加强学校负责人法治思维和法治素养考评，推动形成法治观念，树立依法治教、依法执教意识。其二，全面加强学生法治教育，增强法治观念。深入推进法治教育进教材、进课堂、进头脑，构建各学段相互衔接、梯次递进的法治教育体系，不断改善法治教育方式、丰富教育形式，提升法治教育活动的实践性、参与性、趣味性，不断在实践中增强学生的法治意识。另一方面，以促进贯彻落实《全面推进依法治校实施纲要》为重点，深入推进各级各类学校依法治校。一是加强对各级各类学校章程建设的核准工作，在法治原则和法律规范框架下，推进高校以“章”治校，不断完善学校内部治理的制度机制，构建和完善现代大学制度，增强学校治理的科学性。二是大力健全师生权益保障

制度，尤其要着力完善民办学校师生权益保障体系，构建包括师生安全和参与管理等在内的多方面权益的保障机制，切实维护广大师生的切身利益。

第七节　坚持统筹推进

加快推进中国教育现代化建设是一个十分复杂的系统性工程，坚持统筹推进是长期以来我国教育改革发展的重要举措和成功经验。党的十八大以来，以习近平同志为核心的党中央始终将加强统筹推进与抓好工作落实紧密结合，包括教育改革发展在内的各项事业发展都取得了巨大成就，这也必将继续成为未来教育改革发展的重要指导思想。从改革推进方式看，加快教育现代化建设必须注重统筹协调。

教育领域的许多政策，涉及多个部门的职责。因此，推进《中国教育现代化2035》的战略部署需要跳出教育领域，更加注重统筹教育与经济社会各领域发展，统筹城乡、区域和各级各类教育发展，统筹利用国内国际两种资源，调动各方面力量，协同推进教育现代化。

一、统筹教育与经济社会各领域发展，推动教育供给侧结构性改革

党的十八大以来，以习近平同志为核心的党中央形成并积极推进经济建设、政治建设、文化建设、社会建设、生态文明建设“五位一体”的总体布局，这就要求未来的教育改革必须与经济社会等各个领域的发展相统筹，以教育供给侧结构性改革为抓手，推进我国各项事业的持续快速发展。一方面，要服务国家重大战略需求，努力为经济社会发展夯实人才基础。人才是经济社会发展的根本动力来源，而培养人才的基础则在于学校教育，未来的教育改革要密切关注经济社会发展的人才需求，以市场信号为依据，以服务国家重大战略需求为导向，全面深化教

育综合改革，努力为经济社会发展培养更多急需的人才。另一方面，要适应产业结构转型升级需求，调整人才培养结构。近些年来，我国产业结构转型升级步伐加快，经济发展由以第一、第二产业为主发展为以第三产业为主，现代服务业成为支撑经济发展的主体产业，且随着现代信息和互联网技术的快速发展，以现代制造业、节能环保、新能源等为代表的战略性新兴产业快速发展，对与之相适应的高素质专业人才需求也不断高涨，这就要求教育尤其是高等教育要不断优化学科专业结构，培养更多与产业发展相适应的人才。

二、统筹城乡、区域和各级各类教育发展，补齐教育发展短板

发展公平而有质量保证的教育是新时代我国教育改革的核心价值取向，在这一方向的指引下，我国未来的教育改革将在抓重点、强弱项、补齐教育发展短板方面持续发力。一是统筹城乡教育发展。统筹规划、加强对乡村教育的支持，坚持从实际出发，重新调整和规划学校布局，推动乡村学校适度撤并；加大乡村教育经费投入，做好家庭经济困难学生的经济资助工作，努力提升乡村教师福利待遇，加强师资培训，不断提高师资水平；大力发展乡村职业教育，助力国家脱贫攻坚工程。二是统筹东中西区域教育发展。在教育经费上继续保持并进一步向西部地区、边远地区、贫困地区倾斜；重点和优先解决中西部地区教师在编制和福利保障等方面的需求；加大对中西部教育质量较差地区学校办学的指导力度；着力消除中西部地区学校的大班额问题；推进实施中西部地区乡村儿童“营养改善计划”，关注落后地区儿童的健康成长；继续实施“对口支援战略”，推进东部和中西部地区学校、城市和农村学校结对子，落实对口帮扶；充分借助网络信息技术，推进中西部地区能享

受到更多的优质教育资源。① 三是统筹各级各类教育发展。全面深化教育综合改革，大力促进学前教育向公益性、幸福化发展，义务教育向标准化、均衡化发展，高中教育向多样化、优质化发展，职业教育向现代化、适应型发展，高等教育向内涵式、创新型发展，特殊教育向公益性、全纳性发展，民办教育、终身教育、民族教育分别向规范化、开放化、同步化发展。②

三、统筹利用国内国际两种资源，坚持以我为主，扩大教育对外开放

统筹利用国内国际两种资源，是改革开放以来我国积极应对错综复杂国际环境和艰巨繁重的国内改革任务的重要举措，新时代进一步推进教育事业持续快速发展，必须继续利用好国内国际两种资源，构建更加合理的教育对外开放格局，实现教育高质量发展。③ 一方面，建设强有力的国内市场，充分利用国内资源。国内资源的稳定和扩张是我国教育实现高质量发展的前提和基础，建设强有力的国内教育市场，统筹各级各类各区域教育的发展，以实现教育均衡化发展为抓手，提高教育的整体实力；持续深化教育综合改革，推进教育整体实现内涵式发展，不断提高教育和人才培养质量，为经济社会发展提供强有力的人才支撑；进一步扩大教育消费，通过强化教育供给侧改革，激发教育市场的消费潜

---

① 教育部. 缩小东中西部教育质量差距将做好七方面具体工作 [EB/OL]. (2017-09-05) [2019-04-24]. http://chuzhong.eol.cn/news/201709/t20170905_1552219.shtml.

② 周洪宇. 全面推进各级各类教育协调发展 [N]. 中国教育报，2013-01-25.

③ 韩文龙. 统筹利用国际国内两个市场助力改革开放取得成功 [EB/OL]. (2018-12-19) [2019-04-25]. http://news.cri.cn/20181219/df0d4ad1-4082-abb0-3bca-1b2b4e313bfd.html.

力和投资活力，有效扩大国内教育资源投入，更好地吸引和引领国际教育资源。另一方面，要充分利用好国际市场和国际资源。全面加强教育对外开放的统筹规划，保持战略定力，把握好发展机遇，采取有效策略继续扩大对发达国家的教育的开放，深耕传统国际教育市场，积极开拓"一带一路"沿线国家和新兴经济体教育市场，探索引进外资和国际人才，吸引国际留学生，寻求教育对外投资市场，开展高水平合作办学等多种形式，不断提高引进来的水平和走出去的质量。

第六章　中国教育现代化的基本方向

“人的培养”始终是教育根本问题。培养什么人、为谁培养人、怎样培养人贯穿于教育全过程。我国的社会性质表明我们所培养的人才首先是热爱社会主义事业的建设者和接班人，这是社会性质决定的人才培养的方向与归宿。同时，随着社会的快速发展，明确教育培养的人才适应这种社会发展变化的要求，为社会的发展贡献智力支持，提供人才支撑，需要培养高素质、专业化、创新型人才。这种新型人才的培养需要教育作出改变，需要教育用创新的方法，不拘于固定思维，不拘一格地培养新时期要求的人才。为了培养未来的高素质、专业化、创新型人才，教育需要改革和促进公平，以让真正有能力的人才脱颖而出。为此，教师要牢记教育所赋予的崇高使命，恪尽职守、任劳任怨、无怨无悔，克服各种体制机制障碍，发挥教书育人、立德树人的崇高精神，培养新时代的高素质、专业化、创新型人才。这是现代教育面向未来的需要，是时代赋予教育的神圣使命，需要家庭、社会与学校协同完成。在人才培养目标确定后，需要探索人才培养的正确路径。要创新思想政治教育，贯彻立德树人的正确思想，转变育人方式，重视青少年学生的身心健康，重新认识教育评价功能，改革传统的教育评价，推进多元化育人，树立立德树人与劳动实践相结合的育人新理念。

第一节　坚持社会主义办学方向

一、“人的培养”是教育的根本问题

教育是一种培养人的特殊的社会活动，培养什么人、为谁培养人以及怎样培养人是教育的根本问题，并贯穿于教育的始终。在2018年9月10日召开的全国教育大会上，习近平总书记就“人的培养”这一根本问题发表了重要讲话。他强调指出，教育在人的培养中具有重要意义，在民族复兴、国家发展以及社会进步中发挥着极为重要的作用。教育对于促进人的全面进步、提高人民的幸福生活指数具有长远意义。所以，必须在思想上、战略上高度重视教育的育人功能，培养德智体美劳全面发展的社会主义建设者和接班人。习近平总书记的重要讲话对于加快推进教育现代化、办好人民满意的教育以及建设教育强国必将产生深远影响。

在人类社会发展和教育发展的历史长河中，人的培养问题始终是社会发展和教育发展的核心议题。古今中外，莫不如此。在我国古代，教育目的就是培养有道德的“君子”，并进一步上升为圣贤之人。所以，教育始终与人联系在一起，构成中国传统教育的深厚底色和鲜明特征。可以说，传统教育就是人的培养教育，就是人的塑造、提高。到近现代，人格的养成成为教育家的重要话题。要养成健全的人格，就要实施德育、智育、体育、美育、劳育，使人得到全面发展、健康成长。曾任清华大学校长的梅贻琦主张，教育在于“培养整个之人格”，在他看来，完整的人格包含知、情、志。20世纪80年代，我国教育界开始提倡素质教育。在这里，人格与素质具有一脉相承的底色。

由此可以看出，从古代注重人的身心修养，到近现代倡导完整人格的培养，再到今天全面实施素质教育，无不彰显着教育中“人的培养”这一中心议题和根本问题。

二、“培养什么人”是教育的首要问题

“‘培养什么人’问题是教育的首要问题。这个问题包括两个相互关联的层面：一是对人才培养总体规格的认识；二是对人才培养具体素质结构，特别是关键素质的认识。”[①] 实际上，人才培养的质量规格反映了教育的方向问题，“为谁培养人，培养什么人”不但是教育工作的根本，也是人才培养问题的根本，二者在方向和目的方面是一致的。

中国科学院院士吴宏鑫指出，教书育人是一件非常有挑战性的工作。教授是否将学生培养成才应该从几个方面考量。第一，学生是否有扎实的基础理论功底。基础理论扎实，是指不仅知道本行业的基础知识，还要明白前因后果、应用条件和存在的问题，要彻底吃透才能够应用。第二，学生是否具有吸取新知识的能力。当前科学技术飞速发展，科技人员必须活到老学到老，通过阅读文献、实践生产等手段，不断提炼吸收新知识才能有所作为。第三，学生是否有独立的创新思维。现在有些学生的论文水分太多，内容上缺少创新，总是一味地跟在别人后面搞研究。敢为天下先，不仅需要勇气，更需要创新智慧，这种智慧一般是在大学阶段积累形成的。[②]

新时代，教育肩负怎样的使命？“我国是中国共产党领导的社会主义国家，这就决定了我们的教育必须把培养社会主义建设者和接班人作

---

① 石中英.“培养什么人”问题的70年探索［J］. 中国教育学刊，2019（1）：51.

② 李善廷. 百位院士谈教育［M］. 北京：人民出版社，2018：652.

为根本任务。”习近平总书记这句话，明确了教育工作的根本任务和所承担的崇高使命，也为教育现代化指明了方向目标。人才培养关系到国家民族未来的发展与命运。在我国现代化过程中，教育工作者义不容辞地担负起民族文化薪火相传的时代使命和历史责任。所以，我们把优先发展教育作为国之大者，把人才培养作为思想上、认识上和实践中极为迫切的大事。我们要实现民族复兴的大任，就要培育出优秀的人才，使他们能为国家服务，作出不愧于时代的业绩。教育为一个国家提供人力、智力支撑，只有教育发达了，这种支撑才更加有力、更加坚实。教育不仅要传播知识、思想与真理，更要塑造灵魂，而不是培养崇尚特权、迷恋等级与财富的精致利己主义者。人才培养是一个复杂的过程，是育人和育才统一的过程。在这个过程中，育人为本，教育应该利用自身的独特优势，充分发挥立德树人的积极作用，培养时代新人，培养更多更好的能够满足党和国家以及时代需要的人才，承担起实现民族复兴的光荣使命。因此，人才培养关系党的事业后继有人，关系国家前途命运。在这个意义上，“培养什么人”理所当然地成为教育的首要问题。

三、在人才培养中贯彻“九个坚持”

全国教育大会提出了一系列具有划时代意义的教育发展主题和议题，对新时代教育的改革发展具有指针作用。在这次大会上，习近平总书记就新时代教育的发展创新提出了一系列新思想、新理念、新观点，提出了教育发展的“九个坚持”原则。对于新时代教育培养什么人、怎样培养人、为谁培养人以及怎样办教育、办什么样的教育等问题作出了回答，对于科学认识教育发展规律以及发展道路问题具有重要意义。

（一）坚持党对教育事业的全面领导

我国是社会主义国家，党的领导是基本国情，也是最大国情。党的领导是一切事业顺利进行的前提与基础，是中国特色社会主义事业的最大优势和力量源泉，也是教育事业发展的根本所在，更是教育发展的基本保证。

（二）坚持把立德树人作为根本任务

树人或成人本是教育题中应有之义，中外教育莫不如此。人无德不立，育人的根本在于立德。立德树人要求培养具有君子人格的“大写的人”。“在最为根本的意义上，文化即人化，文化的最高成就乃是人格。正如西方文化的最高成就是培养绅士，中国文化的最高成就则是生成君子。一部中国文化史，说到底，就是一部‘天行健，自强不息’的君子人格的进化史。”[①] 苏联著名教育家苏霍姆林斯基主张培养“平民人格”，包含“真实的我——人的独特性；善良的我——有责任心；求美的我——有创造性”三重含义。他推崇人是最高价值的理念，认为：“在我们社会的旗帜上清楚地书写着：人是最高价值，没有什么事比活生生的人更加重要。”[②]

（三）坚持优先发展教育事业

把优先发展教育事业上升为国家发展战略，这是在深刻总结社会发展与教育发展规律后作出的正确选择。国家发展离不开人才，离不开科技的发展。人才哪里来，科技如何发展，这些问题都涉及一个根本的问题，就是教育。通过教育，培养人才，服务社会发展，促进科技进步，

---

① 王啸，黄上芳．培养君子公民［J］．教育学报，2019（1）：27.

② 吴盘生．走进学生心灵，培育“大写的人”——学习苏霍姆林斯基的重要文章《人是最高价值》［J］．江苏教育研究，2014（16）：42.

进而促进国家建设。可以说，作出坚持优先发展教育事业的决策是正确的、英明的，对于实现国家的快速发展，加快实现教育现代化与建设教育强国具有战略意义，势必产生深远影响。

（四）坚持社会主义办学方向

这是由国家性质决定的，关键在于如何坚持社会主义办学方向。这就要求我们坚持以习近平新时代中国特色社会主义思想为指导，坚持教育服务于人民，全面贯彻党的教育方针，把教育公平与正义贯彻于教育教学过程中，把思想政治工作作为教育工作的重要指针，坚持全员育人、全过程育人、全方位育人，培养德才兼备、全面发展的人才，以建设更加美好、更加幸福的社会。

（五）坚持扎根中国大地办教育

每一个国家有每一个国家的国情，根据国情民意，顺应时代发展要求办教育。新时代教育就是要体现中国特色，注重把中华优秀传统文化、红色革命文化、社会主义先进文化融入到鲜活的教育实践中，创造出为人民服务、为中国特色社会主义制度服务、为中国共产党治国理政服务的教育制度，这是教育科学发展的制度保证。离开了中国国情，不顾社会实际，很容易迷失方向，不但培养不出合格人才，甚至会造成无法挽回的损失。而一旦出现这种情况，社会的发展、教育的进步必然遭受重创，这是我们必须正视的问题。

（六）坚持以人民为中心发展教育

坚持人民主体地位、实现教育服务于人民的思想是基于国情作出的正确选择。办人民满意的教育就是我国教育事业的初心和使命，就是让所有人都享有公平、满意的教育，不断满足人民群众日益增长的多元化的教育需求。坚持以人民为中心的教育思想，体现了我国的国家属性和人民属性，即教育为人民服务的宗旨，实现一切为了人民、一切依靠人民、一切成果由人民共享的根本要求，让人民群众有更多的获得感、成就感和幸福感。

（七）坚持深化教育改革创新

教育体制机制既是教育发展的保障，同时也是教育发展的破除对象。因为一定的教育体制的形成，往往是为一定的教育发展服务的。当新的教育任务或教育目标提出后，既定的教育体制机制往往成为新任务的障碍。所以，服务于既定任务与目标是教育机制体制形成的前提，一旦确立新的教育目标以后，往往就要冲破旧的、阻碍新目标实现的藩篱，以此激发教育活力，解放教育生产力。

（八）坚持把服务中华民族伟大复兴作为教育的重要使命

新时代，实现中华民族伟大复兴成为摆在全体中国人面前的旷世重任，也是实现国家现代化、教育现代化的世纪目标。要实现这一伟大梦想，就要把建设教育强国作为中华民族伟大复兴的基础工程。培养有理想、有本领、有担当的人才建设国家，赢得未来。

（九）坚持把教师队伍建设作为基础工作

百年大计，教育为本；教育大计，教师为本。教师是实现教育目标的实践者，是把国家教育方针、教育大计转化为学生发展的桥梁和纽带。建设一支优良的教师队伍，是实现教育现代化、教育强国的关键。要保持优良的教育传统，就要优先发展教育事业，使教师教得舒心，干得甘心。所以，新时代教师队伍建设仍然任重道远，为了国家大计，为了教育的美好未来，需要大幅提升教师的综合素质、专业化水平和实践创新能力，形成优秀人才热衷教育事业、好教师不断涌现的良好局面。

四、立足于培养社会主义事业的建设者和接班人

人才的培养规格具有阶级性，“培养什么人”的问题具有政治属性。我们是社会主义国家，国家的教育方针明确指出我们要培养社会主义事业的建设者和接班人，这是由国家的性质决定的。我们要培养忠于国家、忠于人民，全心全意为人民服务、拥护党的领导、热爱社会主义事业的建设人才。这符合宪法和教育法的精神，这就要求各级各类学校、教育行政部门和各类教育机构都必须遵循这一要求。

世界各国都是按照自己的要求培养人，爱国教育是各国的共同特征和必然要求。对于我国而言，更要强调教育的人才培养方向。因为我国正处于快速发展、多元化发展的特殊时期，国家的现代化必然要求教育的现代化，民族的强大必然要求教育的强大。同样，在2018年的全国教育大会上，习近平用“六个下功夫”总结我们培养的人才应具备的素质与内涵要求，也为教育的发展方向提出了明确要求：“在坚定理想信念上下功夫，在厚植爱国主义情怀上下功夫，在加强品德修养上下功夫，在增长知识见识上下功夫，在培养奋斗精神上下功夫，在增强综合素质上下功夫。”

五、全面贯彻党的教育方针是人才培养的基本要求

教育方针是一个政党或国家在一定历史时期内，为实现该时期的基本路线和基本任务而对教育工作制定的总的指导方针，体现为国家的教育目标、政策、方向，直接决定了国家教育事业发展的基本格局。教育方针是教育工作总的指导思想和行动纲领。

2021年修订的《中华人民共和国教育法》明确指出：“教育必须为社会主义现代化建设服务，必须与生产劳动和社会实践相结合，培养

德智体美劳全面发展的社会主义建设者和接班人。”这是我国以法律形式发布的教育方针。教育方针上升到法律层面，充分体现了教育的重要性。党的十九大报告也指出，必须把教育事业放在优先位置，加快教育现代化，办好人民满意的教育。要全面贯彻党的教育方针，落实立德树人根本任务，发展素质教育，推进教育公平，培养德智体美劳全面发展的社会主义建设者和接班人。

我国的教育方针虽然在不同的历史时期有不同的表述，体现为“智体”两育、“德智体”三育、“德智体美”四育还是“德智体美劳”五育，但基本精神是一以贯之的。这主要体现在以下两点。一是坚持人才的正确培养方向，那就是培养社会主义建设者和接班人，这是由国家的性质和教育的根本任务决定的。二是培养全面发展的人。这充分说明，马克思关于人的全面发展是我国制定教育方针的科学依据，人的全面发展始终贯彻于教育过程之中。以人为本，教育促进人的全面和谐发展是符合社会发展要求的。社会越是发展，越是要求人的全面发展。这为我们以后教育的发展提供了根本遵循，也为人才的培养指明了方向。

六、坚持德智体美劳全面发展

在人才培养中坚持德智体美劳全面发展的原则，是新时代社会发展对教育的必然要求。我们过去在很长的时间内，注重德智体的要求，忽视美育和劳动教育，反映的是知识的重要性。新时代，青少年学生出现了新变化，影响了人才培养的高素质要求。所以，我们要让学生参加社会实践，参加劳动，这样不仅强身健体，而且净化心灵，坚定意志，养成吃苦耐劳的精神。2018年5月2日，习近平在北京大学师生座谈会上的讲话中给广大青年提出了爱国、励志、求真、力行的希望。要爱国，忠于祖国，忠于人民。要励志，立鸿鹄志，做奋斗者。要求真，求真学问，练真本领。要力行，知行合一，做实干家。每一个青年都应该成为社会主义建设者和接班人。青年强则国强，志向远大、坚定信念，不动摇、不懈怠、不折腾，是新时代对“四有”新人的要求，也是实现中华民族伟大复兴梦的必然要求。

七、坚持“立德树人”根本方向

党的十八大报告提出“把立德树人作为教育的根本任务”后，“立德树人”就成为新时代教育工作的指导方针，就需要切实贯彻落实到学校教育实践中，以期培养德智体美劳全面发展的社会主义建设者和接班人。新时代提出“把立德树人作为教育的根本任务”这一命题，显而易见指出了德育在人才培养中的突出地位，充分体现了育人为本的思想，是对过去重智轻德、重分数轻育人教育价值观的纠偏、修正，也是对“教书育人”与“立德树人”关系的新认识。毋庸置疑，教书育人是教师的根本职责。教书是知识的继承与传播，强调其智育功能，而“立德树人”恰恰重视德育引领学生成长并成为新时期教育的根本任务。不可否认，树人是全方位的，是德智体美劳五育并举，家庭、社会与学校三位一体的全面发展的教育的结果。所以，突出德育在人的成长过程中的重要地位，并不是弱化其他各育在人的培养和发展中的重要作用，因为各育在人的发展中各有其独特价值与功用，不能互相替代。

“立德树人”是对德育目标的引领。习近平总书记在全国教育大会上指出：“要把立德树人融入思想道德教育、文化知识教育、社会实践教育各环节，贯穿基础教育、职业教育、高等教育各领域，学科体系、教学体系、教材体系、管理体系要围绕这个目标来设计，教师要围绕这个目标来教，学生要围绕这个目标来学。凡是不利于实现这个目标的做法都要坚决改过来。”这是教育发展战略的重大突破，是新时代教育观、学校发展观以及人才培养观的新理念、新战略。新时代“育人为本、立德树人”的理念集中体现出社会对学校德育的新要求、新期待，发挥其价值引领的作用，突出表现为社会价值、理想信念、核心素养、身心发展、法治教育以及劳动教育等各方面的教育培养、价值引领与社会期待。

“立德树人”是对学校德育实践的新要求。党的十八大报告指出：“全面贯彻党的教育方针，坚持教育为社会主义现代化建设服务、为人民服务，把立德树人作为教育的根本任务，培养德智体美全面发展的社会主义建设者和接班人。”党的十九大报告则明确提出落实立德树人根本任务，努力办好人民满意的教育。两次党的全国代表大会提出同一个问题，可见问题的突出和重要，这就把“立德树人”的教育理念、根本任务上升到国家战略层面加以认识和对待。教育部下发的《关于全面深化课程改革落实立德树人根本任务的意见》指出：“立德树人是发展中国特色社会主义教育事业的核心所在，是培养德智体美全面发展的社会主义建设者和接班人的本质要求。”这句话突出了两个关键词——“核心”与“本质”，充分表明“立德树人”在国家教育事业发展和人才培养中的核心作用与本质要求。这个核心作用发挥得好不好，要求贯彻得实不实，成为无法回避的时代课题。

党的十八大、十九大均提出“立德树人”的根本任务，说明“立德树人”的重要性。2018年5月2日，习近平总书记在与北京大学师生座谈时指出：“要把立德树人的成效作为检验学校一切工作的根本标准，真正做到以文化人、以德育人，不断提高学生思想水平、政治觉悟、道德品质、文化素养，做到明大德、守公德、严私德。要把立德树人内化到大学建设和管理各领域、各方面、各环节，做到以树人为核心，以立德为根本。”“广大青年要努力成为有理想、有学问、有才干的实干家，在新时代干出一番事业。”① 总书记的这些讲话，在为我国教育工作坚持“立德树人”根本任务提出新要求的同时，也为我们在新时代牢牢抓住理想信念铸魂这个关键环节，为落实“立德树人”根本任务指明了方向。

---

① 习近平．在北京大学师生座谈会上的讲话［N］．人民日报，2018-05-03（2）．

第二节　为社会主义现代化建设培养高素质人才

一、新时代人才培养的质量要求

教育是国之大计、党之大计。培养什么人，这是教育的首要问题。在人才培养问题上出现的任何偏差，都会造成难以挽回的损失，对国家、民族的未来影响极大。所以，新时代不断深化对人才培养问题的认识意义重大。新时代，我们把培养社会主义建设者和接班人作为教育的根本任务，关注学生身心健康，不断加强美育和劳动教育，真正担负起培养拥护中国共产党领导和我国社会主义制度、立志为中国特色社会主义奋斗终身的杰出人才。

新时代我们倡导培养学生的创新精神和实践能力，这就要求我们重新思考人的主体精神、创新能力与教师之间的内在关系，重新定位学生在教育过程中的地位与作用。显而易见，学生的自主学习、自身价值、创新精神和实践能力日益受到关注，原因就在于，这是一个充满挑战的时代。“这样的社会必将唤醒在其中生活的每个具体的人之生存意识：他需要不断地重新认识生存于其中的变化着的复杂生活世界，需要不失时机地作出自己的生存和发展抉择；需要学会既承担为社会服务的责任，又发挥自己的聪明才智和实现生命价值。这是时代和社会向每一个人提出的尖锐挑战，也是向教育提出的真实挑战。”①

---

① 叶澜. 实现转型：新世纪初中国学校变革的走向［J］. 探索与争鸣，2002（7）：12.

二、为国家培养高素质人才

随着社会科技的日益进步，对人才的要求不断变化。新时代，推进产学研协同创新，实施创新驱动发展战略，着重培养创新型、复合型、应用型人才成为时代要求。本质上，是基于国家需求驱动科技创新，而科技创新需要人才来实现。所以，创新驱动的实质是人才驱动。任何一个国家、民族的发展，都是在人才的基础上得以实现的。没有人才，就没有科技的发展；没有科技的发展，没有创新，国家就没有未来。

（一）科技和社会经济的发展需要教育培养创新人才

在人是生产力中最活跃的因素，人力资源是第一资源。世纪之交，世界范围内科技和社会发展呈现出新特征、新面貌，为了适应世界科技发展的需要，加速建设现代化强国，我国作出了科教兴国和人才强国的伟大战略，从人才培养和科技发展视角出发，树立“科学技术是第一生产力”和“人才资源是第一资源”的理念，最终确立了科学发展观。这是对过去的社会发展观在认识上和实践上的新飞跃、新突破。因为科学发展观是全面的、协调的、可持续的社会发展观，是以人为本的发展观，是代表社会正确发展方向、符合时代发展要求的发展观。中共十五届五中全会（2000年）和九届人大四次会议（2001年），把建设一支规模宏大的高素质人才队伍与加快培养、选拔适应改革开放和现代化建设需要的各类人才，作为国家战略明确提出来。这是未来社会发展的基础和关键，因为要在激烈的社会竞争和世界科技竞争中立稳脚跟，缺少人才尤其是创新型人才是最大弱势。所以，我们把“加快建立优秀人才脱颖而出、人尽其才的有效机制”作为重要抓手，不懈努力培养、造就适应未来社会发展的创造性、开拓型人才，切实把人才战略确立为国家重要的发展战略。

（二）培养具有强烈使命感的创新人才

新时代，世界范围内的科技发展需要国家立足当下，突破国家科技创新人才培养的瓶颈。随着我国经济的快速发展，为了适应国家战略和科技发展的需要，培养创新人才占领科技的制高点，培养顶尖人才引领科技发展成为国家发展战略。因为尖端技术国外严密封锁，引不进、买不来，只能靠自主创新解决。

坚持科技创新既要有创新的精神，更要有创新的勇气。只有不怕失败，容忍失败，才能有更好的创新。在过去很长的一段时间里，我们走的是引进、消化、吸收国外先进科技的路子，久而久之，形成一种依赖症。对于国内没有基础的技术，就担心搞不成，没有大胆尝试的决心和信心，甚至患得患失，进退两难，或者选择放弃，这种倾向是不对的。对于没有基础的技术领域，必须大胆尝试，勇于面对，不怕失败。无数事实证明，如果干了，可能不但干得好，甚至闯出一条新路，不但比国外还好，方案更新，而且性能更先进。所以，在技术领域，应该有信心，不畏艰难险阻，只要埋头苦干，坚持从国家需求出发，在实践需求中凝练问题，突破关键技术瓶颈，确定研究方向，进行自主创新，这是被历史和实践证明了的正确道路，也是国家情怀的表现。无论哪个领域，包括航天，尖端技术不可能从国外引进，国外对我们是严密封锁的。不但不跟你谈合作，有时候都不允许参加学术会议。只能靠自主创新去解决，这是关键。“不要失去信心，只要坚持不懈，就会有成果的。”这是钱学森的至理名言，也是钱先生留给我们的宝贵的精神财富。梦想没有边界，创新永无止境。我们要做的，就是铆足劲儿，打起精神，自主创新。

当今各国的竞争，实际上就是创新的竞争。对国家、民族来说，只有实施创新战略才能赢得未来发展的空间与舞台。如果意识不到这一点，就无法在竞争激烈的社会立足脚跟，国家的发展、科技的进步也就会停滞不前。处大事贵乎明而能断，临大势贵在顺而有为。可以说，创新是时代赋予我们的崇高使命，要有紧迫感才能在激烈的竞争中找准方向，不至于在科技领域迷失自我。

（三）教育创新是人才创新的基础，高素质人才是创新教育的结果

要建设世界科技强国，提升原始创新能力，关键是需要新的思想，而产生新思想需要好的环境，好的环境的营造关键在教育，办好教育是创新之本。① 理论研究与实验研究需要紧密结合，相互支撑，不断产生新思想，从而形成科技引领。我们要建设创新型国家，必须让科学精神蔚然成风，要按照科学规律办事，建立健全相关制度，厚植创新土壤，营造宽松包容的科学氛围。

科学研究基于兴趣，创新思维、科学兴趣需要从小培养。我国很多实验科学，学的人越来越少。考大学、选专业，要么选前景好的专业，要么选未来薪资高的专业。很多一线城市的孩子不愿意学基础的物理、化学、生物，不只是就业待遇问题，主要是很多学生对这些学科没兴趣。提升国家原始创新能力，希望在中小学生。掌握知识不是教育的目的，善于运用知识解决问题并不断创新成果才是教育的追求。不能把学生看作被动接受知识的容器，更不能扼杀孩子的创新思维，而是要鼓励、引导孩子从小展开创新和幻想的翅膀。

① 李善廷. 百位院士谈教育［M］. 北京：人民出版社，2018：46.

第三节　坚守教育的时代使命

一、教师的神圣使命

（一）教师使命及其意义

使命是指人及其组织所担负的任务与职责，在其功能上是人或组织赖以存在的基础，代表着人及其组织存在与发展的目的、方向和目标。使命是人或组织对自身应有价值的一种判断和要求，使命对于人类而言具有伦理性。[①] 教师作为以培养人为使命的特殊职业具有特殊属性与内涵。百年大计，教育为本；教育大计，教师为本。教师，这个光荣而神圣的称谓，自古至今、由中而外，无不闪烁着耀眼和智慧的光芒。2018年1月20日印发的《中共中央国务院关于全面深化新时代教师队伍建设改革的意见》指出，教师承担着传播知识、传播思想、传播真理的历史使命，肩负着塑造灵魂、塑造生命、塑造人的时代重任，是教育发展的第一资源。换言之，教师的神圣职责和使命担当即是立德树人、为国育才。教师只有不断地加强学习、锤炼品格、提升素养、完善自己，才能真正肩负起立德树人的根本任务。

教师职业赋予教师承担教书育人、立德树人的崇高使命，由此深刻感受到自身职业所带来的使命感。教师的职业使命感会给教师带来动力，增强其归属感，从而全身心地投入到工作中，提高工作效率。教师在其崇高职业使命感的感召下，能够克服不良情绪，激发工作动力，从而不断深化对自身职业的科学认知；在教育教学实践中，变得具有高度

---

① 李艳梅. 中国特色高校教师发展与使命自觉［D］. 长春：吉林大学，2017.

责任感、崇高使命感；师德情操高尚，教育理念不断升华，不断实现自我价值，从而使自己的职业更有意义、更有价值。

（二）新时代对教师职业诉求的理性回归

塑造生命、立德树人、铸就灵魂本是教育的崇高使命与价值，但有时被忽略。在课堂中，有些教师语言艺术高超，教育技术娴熟，课堂教学风格日臻完善，学生管理更是轻车熟路，可谓按部就班的教学、管理，却很少反思这些行为所承载的内在的教育价值、教育理念和教育精神。理性精神的丧失意味着他们只知道如何执行教育行为，却不知道行为的目的、意义和价值，这样的教育行为并不是经过理性慎思而选择的有价值的教育行动。[①] 于是，他们日复一日地不断重复着相同的、机械的工作，不去思考教育行为背后的价值，而是追求学生的高分数以及与自己相关的利益，认为只要学生分数好排名高就是好的教育，就是应该做的。恰恰相反，教育从来不是固定不变的，学生也是不断变化的，学生的生活、心理，教育与学习的环境，家庭与社会的影响无时不在变化中，而早已经习惯了惯性思维、定性工作的教师很难看到、意识到这些变化，用那些僵化的、教条的模式教育学生，通常效果不够理想。

新时代，教师理应重新审视教育所承载的价值，重新审视教师的使命与职责。要给鲜活的教育教学实践赋予新的价值，实现价值层面、精神层面的超越，这样才能使教育教学工作更有活力、更有动力、更有价值。不然，教师的传道、授业、解惑就会偏离正确航向，导致教育教学行为缺乏理性审视，从而失去对教师职业的价值判断，使得教育教学内在价值无法得到升华，容易迷失方向。由于缺乏对教育价值的正确判

① 汪颖慧. 以教育为志业：论教育家的使命［D］. 金华：浙江师范大学，2015.

断，也很难坚守教育的信念与真谛。

（三）教师创新工作的挑战

现代学校治理体系不断完善，治理能力不断提高。一方面，学校要完成上级下达的行政任务，不得不强化管理效能，提高工作效率；另一方面，学校要完成教育教学任务，必须制定各种严格的管理制度。在这种管理体制下，教师往往容易成了服从安排、唯命是从的命令服从者、任务执行者，不考虑合理不合理、科学不科学的问题。在这样的制度安排下，教师的创造意识易被压制，难以升华和改变，用理性的、客观的方式对自己的教育教学行为作出价值判定，认为自己采取墨守成规的方式是一种理所当然，他们只是对学校给予自己的任务负责。"许多看似'理所当然'的行为习惯和认知假设，事实上背后都体现着制度逻辑的力量。在一个制度化程度越高的环境中，习惯性行为和'理所当然'的假设就会越多。反过来，习以为常的行为越多，个体越是难以有意识地对自己的行为进行控制，纠正和改变制度逻辑的可能性也就越小。"① 在这种状况下，教师一直处于权力的绝对控制中，不能积极主动地改革课堂、改变生活、改造学习，甚至连正确的思考与反思都被消解到墨守成规的行为执行中了。

循规蹈矩、墨守成规的教育很难培养出创新性人才。只有教师积极主动地教，锐意进取，不断改变僵化的、固定不变的知识传授方式，在课程不断改革、知识呈现方式不断变化的新时代，才能更好地履行教书育人的职责；在不断反思自己教学行为的过程中，实现立德树人、教书育人的目的；把对分数、排名等平庸的追求变成对学生全面和谐发展的

---

① 柯政. 学校变革困难的新制度主义解释［J］. 北京大学教育评论，2007（1）：50.

追求，从而产生崇高的使命感，不断升华教育精神的境界。

二、“教师使命”点亮了“谁来培养人”的路灯

教师使命内在的本质要求就是对教育的科学认知与身心实践，包含对教育的投入与付出。在对教育的科学认知方面，理应看到，教育应以人本身为目的，这也是教育目的论的当代澄明与复归。康德指出：“人只有通过教育才能成为人。除了教育从他身上所造就出来的东西，他什么也不是。”① “受教育的意义和目的是做人。”② 使人成为人，是教育的初心，也是教育的本真目的。教育使人成为真正的人，如何实现？何以可能实现？这就是教师的使命所在。教师是人类灵魂的工程师，教师是学生美好心灵的铸造师。教育是生命的成长，是教师灵魂的升华。生命的本义就是不断成长、不断发展，继而走向成熟。生命有其内在的特质，具有丰富的多样性和无限的可能性，而教师的使命就是发展这些特质，充分展现这种多样性和可能性。生命的成长源于教育就是经验的重构或重组，成长是不断累积经验的过程，前一个阶段的成长为下一个阶段的成长累积能力和经验，不管是成功还是失败，不管是快乐还是痛苦，都是成长过程中的宝贵财富，通过反思为未来的人生源源不断地注入螺旋式上升的动力。

教育的不断发展，势必导致教育内部各要素间以及不同利益主体间、不同教育观念行为和外部要素间发生矛盾和冲突，有时问题表现得较为突出。实际上，教育问题是一种普遍现象，没有问题，也就没有发展的动力与方向。对于教育问题，一方面需要科学认识、理性思考，另

① 康德. 康德论教育［M］. 李其龙，彭正梅，译. 北京：人民教育出版社，2017：6.
② 施良方. 课程理论［M］. 北京：教育科学出版社，1996：53.

一方面需要教育者采取恰当的教育方法、中肯的教育态度和适度的行为干预加以解决。

三、家庭教育是“培养人”的坚固磐石

家庭教育和学校教育、社会教育并称为教育的三大支柱。《国家中长期教育改革和发展规划纲要（2010—2020年）》充分肯定家庭教育在教育改革和发展中的地位和作用，特别指出：“充分发挥家庭教育在儿童少年成长过程中的重要作用。家长要树立正确的教育观念，掌握科学的教育方法，尊重子女的健康情趣，培养子女的良好习惯，加强与学校的沟通配合。”我国有历史悠久、特色鲜明的家庭教育传统，孝文化、君子文化就是我国家庭教育形成的优势文化资源。在社会转型期和经济快速发展的当代中国，成年人的价值观发生巨变，人口流动的加速、家庭结构的变化、农村留守儿童的大量增加，导致很多儿童青少年的家庭教育缺失、缺位，使我国家庭教育面临困境、挑战。

儿童青少年身心发展的特殊性决定家庭教育的重要性。儿童从出生起，就由一个自然人向一个社会人过渡、发展。在这个过程中，儿童通过模范学习、活动交流、语言神态、动作技能等与他人建立密切的联系，从而不断获得外部资源的支持而成长。在儿童成长的过程中，虽然影响他们成长的因素很多，但最关键的莫过于父母。他们与孩子相处的时间最长，最熟悉孩子的个性特征、行为方式与思维方式，是孩子天然的老师。家庭教育是全方位的、立体的，可以说，德智体美劳无所不有，只是侧重点、角度和程度不同而已。

家庭教育需要配合学校教育、社会教育做好孩子的教育工作。自儿童进入学校开始，家庭教育的一部分功能被学校教育所代替，文化科学

知识的学习成为儿童的主要活动形式。家长的职责随之发生变化，一方面要配合学校的教育教学工作，另一方面对孩子德育的、生活的教育与关爱不能缺位。同时，家长应该充分相信教师，相信孩子。

四、社会教育是“培养人”的肥沃土壤

现代社会由于科学技术的迅猛发展、知识总量的激增、劳动就业结构的极大变化，知识更新的速度不断加快，职业要求不断提高，对成年人来说，一次性的学校教育已不能适应社会要求，于是社会教育便迅速发展，承担成人教育的重要职责。现代学校教育同社会发展息息相关，青少年一代的成长迫切需要社会教育密切配合。

（一）社会教育的内涵及其意义

社会教育有广义和狭义之分。广义的社会教育，是指以有意识地培养人，以有益于人的身心发展为目的的各种社会活动；狭义的社会教育，是指学校和家庭以外的社会文化机构以及有关社会团体或组织对社会成员所进行的教育。社会教育尽管在整个教育体系中还处于辅助和补充地位，但越来越显示出其不可替代的作用。良好的社会教育有利于对学生进行思想品德教育，有利于学生增长知识、发展能力，有利于丰富学生的精神生活，有利于发展学生的兴趣、爱好和特长。青少年都有自己的兴趣和爱好，这些兴趣和爱好若能及早得到培养，就能形成特长，表现出某一方面的才能，这无疑会促进学生的和谐发展。学校教育很难顾及同一班级中不同兴趣爱好和发展水平学生的个别需要，社会教育则可以弥补这些方面的不足。老师根据学生的爱好，有意识地引导他们参加校外教育机构的专门活动，如计算机知识、琴棋书画、歌咏比赛、体育竞技等，使学生在自己爱好的活动中施展才华、发展特长、增长聪明

才智，进而独立运用自己的知识和智慧去发现问题、分析问题、解决问题。因此，社会教育对广大青少年的成长来说，同样具有极其重要的意义。同时，由于现代信息传播手段的不断丰富，教育技术的不断发展，为社会教育的广泛发展提供了现代化的物质条件。所以，当今世界，社会教育获得了蓬勃发展，显现出更新的活力。

在现代社会，社会教育已经成为向社会输送合格劳动力的重要渠道，对于促进社会主义物质文明建设具有越来越重要的作用。首先，社会教育在培养社会主义合格建设者方面起到重要作用。在我们国家，特别是偏远地区，因为生产力水平整体呈现为较落后状态，人员素质、文化水平不高，社会发展缓慢，影响社会整体和谐发展。因此，通过社会教育对劳动能力低下的员工进行培训，进一步提高劳动者的生产能力，可以推动国家经济的发展。其次，因为社会教育渠道多样化，使得社会教育在大力建设社会主义精神文明方面产生很大推动作用。精神文明建设是社会进步的重要标志，通过社会教育对公民进行宣传和教育，不断提高他们的思想觉悟和道德修养水平，形成正确的世界观、价值观和人生观，对于进一步推动社会主义精神文明建设可以起到独特作用。

随着学习型社会的到来，社会教育日益显示其重要性。信息化、网络化的社会教育逐渐显示出自身的优势，能够很好地把握与应对社会的瞬息万变，可以根据社会系统的良性运行和整合需要及时调整自身的教育内容、教育方式，更好地帮助人们实现社会化。今后，社会教育将贯穿于人类生命的始终，与人们学习、工作、生活密切相关，成为人的全面发展、社会化的主要途径。即使在人们接受学校教育的阶段，学校发挥的功能也非常有限，青少年学生的大多数社会实践体验也越来越依靠各种校外活动、社区活动等，各种社会教育活动成为青少年社会化的主要途径。因此，社会教育通过促进人的社会化，来发挥其对社会系统的整合、平衡功能。①

（二）社会教育的独特价值

首先，社会教育面向全社会，以社会政治经济为背景，它比学校教育、家庭教育具有更广阔的活动空间，影响面更为广泛，更能有效地对整个社会发生积极作用。其次，社会教育不仅面对学校，面对青少年儿童，还面对成人。这不仅可以弥补学校教育的不足，满足成年人继续学习的要求，有效促进经济发展，还可以通过政治、道德教育，促进社会安定与进步。再次，社会教育形式灵活多样，没有制度化教育的严格约束，很少受地位、年龄、资历限制，能很好实现教育的民主性。最后，现代人的成长已不完全局限于学校，必须同社会实践相结合，通过社会教育更有利于人的社会化。综上所述，社会教育在现代社会的意义愈加重要，是现代社会教育体系中不可忽略的部分。

（三）社会教育在“人的培养”中理应承担的社会职责

1970年，法国成人教育家保尔·朗格朗的《终身教育引论》一书出版，他在书中列举了现代人所面临的新挑战，指出这种挑战来自人类生存环境的改变，它在很大程度上改变了决定个人和社会命运的条件，也为教育趋向“终身化”提供了变革的舞台。按照保尔·朗格朗的意见，终身教育的最终目标是努力建设更美好的生活，使人过一种更和谐、更充实和更符合真谛的生活。这种生活是指个人与现代社会的现实性要求所规定的生活。终身教育的重要目标在于让人们在自己的求知道路上获得一种或多种学习方法，即学会学习，以便为他在学习化社会中

---

① 吕慧．边缘到核心：社会教育地位的沿革［J］．中国成人教育，2018（6）：17–20.

学会生存。具体而言，保尔·朗格朗认为终身教育应包括以下内容：生命教育、情爱艺术教育、父母与孩子关系的教育、职业中的教育、闲暇教育、艺术教育、体育运动教育、选择信息能力教育、公民教育等。

时代的发展要求人们必须不停地接受教育，不停地学习。因此，终身教育的意义就是教给学习者合适的学习方法或自我教育的方法，促进受教育者个人的发展。保尔·朗格朗认为，成人教育不应是学校教育的简单延伸。在终身教育的原则下，成人教育应立足于解决成人生活中所遇到的各种问题，包括工作的问题、家庭的问题、代沟的问题以及自身发展的问题。而且，如果成年人想获得青年人的尊重，他自己就必须不断地学习与发展。此外，保尔·朗格朗还强调，教育是集体的事业，光靠专门从事教育的人无法向前推进，需要社会各方面力量的支持和参与。一方面，需要社会各方力量、各部门以及各类人士来共同研究解决各种各样的教育问题，参与教育决策；另一方面，随着教育超越传统的限制，教育人已不只是教师的职责，在某一时刻和某些条件下对教学和训练负有职责的任何人都是教育工作者。

随着社会教育逐渐被重视，社会教育机构不断增加，工会、妇联、残联，各种文化教育团体，儿童教育机构，青少年之家、青少年活动中心等，此外还有公共图书馆、博物馆、文化馆、科技馆等等公共教育设施。[①] 由此可见，对于不同阶段的群体，都有不同类型的社会教育机构，以此满足不同群体的需要。社会教育是一种活的教育，它的深刻性、丰富性、独立性、形象性远非学校教育可比。协调社会教育力量可培养学生积极参加社会活动的能力，能将分散的、自发的社会影响纳入正轨。

---

① 孙启林．社会教育［M］．长春：吉林教育出版社，2000.

社会教育的发展根本上还要依赖于国家法律法规的建设和整个社会教育大气候的形成，这需要全社会共同努力。

五、学校教育是“培养人”的专业场域

“学校教育是由专职人员和专门机构承担，有制度保证的、有目的、有系统、有组织的，以影响入学者的身心发展为直接目标的社会活动。”[①] 学校教育在人的发展中具有特殊功能，是其他活动所不可替代的。学校教育与其他教育最主要的区别在于：一是学校教育是目的性、系统性、组织性最强的教育活动，也是可控制性最强的教育活动。不仅各级各类学校内部这样，而且各级各类学校之间的关系同样如此。二是学校教育是由专门的机构和专职人员承担的，学校的任务是专门培养人，体现为高度的专业化和学术性。三是学校教育培养目标明确，教育内容固定，教学方法多样，教育理念先进，是系统化、制度化培养人的教育。因此，学校教育在人的培养中具有独特优势。

学校教育具有开放性。学校系统是开放的，不但在教育系统内部开放，教育还要与家庭、社会密切联系，共同做好教育教学工作。学校通过家长委员会、家长会等与家庭联系，还通过社会教育密切与社会的联系。不同学校有不同的办学经验，可以通过参观、观摩等途径促进各自的发展。除此之外，还可以通过网络学习、教师培训等方式学习新理念、新知识，不断更新过时的、不合时宜的知识和陈旧观念。教学内容不断丰富，根据时代发展要求、学生生活与经验的变化，要不断调整课程内容，补充当代新知识。同时，在“以人为本”的基础上，现代学校

① 叶澜. 教育概论［M］. 北京：人民教育出版社，2006：12.

教育越来越重视学生对社会的适应性，通过加强基础，强化实践，形成学生适应科学发展和社会发展的认知结构、知识结构，挖掘潜能，发展智慧和个性。①

学校教育促进学生个性发展。个性是一个人的整体精神面貌，表现为个体在物质活动和交往活动中形成的具有社会意义的稳定的心理特征系统。个体在形成个性的过程中，时时处处都表现出对外界事物特有的动机、愿望、定势和亲和力，从而发展为各自的态度体系和内心环境，形成个体对人、对事、对自己的独特的行为方式和个性倾向。个性具有积极性、能动性，并统帅全部心理活动去改造客观世界和主观世界。个性的形成一方面有赖于个人的心理发展水平，另一方面有赖于个人所处的一定的社会关系。学校具有促进学生个性发展的功能，主要是增强人的主体性的发展，促进个人自我价值的实现。学生个性的形成与发展依赖于教育的作用，人在受教育过程中自然产生不同的兴趣、爱好和能力倾向。所以，学校教育要重视学生个性的发展，通过不同的教学方式，因材施教，激发学生的良好个性的形成与发展。

六、学校教育与家庭教育、社会教育的区别与联系

从教育主体看，学校教育的主体就是教育者和受教育者，体现为师生关系。社会教育的主体就是社会教育团体和社会教育设施，家庭教育的教育主体表现为年长一代，是基于血缘关系基础上的教育关系。

从教育者自身看，学校教育者相比于社会教育与家庭教育二者来说，区别在于学校教育者接受过系统的训练，具有较高的专业水平，工

---

① 靳玉乐. 教育概论［M］. 重庆：重庆出版社，2006.

作任务与性质是明确的、具体的。而家庭教育的教育主体是年长一代，通常没有接受过教育专业训练，也不可能把自己所有的工作重心都放在教育上面；对于社会教育来说，教育主体呈现出多元化特征，有专业的也有非专业的，但是相比于学校教育和家庭教育，没有血缘关系和明确的教育责任。

从培养目标看，学校教育的培养目标反映国家意志，培养国家需要的高素质人才，明确而具体，并且具有一定的强制性；家庭教育是依据家庭成员的文化素养、职业观、人生观、价值观确定培养目标，具有较大的随意性和可变性；社会教育是通过社会机构、社会团体，根据学校教育的需要确定培养目标，具有固定性和可变性。

明确家庭教育、学校教育和社会教育之间的差异，可以清晰地看出它们在培养人方面的不同职责与功能。但不可否认，它们虽然职责不同，但有一个共同的目标，就是人的培养，都是培养的主体。所以，它们之间还存在一种共生关系。在现实教育中，需要各自发挥优势，彼此配合，共同助推教育工作的充分开展，提高育人质量，实现优势互补和共同进步。

第四节　坚持人才培养的正确方向

一、创新思想政治教育

2019年3月，习近平总书记在北京主持召开学校思想政治理论课教师座谈会并发表重要讲话时强调，思想政治理论课是落实立德树人根本任务的关键课程，讲好思想政治理论课关键在教师。同时，习近平总书记对推动思想政治理论课改革创新提出了八个“相统一”的基本要求，指明了学校思想政治教育的方向与路径。

首先，要提高哲学社会科学研究水平，为思想政治理论课建设提供坚实的思想基础、前提条件和理论保障。哲学社会科学是人们认识世界、改造世界的工具，对个体体现为塑造精神、传承知识、涵养文化等人文价值，是进行思想政治理论课程建设的重要基础。尤其是在当前人工智能、大数据等信息技术的冲击下，社会思想观念和价值取向日趋多元，世界范围内各种思想文化冲突与融合日渐加剧，对学校思想政治教育提出了严峻的挑战。这就需要我们提高哲学社会科学研究的总体水平，明确哲学社会科学发展战略，提升具有中国特色、中国风格、中国气派的学科体系、学术体系、话语体系水平，提高哲学社会科学研究人才队伍总体素质，为学校思想政治建设提供保障，真正实现思想政治教育中的政治性与学理性、价值性与知识性、建设性与批判性、理论性与实践性等相统一。

其次，要提高教师队伍整体素质，激励教师以身作则为学生树立榜样。讲好思想政治理论课关键在教师，要配齐建强思政课专职教师队伍，建设专职为主、专兼结合、数量充足、素质优良的思政课教师队伍。改革开放以来，特别是党的十八大以来，教育部和高等学校都采取了多项措施加强思想政治理论课教师队伍建设，取得了显著成效，但当前学校思政课教师队伍的数量、质量不能适应新时代学生思想政治教育需要的问题依然存在，学科建设也存在意识不强、经费投入不足、评价激励机制有待完善等问题。2018年，教育部开始实施高校思想政治理论课教师队伍建设专项计划，着力提升思政课教师队伍素质。当务之急，学校应采取措施激发思政课教师的积极性、主动性和创造性，在政治要强、情怀要深、思维要新、视野要广、自律要严、人格要正上下功夫，使思政课教师能够在课堂内外以身作则践行社会主义核心价值观，身体力行为学生树立学习榜样。

再次，要深入了解新时代学生特点，充分利用信息化手段因材施教。随着信息技术的发展，被称为“数字原住民”的新生代进入校园，给学校思想政治教育工作带来了挑战。人工智能、大数据、区块链、互联网等新兴信息技术给世界带来了翻天覆地的变化，改变了人与人之间互动的方式和人类认知世界的方式。从积极的意义上来说，信息技术有利于实现教育资源共享，满足学习者个性化和多样化学习需求，促进教学的持续改进、新时代思政课程内容的丰富与实施途径的创新。但同时，信息技术对传统的教学内容、教学形式、教师的专业素养与权威地位提出了挑战，也在削弱传统思政课的实施效果。对此，思政课教师应顺势而为，善于学习与运用信息化技术手段，创新课程内容，改变教学方式，探索运用多样化教学策略，让学生能够在更加开放、多元、宏观的视野中看待个体与社会的关系、国家与人类的命运，巩固社会主义核心价值观，作出理性选择，成为合格的社会主义现代化建设者和接班人。但同时也需要教师能够理性预估人工智能等信息技术的影响，防止技术对人的异化。

最后，要弘扬优秀传统文化，为新时代学生培根铸魂。当前，无论是基础教育还是高等教育领域，都普遍存在一味地学习西方的倾向，高校自然科学与哲学社会科学的理论基础与研究方式也是以西方为圭臬。同时，留学低龄化的趋势明显。但任何一种文明都有独特的“基因密码”，中国社会实践中的问题难以从根植于西方社会的理论中寻求答案。因此，必须面向中国传统文化寻找与传承我们的文化基因，对中国社会实践作出科学的解释与说明，将中国经验上升为系统的概念体系与知识范式，为解决人类面临的共同难题贡献值得借鉴的中国方案。

学校思想政治课程，应将中华优秀传统文化作为重要的思想政治教育资源，渗透到学生的日常生活中，探寻其与思想政治教育之间的契合点，实现有效融合，为新时代的学生注入中华民族的“基因密码”。要把统筹推进大中小学思政课一体化建设作为一项重要工程，推动思政课建设内涵式发展。思想政治教育要从娃娃抓起，整合古今中外各种资源，尤其是要挖掘绵延几千年的中华优秀传统文化的时代价值和教育价值，发挥思想政治理论课对大中小学学生的铸魂育人作用。这是当今时代最大的“国防”事业，是事关中华文明基因传承的重要工程，也是中国文化与中国理论对人类文明的重要贡献。

二、树立“健康第一”的理念

健康是学生全面发展的基石。习近平总书记在全国教育大会上指出，“培养德智体美劳全面发展的社会主义建设者和接班人”，“要树立健康第一的教育理念”。对于健康是什么，我国传统文化认为，健康指“身强为健，心怡乃康”。《简明不列颠百科全书》中对健康的定义是：

“健康，使个体能长时间地适应环境的身体、情绪、精神及社交方面的能力。”据此，健康的内涵至少应包括生理健康、营养均衡、心理阳光、社会交往与适应良好四个层面。面向作为特定人群的中小学生，需要将健康第一的教育理念体现在学校教育的各个环节中，以学校教育为媒介、以教育内容为载体，针对生理常识教育、营养科学教育、常见病及预防教育、心理健康教育、科学体育运动、生涯规划教育等内容进行体系化的课程资源搭建和教学。

在当前的教育教学实践中，学生的健康问题较为突出。学生近视率、肥胖率持续攀升，营养不均衡、对常见病预防能力不足等问题突出，过重的课业负担、部分地区和学校的体育课程流于形式等应试导向下狭隘的培养模式加重了这些问题，导致忽视学生健康、加重学生身心负担的做法较为普遍，以致不得不用“健康第一”的理念进行教育教学改革和课程改革。

传统观点认为，健康教育是由医学（预防医学）、心理学、传播学、社会学、行为科学、教育学等多学科交叉融合而来，是针对全人类、全生命周期的，有计划性、系统性和组织性的健康促进活动，传播健康信息、树立健康观念、促进健康行为的“知信行”模式既是健康教育的手段，又是目的所在。但是从公共政策和教育学的视角来看，多学科性和跨学科性的健康教育更接近社会科学，应该是教育学的分支。在学校立德树人的教育过程中，健康教育是以促进学生健康行为和提升学生健康素养为目标的教育活动，是以健康信息传播、健康技能形成为手段的教育活动。

良好的健康行为习惯和健康素养是人一生幸福的基石，在学校实施健康教育，无论对于个体还是对于国家都具有极为重要的意义。践行“健康第一”的教育理念需要从完善健康教育立法、整合健康教育课程、推动健康教育学科发展、营建健康教育共识等方面展开。

三、破除“五唯”，树立正确的教育评价观

教育评价是全部教育活动的指挥棒，从培养德智体美劳全面发展的社会主义建设者和接班人的高度看，教育评价贯穿基础教育、高等教育、人才就业、教师评价等关键领域。同时，评价一直以来都是教育领域的难点、焦点和痛点。习近平总书记在全国教育大会上发表重要讲话时指出，要深化教育体制改革，健全立德树人落实机制，扭转不科学的教育评价导向，坚决克服“唯分数、唯升学、唯文凭、唯论文、唯帽子”的顽瘴痼疾，从根本上解决教育评价指挥棒问题。总书记的讲话直击要害，直面难题，抓住了解决问题的牛鼻子。

贯彻落实习近平总书记关于“五个克服”的讲话要求，从根本上扭转教育评价导向，需要把握以下几个原则。一是系统性原则。要从系统论的视角看待整个教育体系，只有坚持用系统论观点，才会用整体性的科学评价观评价整个教育体系。二是以人为本原则。教育承载着千家万户对美好生活的期盼，从基础教育到高等教育乃至终身教育，都要贯穿立德树人的目标，将受教育和学习的结果体现在个性化的人身上。三是科学性原则。教育评价结果受万众瞩目，确立了评价的价值导向后，评价的可行性取决于评价者对被评价对象的信息掌握程度，没有科学有效的评价技术与方法就难以保证结果公平与有效。

具体而言，一是基础教育领域要克服“唯分数论”。实施基础教育公共服务均等化，确保基础教育均衡发展，为每个学生提供适合的教育，发现每个学生的优点和长处，把学生的健全人格、健康素养、健康

技能放在基础性地位，降低考试频次，拓展评价学生的维度，让广大教师的日常教育从“唯分数论”中解放出来，回归全面育人的本质。二是要克服“唯升学论”。习近平总书记在讲话中指出，党政主要负责同志要熟悉教育、关心教育、研究教育。因此，我们要转变党政部门评价教育的角度和维度，尤其是在中高考政策的实施上，切实与国家宏观政策方向保持一致，切实维护学生的自主选择权，保障学生升学渠道的健康多元；让广大教师从单纯追求中考、高考升学率的桎梏中解放出来，一切以促进学生全面的、有个性的、健康的成长为依归。三是要克服“唯文凭论”。我们要推动形成以学习型社会的观念引领转变全社会的人才观、用人观，让广大家长及企事业单位从单纯追求学历和文凭的束缚中解放出来；让学生在高等教育大众化时代，选择适合自己的教育、升学、继续学习道路，逐步形成自主选择与接受有益教育的能力，从学习知识转变到培养能力。四是要克服“唯论文论”。我们要实施有效的分层、分类评价，让广大教师尤其是基础教育阶段教师避免因职称评审被迫写研究性文章，高校教师也必须从一味追求科研论文中解放出来，把教书育人作为自己的根本任务，在科学研究和社会服务方面均衡发展。同时要相信教师、支持教师，让广大教师从各种评选、评比、达标检查中解放出来，静下心来教书育人。五是要克服“唯帽子论”。优秀人才获得的荣誉称号，是对相应人才的一种阶段性认可和支持，不是其永久性标签。应把人才称号真实还原为反映科研贡献和学术能力的一种动态性的科学荣誉，将利益与“帽子”分离，对各种评奖、评选、评价实行结果导向的项目制管理办法，将项目评价与人才称号脱钩。

四、改革教育评价方式，形成高考新认知

习近平总书记在全国教育大会上指出的克服“五唯”导向为进一步深化考试招生制度改革，推进新高考改革指明了方向。2014年，《国务院关于深化考试招生制度改革的实施意见》印发，浙江、上海启动高考综合改革试点，首轮试点改革已平稳落地。2017年，山东、北京、天津、海南四省市启动第二轮改革试点。之后又有多个省（自治区、直辖市）通过基础条件自评，加入改革试点，新一轮高考改革将在全国范围内逐步推进。新高考以促进公平、科学选才、全面发展为基本价值导向，高考科目改革增加学生的选择性，取消文理分科；完善中学生综合素质评价，按照“两依据一参考”实施综合评价招生；取消录取批次，按专业大类实施平行志愿录取等措施，都是为了改变传统的高考指挥棒的问题，克服唯分数、唯升学、唯文凭等顽瘴痼疾，引导学生全面发展，为中国特色社会主义培养合格的建设者和接班人。但在新高考实施过程中，还是难以避免存在功利化选科的倾向，一定程度存在加重应试负担以及“套餐制”选课走班的问题等。要解决这些问题，需要在改革中扭转教育行政部门管理者、高校和高中管理者、教师，以及学生和家长等多元利益群体对高考的认识，对招生模式、高校专业类型、高中学生生涯规划以及社会对新高考的认知四个方面进行认知转型。

一是转变对招生模式的认知。新高考招生模式取消录取批次，实施平行志愿，各相关方都要了解新高考招生模式的转变。高校招生部门将不再为高中提供标准分数线，而是提供学校的专业大类招生及其所对应的高中选科要求。学生和家长由首先选择大学转变为首先确定专业，高中校长和教师由关注高分数和高录取率转变为考虑高校专业大类与高中学科的关联度。

二是转变对高校招生专业类别的认知。长期以来，高等教育与基础教育之间的协同发展不足，存在信息鸿沟。在新高考模式下，需要打破这种藩篱，实现高中和高校教师的认知转型：高中教师不能再囿于任教学科而无暇顾及高中学科教学之外的内容，要了解大学专业发展，能够基于学生生涯规划指导学生选课、选科以及报考志愿；高校教师应明确本专业对人才类型的初始需求，以便高中教学传达必要的知识体系。

三是转变对高中教育功能结构的认知。新高考改变了传统的班级组织方式和管理方式，改变了高中的功能结构。教育行政部门要转变对高中教育的评价导向，引导社会树立新型的高中教育评价观。高中校长要改革高中学校管理方式、教师绩效考核方式，建立适应选科走班的新型教学组织管理方式，促进高中教育现代化。高中任课教师要全员转型为生涯规划师，高中学校不再以高考为指挥棒培育高分，而是走近高校，了解专业知识体系；走近社会，建立社会实践基地；走近学生，促进学生的全面、长远发展。

四是转变家长对高考的认知与期待。教育改革要以造福人民、人民满意为目标，但在高考改革过程中，家长也要逐步调整对高考的认知与期待。随着国家城镇化与社会现代化的推进，未来社会的职业类型也将不断地发生变迁和分化，每个人都要适应学习型社会的学习模式。随着时代的发展，变换职业会越来越普遍，这就要求家长、教师和教育行政部门理性引导孩子进行生涯规划。因此，需要转变传统高考模式下对高分数的单一追求，鼓励孩子根据自己的兴趣与特长选科，注重对孩子的传统美德教育、家庭教育，引导孩子多参与社会实践活动，促进孩子的全面发展。

五、坚持“立德树人与劳动实践相结合”

习近平总书记提出，要在学生中弘扬劳动精神。他对劳动教育的高度重视，准确揭示了当前劳动教育被淡化、弱化的弊病。这给教育工作者指出了方向，指导我们在新时代重塑全面育人的教育观、全面发展的质量观、德才兼备的人才观，要求我们重新认识“劳动教育”的内涵，探索“立德树人与劳动实践相结合”培养人的新路径。

首先，劳动可以树德、可以增智、可以强体、可以育美。劳动教育的核心意蕴，就是通过教育与生产劳动相结合的方式，锻炼人的意志品质，体验劳动对人类生存生产的重要意义，以此升华人的精神境界。劳动教育旨在展现人的本质力量，提升人的主体性，使人获得身心解放，促进人的能力和自由个性全面发展。劳动教育具有自我意识意蕴、情感意蕴、审美意蕴、自由意蕴。学生学习之余，做一些力所能及的劳动，有助于调适心情、缓解压力、增强动手能力，在各种劳动实践中受到劳动教育，进而在思想、技能、习惯等方面感受到劳动的价值。

其次，劳动教育需要在立德树人的过程中不断加强。2015年教育部、共青团中央、全国少工委发文要求在中小学开展劳动教育，《中小学生守则（2015年修订）》也提倡珍惜劳动成果、尊重劳动人民，一些地方和学校开展了劳动教育的有益探索并取得一定成效。但总体上看这些年劳动教育抓得远远不够，社会上一度对劳动的价值有所怀疑。劳动教育在学校中被弱化、在家庭中被软化、在社会中被淡化，一些青少年不珍惜劳动成果，不想劳动，不会劳动。要在学生中弘扬劳动精神，教育引导学生崇尚劳动、尊重劳动，懂得劳动最光荣、劳动最伟大、劳动最美丽的朴实道理。

最后，要扩展劳动教育的内涵与方式。劳动教育的主要目的是形成劳动意识，培养劳动观念，提升劳动能力，激发劳动热情，让青少年学生学会劳动、学会勤俭。劳动不能泛化，也不能窄化。读书、写作业、搞课题，不是这里所说的劳动，课堂亦非劳动的主要场所。要让学生走出教室动手体验，看到成果。出点力、流点汗，以便日后经风雨、见世面。

坚持劳动教育与立德树人深度融合培养人才。《国家中长期教育改革和发展规划纲要（2010—2020年）》明确指出："全面贯彻党的教育方针，坚持教育为社会主义现代化建设服务，为人民服务，与生产劳动和社会实践相结合，培养德智体美全面发展的社会主义建设者和接班人。"所以，坚持"教育与生产劳动和社会实践相结合"是培养全面发展人才的重要途径和必要措施。劳动教育是全面发展教育的重要组成部分。我国社会迈入新时代，产业结构不断升级，社会劳动形态正在发生着深刻的变化，经济持续高速增长，社会财富急剧积累，人们的闲暇时间也日益增多。这一切都在深刻地改变着人们的劳动观念和劳动意识，使劳动教育面临新的挑战，突出表现为劳动形态的变化、社会劳动价值观的改变以及青少年学生劳动实践的缺乏等。在新的时代背景下，要切实提高劳动教育的实效性，准确把握新时代劳动教育的内涵特征，需要将劳动教育与立德树人深度融合。

第七章　中国教育现代化的战略目标

2017年10月，党的十九大对我国教育发展作了“优先发展教育事业、加快教育现代化、建设教育强国”的战略部署；2018年9月，习近平总书记在全国教育大会上深刻指出，“新时代新形势，改革开放和社会主义现代化建设、促进人的全面发展和社会全面进步对教育和学习提出了新的更高的要求”；2019年2月，党中央、国务院印发《中国教育现代化2035》，强调要“加快推进教育现代化、建设教育强国、办好人民满意的教育”，“以教育现代化支撑国家现代化”。《中国教育现代化2035》是我国第一个以“教育现代化”为主题的中长期战略规划，是新时代推进教育现代化、建设教育强国的纲领性文件，定位具有全局性、战略性、指导性，与以往的教育中长期规划相比，时间跨度更长，重在目标导向，对标新时代中国特色社会主义建设总体战略安排，为建设教育强国指明了发展方向。

第一节　中国教育现代化的总体目标

基本实现教育现代化是全面建设社会主义现代化国家的重要内容。教育是民生之首，如果教育不能率先实现现代化，就会影响国家社会主义现代化的进程。我们一定要站在实现中华民族伟大复兴的中国梦的战略高度，从认识、适应和引领经济发展新态势的国家大局，深刻理解加快推进教育现代化的重大意义，切实增强工作的使命感、责任感和紧迫感。《中国教育现代化2035》提出了推进教育现代化的总体目标：到2020年，全面实现“十三五”发展目标，教育总体实力和国际影响力显著增强，劳动年龄人口平均受教育年限明显增加，教育现代化取得重要进展，为全面建成小康社会作出重要贡献。在此基础上，再经过15年努力，到2035年，总体实现教育现代化，迈入教育强国行列，推动我国成为学习大国、人力资源强国和人才强国，为到本世纪中叶建成富强民主文明和谐美丽的社会主义现代化强国奠定坚实基础。

一、短期目标和长期目标相结合，从教育现代化实施步骤来看，总体目标分成两步走

中国教育现代化的实现需要分步骤、分时序、分阶段稳步推进，在可预期的时间范围内制定合理、适度、稳妥的进度和计划。在这里要注意两个时间点，一个是2020年，一个是2035年。首先，2020年作为“十三五”规划的收官之年、全面建成小康社会之年，是检验我国各项事业发展的重要年份。对于教育事业而言，《国家教育事业发展“十三五”规划》《教育脱贫攻坚“十三五”规划》《国家中长期教育改革和发展规划纲要（2010—2020年）》都在2020年收官。“十三五”以来，在习近平新时代中国特色社会主义思想引领下，教育系统认真贯彻落实党中央、国务院决策部署，坚决落实立德树人根本任务，党对教育工作的领导得到了全面加强，德智体美劳全面培养的教育体系更加完善，教育事业中国特色更加鲜明，教育面貌发生格局性变化，“十三五”规划确定的主要目标任务如期完成。其次，到本世纪中叶，中国要建成

富强民主文明和谐美丽的社会主义现代化强国，2035年是我国“基本实现社会主义现代化”的“加油站”和“关键点”。为此，中国教育现代化的第二个阶段，也就是在2020年的基础上，经过15年的持续努力，到2035年总体上实现教育现代化，迈入教育强国的行列。虽然只是这两个数字、两个时间点，却体现了中国教育现代化目标的制定和设计遵循短期和长期目标的统一。第一步是基础，到2020年教育现代化进展和成效如何直接关系到下一个阶段的工作，只有将短期的、当前的工作做好、做扎实，才能为教育现代化目标的长远发展奠定坚实基础；第二步是第一步的延伸和提升，在2020年教育现代化取得重大进展的基础上进一步深化和巩固提升教育现代化成果，同时也只有以长远的、发展的目标为指引，才能保证短期工作方向正、节奏稳、效果好。

二、全面目标和重点目标相结合，从教育现代化目标内容来看，总体目标明确了要点

中国教育现代化涉及面广，实施周期长，攻坚克难多，同时又面对纷繁复杂、形势多变的国际国内环境，需要处理好教育工作的方方面面和重点领域。从总体目标的内容来看，既抓住了国际国内教育大背景，同时也明确了工作重点。首先，总体目标积极对标国家“十三五”发展目标与国家教育事业发展和人力资源开发“十三五”主要目标。《国家中长期教育改革和发展规划纲要（2010—2020年）》《国家教育事业发展“十三五”规划》为国家教育事业发展制定了中长期发展目标和规划，是“十三五”期间教育发展的重要依据和遵循。在新形势新阶段新背景下，主动对标“十三五”目标要求既是对当前工作的检验，也是保证接下来工作能够有的放矢的需要。其次，总体目标着力提升教育总体

实力和国际影响力。需要清醒地认识到，当前我国发展仍处于可以大有作为的重要战略机遇期，也面临诸多矛盾叠加、风险隐患增多的严峻挑战。从国际看，世界多极化、经济全球化、文化多样化、社会信息化深入发展，国际金融危机深层次影响在相当长时期依然存在，新一轮科技革命和产业变革蓄势待发，互联网、云计算、大数据、人工智能等现代技术深刻改变着人类的思维、生产、生活和学习方式，国际竞争日趋激烈。为此，需要优先发展教育，构建现代教育体系，着力提升教育总体实力和国际影响力。最后，总体目标努力提升劳动年龄人口平均受教育年限。大国竞争的关键是人才的竞争，人才和人力是国家最大的资源，今天培养的人才将是实现第二个百年奋斗目标的主力军。为此，中国教育现代化的一个重要目标就是要着力培养人才，努力提升劳动年龄人口平均受教育年限，提升中国人力资本水平。由此可见，中国教育现代化是知识的现代化、人才的现代化、国家的现代化，只有认清教育现代化目标的内容，明确教育现代化的主要任务和关键目标，才能将教育现代化落到实处。

三、教育现代化目标与国家发展目标相结合，是建成社会主义现代化强国的应有之义

中国教育现代化的总体目标是在特定的历史时期、特定的社会环境下确定的，是国家整体发展的有机组成部分。一方面，教育作为国民事业发展的重要组成部分，其目标的确定必须与国民经济发展的要求相适应；另一方面，教育兴则国家兴，教育强则国家强，国家的现代化必然需要教育的现代化。首先，到2035年基本实现社会主义现代化，到本世纪中叶全面建成富强民主文明和谐美丽的社会主义现代化强国。从全

面建成小康社会到基本实现现代化，再到全面建成社会主义现代化强国，是新时代中国特色社会主义发展的战略安排，中国教育现代化的总体目标设计也正是顺应了这一战略部署。其次，党的十九大从新时代坚持和发展中国特色社会主义的战略高度，作出了优先发展教育事业、加快教育现代化、建设教育强国的重大部署。建设中国特色社会主义现代化强国是我们在新时代中国特色社会主义新征程上大步迈进的重要方略，而建设中国特色社会主义现代化教育强国正是这一方略的重要组成部分。最后，习近平总书记在2018年9月全国教育大会上的重要讲话中，从建设社会主义现代化强国的战略高度，明确指出："我们的教育必须把培养社会主义建设者和接班人作为根本任务，培养一代又一代拥护中国共产党领导和我国社会主义制度、立志为中国特色社会主义奋斗终身的有用人才。"由此可见，教育强国是社会主义现代化强国的重要内容之一，教育现代化强国的建设也将为我国全面建成富强民主文明和谐美丽的社会主义现代化强国贡献力量。

第二节　中国教育现代化的发展目标

《中国教育现代化2035》提出了八个方面的2035年主要发展目标：一是建成服务全民终身学习的现代教育体系，二是普及有质量的学前教育，三是实现优质均衡的义务教育，四是全面普及高中阶段教育，五是职业教育服务能力显著提升，六是高等教育竞争力明显提升，七是残疾儿童少年享有适合的教育，八是形成全社会共同参与的教育治理新格局。这八个方面目标，涵盖了体系结构、普及水平、教育质量、人才培养结构、服务贡献能力等教育现代化的目标要求。

一、建成服务全民终身学习的现代教育体系

终身学习是指社会每个成员为适应社会发展和实现个体发展的需要，贯穿于人一生的、持续的学习过程，即常说的“活到老，学到老”“学无止境”。建成服务全民终身学习的现代教育体系不仅是推进经济建设、政治建设、文化建设、社会建设、生态文明建设的必由之路，也是实施科教兴国战略、人才强国战略、创新驱动发展战略、乡村振兴战略、区域协调发展战略、可持续发展战略、军民融合发展战略等国家战略的必然要求。其实早在2010年颁布的《国家中长期教育改革和发展规划纲要（2010—2020年）》中就提出，要基本形成全民学习、终身学习的学习型社会，搭建终身学习“立交桥”。2019年出台的《中国教育现代化2035》又将“建成服务全民终身学习的现代教育体系”置于八项发展目标的首位，再次反映了国家重视终身学习的决心。这个发展目标的实现需要多方合作、共同努力，其中包括基础教育、职业教育、

高等教育和继续教育协调发展，学历教育和非学历教育、职前教育和职后教育、线上学习和线下学习相互融合，学校教育与社会教育、家庭教育密切配合、良性互动等方面。只有全民形成终身学习的氛围，加强纵向衔接和横向沟通，不断完善教育体系结构和人才培养结构，才能形成网络化、数字化、个性化、终身化的教育体系和建成人人皆学、处处能学、时时可学的学习型社会。

二、普及有质量的学前教育

学前教育是由家长及幼师利用各种方法、实物，有系统、有计划而且科学地对孩童的大脑进行各种刺激，使大脑各部位的功能逐渐完善而进行的教育。学前教育不仅是终身学习的开端，是国民教育体系的重要组成部分，同时也是党和政府为老百姓办实事的重大民生工程，直接关系亿万儿童健康成长，关系社会和谐稳定，关系党和国家事业未来。提升质量是世界各国学前教育事业发展的共同趋势，也是近年来我国加快发展学前教育事业的基本价值追求。党的十九大已经明确提出要“办好学前教育，实现幼有所育”。2018年11月，中共中央、国务院印发《关于学前教育深化改革规范发展的若干意见》，又进一步对我国学前教育发展作了重大部署：到2035年，全面普及学前三年教育，建成覆盖城乡、布局合理的学前教育公共服务体系，形成完善的学前教育管理体制、办园体制和政策保障体系，为幼儿提供更加充裕、更加普惠、更加优质的学前教育。按照《中国教育现代化2035》的目标要求，全面普及学前三年教育，建成覆盖城乡、布局合理的学前教育体系和科学保教体系，使适龄幼儿通过有质量的学前教育，养成良好行为习惯，促进健康快乐成长。

三、实现优质均衡的义务教育

义务教育是我国统一实施的所有适龄儿童少年必须接受的教育，是国家必须予以保障的公益性事业。其实质是国家依照法律的规定对适龄儿童和青少年实施的一定年限的强制教育的制度。当前我国实施的九年制义务教育，包含六年的小学教育和三年的初中教育。我国虽然全面普及了城乡免费义务教育，从根本上解决了适龄儿童少年“有学上”问题，为提高全体国民素质奠定了坚实基础，但是区域之间、城乡之间、学校之间办学水平和教育质量还存在明显差距。当前，我国教育发展已经由规模增长转向质量提升，提供优质均衡的义务教育成为未来发展的主要目标。2012年9月，国务院印发了《关于深入推进义务教育均衡发展的意见》，对在新形势下推进义务教育均衡发展提出了明确要求：到2015年，全国义务教育巩固率达到93%，实现基本均衡的县（市、区）比例达到65%；到2020年，全国义务教育巩固率达到95%，实现基本均衡的县（市、区）比例达到95%。党的十九大再次指出，要“推动城乡义务教育一体化发展，高度重视农村义务教育”，进一步为促进区域、城乡义务教育优质均衡发展指明了方向。教育部发布的《2017年全国义务教育均衡发展督导评估工作报告》显示，目前累计有2 379个县通过国家义务教育均衡发展督导评估，占全国总数的81%。这些数字表明，我国义务教育开始由“基本均衡”走向“优质均衡”，进入全面提高质量的新阶段。在未来一段时间内，要不断深入推进义务教育优质均衡发展，着力提升农村学校和薄弱学校办学水平，全面提高义务教育质量，努力实现所有适龄儿童少年“上好学”，为提高全体国民素质、建设人力资源强国奠定坚实基础。按照《中国教育现代化2035》的目标要求，实现九年义务教育城乡一体化均衡发展，保障适龄儿童少年接受良好义务教育，九年义务教育巩固及完成水平和学生学业质量进入世界前列。

四、全面普及高中阶段教育

高中阶段教育（包括普通高中、普通中专、成人中专、职业中专、技工学校）是国民教育体系的重要环节，是学生从未成年走向成年、个性形成、自主发展的关键时期，肩负着为各类人才成长奠基、培养高素质技术技能型人才的使命。普及高中阶段教育是巩固义务教育普及成果、完善现代职业教育体系、增强高等教育发展后劲的重大举措，是适应我国经济结构转型升级、提高劳动力受教育年限的迫切需要，是进一步提升国民整体素质、建设人力资源强国的基础工程。近年来，我国高中阶段教育取得了长足发展。但由于多方面原因，中西部贫困地区教育资源短缺，普及程度低，中等职业教育发展明显滞后。国家“十三五”经济社会发展规划纲要将高中阶段教育普及攻坚计划列入教育现代化重大工程。2017年4月，教育部等四部门关于印发《高中阶段教育普及攻坚计划（2017—2020年）》的通知，提出了一个总目标和五个具体目标。一个总目标是：到2020年，全国普及高中阶段教育，适应初中毕业生接受良好高中阶段教育的需求。五个具体目标包括：一是全国、各省（区、市）毛入学率均达到90%以上，中西部贫困地区毛入学率显著提升；二是普通高中与中等职业教育结构更加合理，招生规模大体相当；三是学校办学条件明显改善，满足教育教学基本需要；四是经费投入机制更加健全，生均拨款制度全面建立；五是教育质量明显提升，办学特色更加鲜明，吸引力进一步增强。按照《中国教育现代化2035》的目标要求，高中阶段教育普及与完成水平要进入世界先进行列，城乡新增劳动力普遍接受高中阶段教育。普通高中与中等职业教育协调发展，有效满足学生个性化、多样化发展需求，学生自主发展能力显著增强，为成长成才提供坚实的知识和能力储备。

五、职业教育服务能力显著提升

职业教育是指对受教育者实施可从事某种职业或生产劳动所必需的职业知识、技能和职业道德的教育。改革开放以来，职业教育为我国经济社会发展提供了有力的人才和智力支撑，现代职业教育体系框架全面建成，服务经济社会发展能力和社会吸引力不断增强，具备了基本实现现代化的诸多有利条件和良好工作基础。2017年10月，习近平总书记在十九大报告中指出："完善职业教育和培训体系，深化产教融合、校企合作。"2019年2月，国务院专门印发《国家职业教育改革实施方案》，把职业教育摆在教育改革创新和经济社会发展中更加突出的位置，并提出从2019年开始，在职业院校、应用型本科高校启动"学历证书+若干职业技能等级证书"制度试点工作。到2022年，职业院校教学条件基本达标，一大批普通本科高等学校向应用型转变。经过5—10年左右时间，职业教育基本完成由政府举办为主向政府统筹管理、社会多元办学的格局转变，由追求规模扩张向提高质量转变，由参照普通教育办学模式向企业社会参与、专业特色鲜明的类型教育转变，大幅提升新时代职业教育现代化水平，为促进经济社会发展和提高国家竞争力提供优质人才资源支撑。《中国教育现代化2035》再次明确，要建成一大批高水平职业院校和特色专业，形成与社会需求相适应、产教融合、灵活多样的职业教育与培训体系，让劳动者在成长和职业生涯发展不同阶段都有机会获得必要的技术技能，培养数以亿计的高素质劳动者和技术技能人才，为建设一支强大的知识型、技能型、创新型劳动大军作出贡献。

六、高等教育竞争力明显提升

高等教育是中国教育事业的重要组成部分，是国家科研发展和人才培养的主要力量。《中华人民共和国高等教育法》规定：“高等教育的任务是培养具有创新精神和实践能力的高级专门人才，发展科学技术文化，促进社会主义现代化建设。”改革开放以来，国家先后实施了“211工程”“985工程”，以及作为补充的“优势学科创新平台”“特色重点学科项目”建设，有力提升了我国高等教育的水平，为教育现代化作出了重大贡献。在新形势新背景下，党和国家审时度势，对高等教育的定位和发展作出新的部署。2015年10月，国务院印发《统筹推进世界一流大学和一流学科建设总体方案》。2017年1月，教育部、财政部、国家发展改革委又联合印发《统筹推进世界一流大学和一流学科建设实施办法（暂行）》，对我国高等教育发展提出了明确的目标和要求：到2030年，更多的大学和学科进入世界一流行列，若干所大学进入世界一流大学前列，一批学科进入世界一流学科前列，高等教育整体实力显著提升；到本世纪中叶，一流大学和一流学科的数量和实力进入世界前列，基本建成高等教育强国。《中国教育现代化2035》再次聚焦高等教育发展，并对高等教育竞争力的提升设定了目标和要求。首先，建成中国特色、世界一流的高等教育体系，高等教育普及程度达到发达国家水平，人民群众有更多机会接受高质量、可选择的高等教育，高等教育内涵发展、分类发展的制度体系更加健全，一批大学和学科进入世界一流行列或前列，培养造就数千万专门人才，一大批具有国际水平的战略科技人才、科技领军人才、青年科技人才和高水平创新团队。其次，建成一批享有国际声誉的学术高地、创新平台和智库，高等学校成为知识创新、技术创新、文化创新的重要策源地，支撑经济社会发展能力显著增强。

七、残疾儿童少年享有适合的教育

残疾儿童少年同样是祖国的花朵，在受教育的机遇上不应该有先后多寡厚薄之别，要保证残疾儿童少年享有适合的教育。在我国，残疾儿童少年受教育形式一般有三种：特殊教育学校、普通学校等机构附设的特殊教育班、普通学校的普通班中随班就读。特殊教育是衡量一个国家与社会的政治、教育、文化、经济、科技、卫生保健、福利等水平的重要标志之一。特殊教育考虑到每个孩子个体内在及个体之间的个别差异，充分尊重每个儿童少年的发展规律，为残疾儿童少年提供了学习和受教育的机会。2017年7月，教育部、国家发展改革委、民政部、财政部、人力资源社会保障部、卫生计生委和中国残联联合印发《第二期特殊教育提升计划（2017—2020年）》并确定，到2020年，各级各类特殊教育普及水平全面提高，残疾儿童少年义务教育入学率达到95%以上，非义务教育阶段特殊教育规模显著扩大。特殊教育学校、普通学校随班就读和送教上门的运行保障能力全面增强。教育质量全面提升，建立一支数量充足、结构合理、素质优良、富有爱心的特教教师队伍，特殊教育学校国家课程教材体系基本建成，普通学校随班就读质量整体提高。《中国教育现代化2035》对特殊教育作出明确的目标要求，形成布局合理、学段衔接、普职融通、医教结合的特殊教育体系，建立更加完善的家庭经济困难残疾儿童少年助学政策体系，让残疾儿童少年享有适合自身特点、有利自身发展、有质量保证的教育。

八、形成全社会共同参与的教育治理新格局

教育治理体系与治理能力现代化是国家治理体系与治理能力现代化的重要组成部分，是深化教育领域综合改革的总要求。党的十九大报告提出，必须坚持和完善中国特色社会主义制度，不断推进国家治理体系和治理能力现代化。在教育领域，推进治理现代化是实现教育现代化的重要途径和基本方式。教育治理的突出特征是多主体参与的民主化管理，核心是社会参与。[①]我国教育治理的路径和目标是：以转变政府职能为突破口，以构建政府、学校、社会新型关系为核心内容，旨在形成政府宏观管理、学校自主办学、社会广泛参与的格局，更好地调动中央政府和地方政府的积极性，更好地激发每个学校的活力，更好地发挥全社会的作用。[②]《国家教育事业发展“十三五”规划》中就有规定，要“改革教育治理体系，深化简政放权、放管结合、优化服务改革，落实学校办学自主权，加快现代学校制度建设；扩大社会参与，提高教育开放水平，整体提升教育服务经济社会发展的能力”。在教育治理新格局中，要充分尊重不同主体的需求，调动不同主体的主动性，充分发挥不同主体的积极作用，形成相互补充、互为一体的教育治理体系。《中国教育现代化2035》再次明确，教育管理体制和制度体系更加系统完备、科学规范、运行有效，政府依法行政、引领教育发展的能力显著增强，教育管理信息化和决策措施科学化、民主化、精细化水平显著提高；中国特色现代学校制度更加完善，学校办学自主权得到有效保障，学校发

---

① 褚宏启，贾继娥. 教育治理中的多元主体及其作用互补［J］. 教育发展研究，2014（19）：1-7.

② 袁贵仁. 深化教育领域综合改革，加快推进教育治理体系和治理能力现代化——在2014年全国教育工作会议上的讲话［Z］. 2014-01-15.

展活力明显增强；建成畅通有序的社会参与教育治理渠道和网络，形成政府、学校、社会依法共同参与教育治理的制度保障，实现教育治理现代化。

第三节 中国教育现代化的主要指标

《中国教育现代化2035》已经提出了总体目标和发展目标，这些目标的确定，以国家现代化建设的总体战略目标为依据，与《2030年可持续发展议程》相呼应，体现了中国特色，符合中国国情，明确了使教育同党和国家事业发展要求相适应、同人民群众期待相契合、同我国综合国力和国际地位相匹配的目标要求。接下来对中国教育现代化目标仍需进一步细化、深化和落实，只有将总体目标和发展目标分解成维度更细、步骤更清、措施更准、落实更实的每个年度、每个地区和每项指标，才能确保如期、顺利、高标准、高质量地实现我国教育现代化。

回顾以往对教育事业发展的规划和评估会发现，《国家中长期教育改革和发展规划纲要（2010—2020年）》制定了我国教育事业发展主要目标（见表7-1）和人力资源开发主要目标（见表7-2）。前者对各级教育和继续教育在未来十年的发展指标作了详细的规定，比如，到2020年，幼儿在园人数达到4 000万人，学前三年毛入园率达到70%，九年义务教育的在校生达到1.65亿人，义务教育巩固率达到95%；后者对我国人力资源开发指标作了规定，比如，到2020年，具有高等教育文化程度的人数达到1.95亿人，主要劳动年龄人口平均受教育年限达到11.2年。这些指标的确定为我国教育事业2010—2020年十年发展指明了方向，同时也起到约束和激励的作用，保障了我国教育事业的稳步向前发展。

表 7-1 《国家中长期教育改革和发展规划纲要（2010—2020 年）》中教育事业发展主要目标

指标	2009 年	2015 年	2020 年
学前教育			
幼儿在园人数（万人）	2 658	3 400	4 000
学前一年毛入园率（%）	74	85	95
学前两年毛入园率（%）	65	70	80
学前三年毛入园率（%）	50.9	60	70
九年义务教育			
在校生数（万人）	15 772	16 100	16 500
巩固率（%）	90.8	93	95
高中阶段教育 *			
在校生数（万人）	4 624	4 500	4 700
毛入学率（%）	79.2	87	90
职业教育			
中等职业教育在校生数（万人）	2 179	2 250	2 350
高等职业教育在校生数（万人）	1 280	1 390	1 480
高等教育 **			
在学总规模（万人）	2 979	3 350	3 550
在校生数（万人）	2 826	3 080	3 300
其中：研究生数（万人）	140	170	200
毛入学率（%）	24.2	36	40
继续教育			
从业人员继续教育（万人次）	16 600	29 000	35 000

注：* 含中等职业教育学生数；** 含高等职业教育学生数。

表 7-2 《国家中长期教育改革和发展规划纲要（2010—2020 年）》中人力资源开发主要目标

指标	2009年	2015年	2020年
具有高等教育文化程度的人数（万人）	9 830	14 500	19 500
主要劳动年龄人口平均受教育年限（年）	9.5	10.5	11.2
其中：受过高等教育的比例（%）	9.9	15	20
新增劳动力平均受教育年限（年）	12.4	13.3	13.5
其中：受过高中阶段及以上教育的比例（%）	67	87	90

“十三五”时期是全面建成小康社会决胜阶段，为加快推进教育现代化，国家制定了《国家教育事业发展“十三五”规划》，提出到2020年教育现代化取得重要进展，教育总体实力和国际影响力显著增强，推动我国迈入人力资源强国和人才强国行列，为实现中国教育现代化2030远景目标奠定坚实基础的总体目标，明确了全民终身学习机会进一步扩大、教育质量全面提升、教育发展成果更公平地惠及全民、人才供给和高校创新能力明显提升、教育体系制度更加成熟定型等五个方面的主要目标。具体的规划指标详见表7-3。从保障人民群众平等受教育权利出发，提出了九年义务教育普及成果进一步巩固提升，九年义务教育巩固率达到95%；城乡、区域、学校之间差距进一步缩小，义务教育实现基本均衡的县（区、市）比例达到95%，建成覆盖城乡、更加均衡的基本公共教育服务体系；从满足人民群众终身学习的需求出发，提出了学前教育机会显著增加，学前三年毛入园率达到85%，普及高中阶段教育，毛入学率达到90%，高等教育毛入学率达到50%等目标；从人才培养和提升劳动者素质的角度，提出了新增劳动力平均受教育年限达13.5年，继续教育参与率明显提升，从业人员继续教育达3.5亿人次，

学习型社会建设迈上新台阶等具体目标。这些目标顺应了人民群众的期待，也符合我国仍处于并将长期处于社会主义初级阶段的基本国情。

表 7-3　教育事业发展和人力资源开发“十三五”主要目标

指标	2015年	2020年	属性
学前教育			
在园幼儿数（万人）	4 265	4 500	预期性
学前三年毛入园率（%）	75	85	预期性
九年义务教育			
在校生数（万人）	14 004	15 000	预期性
巩固率（%）	93	95	约束性
高中阶段教育			
在校生数（万人）	4 038	4 130	预期性
其中：中等职业教育	1 657	1 870	预期性
毛入学率（%）	87	90	预期性
高等教育			
在学总规模（万人）	3 647	3 850	预期性
在校生数（万人）	3 511	3 680	预期性
其中：研究生数（万人）（含全日制和非全日制研究生数）	250［191］	290［230］	预期性
普通本专科（万人）	2 625	2 655	预期性
毛入学率（%）	40	50	预期性
继续教育			
从业人员继续教育（万人次）		35 000	预期性
人力资源开发			
新增劳动力平均受教育年限（年）	13.3	13.5	预期性

注：1. 高等教育在校生含普通本专科、成人本专科、全日制和非全日制研究生在校生。

2.［ ］内为全日制研究生在校生数。

党的十九大以来，我国教育事业进入新时代。为新时代教育现代化建设开好局、起好步，确保完成全面建成小康社会的教育目标，2019年中共中央办公厅、国务院办公厅印发了《加快推进教育现代化实施方案（2018—2022年）》，中共中央、国务院印发了《中国教育现代化2035》。这两个文件远近结合，各有侧重，共同构成了教育现代化的顶层设计和行动方案。该实施方案聚焦未来五年的发展规划，着重为实现2035年教育现代化目标奠定基础。其中指出，争取经过五年努力，全面实现各级各类教育普及目标，全面构建现代化教育制度体系，教育总体实力和国际影响力大幅提升。该实施方案同时还提出了实施新时代立德树人工程、推进基础教育巩固提高、深化职业教育产教融合、推进高等教育内涵发展、全面加强新时代教师队伍建设、大力推进教育信息化、实施中西部教育振兴发展计划、推进教育现代化区域创新试验、推进共建“一带一路”教育行动、深化重点领域教育综合改革等十项重点任务。

《中国教育现代化2035》则从长远着手，勾画了我国教育现代化的战略愿景，明确了我国教育现代化的主要预期发展指标（见表7-4）。到2035年，学前教育毛入园率要高于95%，九年义务教育巩固率要达到97%，域内义务教育均衡县（市、区）的比例要达到95%，高中阶段教育毛入学率达到97%，高等教育毛入学率达到65%，学前教育教师接受专业教育比例高于95%，义务教育专任教师中本科以上学历比例要高于95%，新增劳动力中受过高中教育阶段及以上教育比例要达到95%，劳动年龄人口平均受教育年限要达到12年。这些主要指标一方面反映了我国教育发展的基本情况，另一方面也为未来一段时间教育现代化的努力方向、工作重点作出了明确的规划和指引。

表 7-4　《中国教育现代化 2035》教育事业发展和人力资源开发主要预期指标

指标（%）	2017年	2020年	2035年
学前教育毛入园率	79.6	85	>95
九年义务教育巩固率	93.8	95	97
域内义务教育均衡县（市、区）的比例	81 （基本均衡）	95 （基本均衡）	95 （优质均衡）
高中阶段教育毛入学率	88.3	90	97
高等教育毛入学率	45.7	50	65
学前教育教师接受专业教育比例	69.3	75	>95
义务教育专任教师中本科以上学历比例	66.1	75	>95
新增劳动力中受过高中教育阶段及以上教育比例	88	90	95
劳动年龄人口平均受教育年限（年）	10.5	10.8	12

从《中国教育现代化2035》总体目标和发展目标来看，教育现代化是一个多目标、多层次、多因素的复杂系统。正确地认识和评估中国教育现代化是一个重要课题，为此需要将总体目标和发展目标进行逐级分解，构建一个完整、多元的体系。在未来一段时间内，需要对中国教育现代化实施进展和效果进行动态监测，这就需要将中国教育现代化的战略目标进一步细化，设立系统的评估指标体系。比如可以从教育普及度、教育公平度、教育质量度、教育开放度、教育保障度、教育统筹度、教育贡献度和教育满意度等维度出发设立一级指标，对标《中国教育现代化2035》的发展目标，确定二级和三级指标（见表7-5），形成科学完备的中国教育现代化指标体系，推进中国现代化战略目标的顺利实现。

表 7-5　中国教育现代化主要参考指标

一级指标	二级指标	序号	三级指标	预期值
教育普及度	各级教育	1	学前三年教育毛入园率（%）	＞95
		2	义务教育巩固率（%）	97
		3	高中阶段教育毛入学率（%）	97
		4	高等教育毛入学率（%）	65
	继续教育	5	终身学习网络覆盖率（%）	＞90
		6	从业人员继续教育年参与率（%）	＞60
		7	城市和农村居民社区教育活动年参与率（%）	＞50
教育公平度	机会均等	8	残疾儿童少年接受15年免费教育的比例（%）	100
		9	外来务工人员随迁子女入学比例（%）	100
	资源配置	10	义务教育城乡、学校间条件均衡化比例（%）	100
		11	困难学生受帮扶比例（%）	100
教育质量度	学生综合素质	12	思想品德与心理健康水平	—
		13	学业合格率（%）	＞95
		14	体质健康合格率（%）	＞95
	学校办学水平	15	人才培养模式	—
		16	达到优质学校比例（%）	＞95
		17	高水平大学和学科数量	—
教育开放度	资源共享	18	产学研结合水平	—
		19	高校学分互认比例（%）	10
		20	教育资源的开放和利用	—
	国际化水平	21	高校具有海外学习或工作经历的教师和学生比例（%）	—
		22	留学人员数（万人）	—
		23	职业院校相关专业的核心课程与国际通用职业资格证书对接比例（%）	＞20

续表

一级指标	二级指标	序号	三级指标	预期值
教育保障度	投入水平	24	财政教育支出预算增长比例（%）	—
		25	财政教育支出占公共财政支出的比例（%）	—
		26	全社会教育投入增长比例（%）	—
	师资水平	27	师德与专业能力建设	—
		28	教师学历比例（%）	—
		29	生师比	—
		30	教师领军人才数	—
	信息化水平	31	“三通两平台”覆盖率（%）	＞90
		32	智慧校园比例（%）	＞60
教育统筹度	布局与结构	33	各类教育协调发展与互通衔接	—
		34	学校布局与规模合理	—
		35	中等以下学校达到适度班额的比例（%）	＞85
	体制与管理	36	公办学校多形式办学	—
		37	民办教育健康发展	—
		38	教育治理水平	—
教育贡献度	受教育水平	39	新增劳动力人均受教育年限（年）	15
		40	主要劳动年龄人口平均受教育年限（年）	12
	社会服务能力	41	高校科研创新能力	—
		42	高校应用研究开发成果转化率（%）	＞80
		43	高校毕业生就业率（%）	＞80
教育满意度	对学校和政府的满意度	44	学生、社会对学校的满意度（%）	＞90
		45	学校对政府管理和服务的满意度（%）	＞90

第一，教育普及度。下设各级教育、继续教育2个二级指标以及学前三年教育毛入园率、义务教育巩固率、高中阶段教育毛入学率、高等

教育毛入学率、终身学习网络覆盖率、从业人员继续教育年参与率、城市和农村居民社区教育活动年参与率等7个三级指标。

第二，教育公平度。下设机会均等、资源配置2个二级指标以及残疾儿童少年接受15年免费教育的比例、外来务工人员随迁子女入学比例、义务教育城乡（学校）间条件均衡化的比例、困难学生受帮扶比例等4个三级指标。

第三，教育质量度。下设学生综合素质、学校办学水平2个二级指标以及思想品德与心理健康水平、学业合格率、体质健康合格率、人才培养模式、达到优质学校比例、高水平大学和学科数量等6个三级指标。

第四，教育开放度。下设资源共享、国际化水平2个二级指标以及产学研结合水平、高校学分互认比例、教育资源的开放和利用、高校具有海外学习或工作经历的教师和学生比例、留学人员数、职业院校相关专业的核心课程与国际通用职业资格证书对接比例等6个三级指标。

第五，教育保障度。下设投入水平、师资水平、信息化水平3个二级指标以及财政教育支出预算增长比例、财政教育支出占公共财政支出的比例、全社会教育投入增长比例、师德与专业能力建设、教师学历比例、生师比、教师领军人才数、“三通两平台”覆盖率、智慧校园比例等9个三级指标。

第六，教育统筹度。下设布局与结构、体制与管理2个二级指标以及各类教育协调发展与互通衔接、学校布局与规模合理、中等以下学校达到适度班额的比例、公办学校多形式办学、民办教育健康发展、教育治理水平等6个三级指标。

第七，教育贡献度。下设受教育水平、社会服务能力2个二级指标以及新增劳动力人均受教育年限、主要劳动年龄人口平均受教育年限、高校科研创新能力、高校应用研究开发成果转化率、高校毕业生就业率等5个三级指标。

第八，教育满意度。下设对学校和政府的满意度1个二级指标以及学生、社会对学校的满意度和学校对政府管理和服务的满意度2个三级指标。

总体来看，《中国教育现代化2035》战略目标已经呈现了中国教育发展的未来美好愿景，同时明确了中国教育发展未来的艰巨使命。社会主义现代化建设必须依靠教育现代化，教育现代化必须服务社会主义现代化建设。《中国教育现代化2035》战略目标远近结合，围绕教育思想、教育制度、教育设施、教育手段和方法等内容，设定了预期目标，明确了前进方向，廓清了工作重点，为建成教育强国注入了重要力量。

第八章　中国教育现代化的实施路径

教育现代化是以现代信息社会为基础，以先进教育观念为指导，运用先进信息技术的教育变革的过程，是传统教育向现代教育转变的过程。教育现代化表现在教育观念的现代化、教育内容的现代化、教育手段和方法的现代化、教育管理的现代化、教育发展的高水平等。① 在14亿人口的大国实现教育现代化，世界上没有先例，因此推进教育现代化，必须从实际出发，立足国情，尽力而为，量力而行，科学构建教育现代化的战略目标与实施路径。在实施路径上，需要做到总体规划、分区推进，细化目标、分步推进，精准施策、统筹推进，改革先行、系统推进。

第一节　总体规划，分区推进

在国家教育现代化总体规划框架下，推动各地从实际出发，制定本地区教育现代化规划，充分体现地方特色，合理确定目标任务，形成一地一案、分区推进教育现代化的生动局面。主动适应国家区域发展战略，协调推进区域教育现代化，引导中心城市、发达地区率先发展，先

① 顾明远，马忠虎. 教育现代化：中国教育改革和发展的路径与愿景——顾明远教授专访［J］. 苏州大学学报（教育科学版），2014（1）：1－5+126.

行实现教育现代化，为其他地区探索道路、提供经验；支持中小城市和中部大部分地区实现特色发展，整体提升教育现代化水平，形成区域优势；加大力度扶持中西部欠发达地区加快发展，不断缩小与全国平均水平的差距。全面深化内地和港澳、大陆和台湾地区的教育交流与合作发展，共同推进教育现代化。

一、在总体规划框架下，分区规划各地区的教育现代化

新中国成立以来特别是改革开放以来，我国教育改革取得了举世瞩目的伟大成就，建成了世界上最大规模的教育体系，走出了一条中国特色社会主义教育发展道路。教育公平和质量明显提升，保障了亿万人民群众受教育的权利，极大提高了全民族素质，有力推动了经济社会发展。但要推动如此庞大而复杂的教育体系并实现现代化，则需要在国家教育现代化总体规划框架下，主动适应国家区域发展战略，从各地实际出发，制定地区教育现代化规划，加强区域协作，协调推进区域教育现代化。各地规划应充分体现地方特色，合理确定目标任务，实行一地一案、分区推进，以非均衡发展为手段，促进区域之间的协调均衡发展，最终共同实现教育现代化。

二、适应国家区域发展战略，协调推进区域教育现代化

习近平总书记指出，全面小康，不仅覆盖的领域和覆盖的人口要全面，是“五位一体”全面进步和惠及全体人民的小康，而且覆盖的区域要全面，是城乡区域共同的小康。从现实情况看，教育现代化在区域经济社会现代化进程中占据着重要地位，在缩小区域发展差距和消除不平等中发挥着关键作用。根据各地实际情况和比较优势制定教育发展规

划，开展区域教育协作，能够有效引领和带动区域经济协调发展和实现一体化发展。党的十八大以来，我国区域协调发展叠加效应开始显现，并形成了一批新的增长极和增长带，但从总体上看，区域发展不平衡不充分的问题依然存在。在推进区域发展战略过程中，应努力构建适应区域和产业发展需要的教育布局，大力优化区域教育政策支持体系，积极探索区域教育改革新模式，推动形成区域教育发展新格局，推进区域教育现代化，进而引领和推动我国教育现代化迈上新台阶。

不同区域应根据本区域发展定位与特点，以及区域经济社会和教育发展现状，制定实施本区域教育发展战略。对于中心城市和发达地区，通过深入挖掘和充分发挥自身优势，在教育治理、内涵建设、以信息化和国际化带动现代化等方面积极探索，率先发展，先行实现教育现代化，为其他地区探索道路、提供经验；对于中小城市和中部大部分地区，则应秉持特色发展之路，整体提升教育现代化水平，形成区域优势；中西部欠发达地区则是教育现代化最大的区域短板，亟须加大扶持力度，保底线、补短板，明确需要加快改进的教育工作和发展领域，重视教育思想观念变革，发挥好信息化和制度创新在带动教育现代化整体变迁中的积极作用，不断缩小与全国平均水平的差距。①

三、扶持中西部欠发达地区，补教育现代化的区域性短板

促进中西部欠发达地区教育发展，必须坚持三个原则。一是加强统筹。将中西部教育置于全国教育总体格局中谋划设计，统筹中西部教育与经济社会协调发展，系统谋划加快中西部发展的政策措施，确保各项

① 陈子季．谱写区域教育协调发展新篇章［N］．中国教育报，2019-03-03（2）．

政策相互配套、相互支撑，形成合力，同时发挥市场、企业、社会组织作用，吸引更多社会力量参与中西部教育发展。二是兜住底线。坚持教育的公益性和普惠性，着力从中西部最困难的地方和最薄弱的环节做起，把提升最贫困地区教育供给能力、提高最困难人群受教育水平作为优先任务，促进基本公共服务均等化，保障每个孩子受教育的权利。三是改革创新。以改革促发展，重在盘活存量、用好增量，优化结构、提高效益，建立标准、完善机制，着力简政放权，营造良好办学环境，培养学生社会责任感、创新精神和实践能力，为中西部教育长远发展奠定坚实基础。

近年来，党和国家高度重视中西部欠发达地区教育发展，在推进基本公共服务均等化进程中，将优化教育资源配置作为一项基本政策。协调推进区域教育现代化，应以中西部农村和贫困地区为重点，坚持一省一策，补短板、兜底线，全面提升中西部教育发展水平，不断缩小与全国平均水平的差距。

（一）补强中西部教师资源短板

在当前深化教育领域综合改革的背景下，教师队伍的特殊性与极端重要性凸显。这主要是由于它对推动教育改革的先导性作用，在教育发展诸要素中的基础性和全局性地位，以及对促进教育发展的关键性意义与急迫性。党和国家高度重视中西部欠发达地区教育发展，在推进基本公共教育服务均等化进程中，将优化教师资源配置作为基本政策。当前应加快完善中小学教职工编制政策，并向乡村小规模学校倾斜。针对中西部地区实际情况，基于乡村、面向乡村、服务乡村，实施定向招生、定向培养、定向分配的小学专科层次一专多能教师“三定向”公费培养补充政策。继续推进实施农村教师特岗计划。实施银龄讲学计划。实施援藏援疆万名教师支教计划。全面落实集中连片特困地区乡村教师生活补助政策。加强乡村教师周转宿舍建设，将符合条件的乡村教师纳入当地住房保障范围。实施乡村优秀青年教师培养奖励计划。

（二）补齐中西部教育发展短板

一是加快中西部地区义务教育学校标准化建设。全面改善贫困地区义务教育薄弱学校基本办学条件，改善教学和生活设施。充分利用同步课堂、公开课等方式推广优质学校带薄弱学校、优秀教师带普通教师的模式，提高教学点、薄弱校教学质量。二是支持革命老区、民族地区、边疆地区、贫困地区学前教育发展，合理发展小学附设幼儿园，推进乡村中心园建设，实现每个乡镇至少有一所公办幼儿园。三是加快普及中西部地区高中阶段教育。继续实施教育基础薄弱县普通高中建设项目，支持中西部教育资源短缺地区新建、改扩建一批普通高中学校。提高教育基础薄弱地区特别是高中阶段毛入学率较低地区的普及水平。四是支持中西部地区大力发展职业教育，助推中西部经济转型和产业升级。五是加快发展民族教育。建立完善民族团结进步教育常态化机制，铸牢中华民族共同体意识；加强少数民族地区国家通用语言文字教育；优化民族地区高等学校、民族院校布局和学科专业结构；继续实施好教育援藏援疆援青工作。

（三）提升中西部高等教育发展水平

继续实施中西部高等学校综合实力提升工程、中西部高等学校基础能力建设工程、对口支援西部地区高等学校计划。重点支持对地方经济社会发展具有重要支撑作用的综合性大学，以及学科优势特色突出、在专业领域具有较大影响的应用型本科高等学校。继续深化省部共建工作，重点向中西部倾斜。“部省合建”支持中西部地区高等学校发展。

深化部省合建改革举措，按照一校一策原则，制订实施合建工作方案，整体提升合建高等学校办学水平，带动中西部高等教育整体发展。维持地方政府对合建高校支持的力度和渠道，中央财政通过中央支持地方高等学校改革发展资金等渠道予以支持。支持每所合建高校重点建设优势特色学科群，显著提升服务区域重点产业发展的能力。建立常态化的对口支援和交流合作机制，实现合建高校与教育部直属高校合作交流全覆盖。加大合建高校干部和人才队伍建设支持力度。

四、深化海峡两岸暨港澳地区教育交流与合作发展，共同推进教育现代化

全面深化内地和港澳、大陆和台湾地区教育交流与合作发展，共同推进教育现代化。

建立制度性的协调机制。加强高等学校之间的合作，促进师生互访、互派教师、互换学生、互修学位、互认学历等，为不同地区、学校的文化注入新的生机与活力。通过教师交流，提高教育质量。通过课程交流，推动培养程序的优化。通过合作研究，促进各方在科学研究方面尽快赶超世界领先水平。通过合作办学，进行办学制度的创新，促进学校办学水平的提升。[①] 建立经常性的交流研讨机制。举办各种类型的论坛活动，对各方共同关注的教育议题进行交流研讨，分享教育发展的新趋势和新理念，深化教育领域的交流与合作，共同推进教育品质提升。

促进各方高等学校合作办学。面向国家发展战略需求，吸引港澳台著名高等学校、职业学校、研究机构同内地（大陆）相关学校合作，建

① 张宝贵，陕阳忠．海峡两岸高等教育合作发展的策略研究［J］．复旦教育论坛，2011（5）：57-62.

设一批高水平的合作办学机构和项目，形成一批优质教育资源。鼓励海峡两岸高校互设分校，充分利用双方的优势资源，包括优势专业、生源、师资、设备、社会环境等，充分发挥各自的自主性和创新性，开设特色专业或适合于当地社会经济发展需要的专业，灵活开展具有本土特色和适宜本土发展的课程体系，培养出服务于当地经济的应用型高级人才。①

① 尚红娟. 两岸高校合作办学的特点、存在问题及发展对策［J］. 教育发展研究，2011（7）：40-44.

第二节　细化目标，分步推进

明确推进教育现代化的时间表和路线图，立足国情，区分轻重缓急，合理引导预期，既尽力而为又量力而行，科学设计和进一步细化不同发展阶段、不同规划周期内的教育现代化发展目标和重点任务，分阶段落实到经济社会和教育发展未来各五年规划及年度工作计划中，有计划有步骤地推进教育现代化。顺应时代发展需要，主动迎接新科技革命和产业变革，在实践中不断丰富教育现代化的内涵，与时俱进推进教育现代化，不断使教育同党和国家事业发展要求相适应、同人民群众期待相契合、同我国综合国力和国际地位相匹配。

一、总体目标分段

2020年，全面实现了“十三五”发展目标，教育总体实力和国际影响力显著增强，教育现代化取得重要进展，为全面建成小康社会作出了重要贡献。形成惠及全民的公平教育，提供更加丰富的优质教育，构建完备的终身教育体系，健全充满活力的教育体制。基本普及学前教育，巩固提高九年义务教育水平，普及高中阶段教育，高等教育大众化水平进一步提高，扫除青壮年文盲，劳动人口受教育水平大幅提升。

到2022年，全面实现各级各类教育普及目标，全面构建现代化教育制度体系，教育总体实力和国际影响力大幅提升。实现更高水平、更有质量的普及，教育改革发展成果更公平地惠及全体人民，教育服务经济社会发展的能力显著提高，社会关注的教育热点难点问题得到有效缓解，多样化可选择的优质教育资源更加丰富，人民群众受教育机会进一步扩大，学习大国建设取得重要进展。

到2035年，总体实现教育现代化，迈入教育强国行列，推动我国成为学习大国、人力资源强国和人才强国，为到本世纪中叶建成富强民主文明和谐美丽的社会主义现代化强国奠定坚实基础。建成服务全民终身学习的现代教育体系。实现各级各类教育纵向衔接、横向沟通，基础教育、职业教育、高等教育和继续教育协调发展，学历教育和非学历教育、职前教育和职后教育、线上学习和线下学习相互融合，学校教育与社会教育、家庭教育密切配合、良性互动，形成网络化、数字化、个性化、终身化的教育体系。教育体系结构和人才培养结构更加合理。建成人人皆学、处处能学、时时可学的学习型社会。

二、基础教育目标分段

（一）2020年发展目标

全国学前三年毛入园率达到85%，普惠性幼儿园覆盖率（公办园和普惠性民办园在园幼儿占比）达到80%。广覆盖、保基本、有质量的学前教育公共服务体系基本建成，学前教育管理体制、办园体制和政策保障体系基本完善。

全面提高义务教育普及水平。九年义务教育巩固率达到95%，全面提高教育质量，基本实现区域内均衡发展，域内义务教育实现基本均衡的县（市、区）的比例达到95%，义务教育专任教师中本科以上学历比例达到75%，确保适龄儿童少年接受良好义务教育。

普及高中阶段教育。高中阶段教育毛入学率达到90%，满足初中毕业生接受高中阶段教育需求。城乡新增劳动力中受过高中阶段及以上教育的比例达到90%。全面提高普通高中学生综合素质。推动普通高中多样化发展。促进办学体制多样化，扩大优质资源。推进培养模式多样化，满足不同潜质学生的发展需要。

各级各类特殊教育普及水平全面提高。残疾儿童少年义务教育入学率达到95%以上，非义务教育阶段特殊教育规模显著扩大。特殊教育学校、普通学校随班就读和送教上门的运行保障能力全面增强。教育质量全面提升，建立一支数量充足、结构合理、素质优良、富有爱心的特教教师队伍，特殊教育学校国家课程教材体系基本建成，普通学校随班就读质量整体提高。

（二）2022年发展目标

推进学前教育普及普惠发展。实施好学前教育行动计划。坚持公办民办并举，以县（市、区）为单位制定幼儿园布局规划，大力发展公办园，鼓励社会力量办园，多渠道增加普惠性学前教育资源供给。推动义务教育优质均衡发展，到2022年，所有县（市、区）100%实现基本均衡发展，优质均衡发展占比达到20%。着力减轻中小学生过重课外负担，到2022年形成更为完善的课外负担监测和治理长效机制。加快高中阶段教育普及攻坚。全面实施高中阶段教育普及攻坚计划。推动普通高中优质特色发展。保障特殊群体受教育权利。将进城务工人员随迁子女义务教育纳入城镇发展规划。办好特殊教育。

（三）2035年发展目标

迈向2035年的我国基础教育战略目标愿景，不单纯是《国家中长期教育改革和发展规划纲要（2010—2020年）》确立的2020年基本实现现代化的自然延伸，而是按照发展中国特色、世界水平的现代教育要求，推进发展理念、战略、重点、模式、功能、体系、地位、环境全方位的转变与提升，总体实现基础教育现代化。①

普及有质量的学前教育。学前教育毛入园率超过95%，学前教育教师接受专业教育比例超过95%。全面普及学前三年教育，建成覆盖城乡、布局合理的学前教育体系和科学保教体系，形成完善的学前教育管理体制、办园体制和政策保障体系，为幼儿提供更加充裕、更加普惠、更加优质的学前教育，使适龄幼儿通过有质量的学前教育，养成良好行为习惯，促进健康快乐成长。

实现优质均衡的义务教育。城乡义务教育一体化均衡发展，保障适龄儿童接受良好义务教育，九年义务教育巩固率及完成水平和学生学业质量进入世界前列，九年义务教育巩固率达到97%，实现域内义务教育优质均衡的县（市、区）的比例达到95%，义务教育专任教师中本科以上学历比例超过95%。

全面普及高中阶段教育。高中阶段教育毛入学率达到97%。高中阶段教育普及与完成水平进入世界先进行列，城乡新增劳动力中受过高中阶段及以上教育比例达到95%。普通高中与中等职业教育协调发展，有效满足学生个性化、多样化发展需求，学生自主发展能力显著增强，为成长成才提供坚实的知识和能力储备。

让残疾儿童少年享有适合的教育。形成布局合理、学段衔接、普职融通、医教结合的特殊教育体系，建立更加完善的家庭经济困难残疾儿童少年助学政策体系，让残疾儿童少年接受适合自身特点、有利自身发展的有质量的教育。

---

① 李伟涛. 我国基础教育迈向2035的战略思考［J］. 中国教育学刊，2018（9）：7-13.

三、职业教育目标分段

（一）2020年发展目标

形成适应经济发展方式转变和产业结构调整要求、体现终身教育理念、中等和高等职业教育协调发展的现代职业教育体系，满足人民群众接受职业教育的需求，满足经济社会对高素质劳动者和技能型人才的需要。

（二）2022年发展目标

职业教育和普通教育更加协调，职业教育标准体系更加健全，办学特色更加鲜明，为经济社会发展提供技术技能人才支撑。一是构建产业人才培养培训新体系。职业院校教学条件基本达标，建设50所高水平高等职业学校、150个骨干专业群。二是健全产教融合的办学体制机制。培育1万家左右的产教融合型企业，初步建成300个示范性职业教育集团（联盟）。三是建立健全职业教育制度标准，包括学校建设、财政投入等。

（三）2035年发展目标

到2035年，我国职业教育服务能力显著提升。建成一大批高水平职业院校和特色专业，形成与社会需求相适应、产教融合、灵活多样的职业教育与培训体系，让劳动者在成长和职业生涯发展不同阶段都有机会获得必要的技术技能，培养数以亿计的高素质劳动者和技术技能人才，为建设一支强大的知识型、技能型、创新型劳动大军作出贡献。

四、高等教育目标分段

（一）2020年发展目标

高等教育质量全面提高。高等教育结构更加合理，特色更加鲜明，人才培养、科学研究和社会服务整体水平全面提升，高等教育毛入学率达到50%，建成一批国际知名、有特色、高水平的高等学校，若干所大学达到或接近世界一流大学水平，培养一批拔尖创新人才，形成一批世界一流学科，产生一批国际领先的原创性成果，高等教育国际竞争力显著增强。

（二）2022年发展目标

推进高等教育内涵发展。加快“双一流”建设，到2022年，若干所大学和一批学科进入世界一流行列。建设一流本科教育，实施一流专业建设“双万计划”，建设1万个国家级和1万个省级一流专业点，引领支撑高水平本科教育。提升研究生教育水平。完善高等教育质量标准和监测评价体系。提升高等学校科学研究与创新服务能力。

（三）2035年发展目标

到2035年，高等教育竞争力明显提升。建成中国特色、世界一流的高等教育体系，高等教育普及程度达到发达国家水平，毛入学率达到65%，人民群众有更多机会接受高质量、可选择的高等教育，高等教育内涵发展、分类发展的制度体系更加健全，一批大学和学科进入世界一流行列或前列，培养造就数千万专门人才，一大批具有国际水平的战略科技人才、科技领军人才、青年科技人才和高水平创新团队。建成一批享有国际声誉的学术高地、创新平台和智库，高等学校成为知识创新、技术创新、文化创新的重要策源地，支撑经济社会发展能力显著增强。

第三节　精准施策，统筹推进

完善区域教育发展协作机制和教育对口支援机制，充分发挥东部地区对中西部地区教育发展的辐射带动作用，深入实施东西部协作，推动不同地区协同开展教育现代化建设。补齐教育发展短板、抬升底部，建立重点导向的教育资源配置调控机制，统筹推动教育资源优先向革命老区、民族地区、边疆地区、贫困地区配置，优先向各类困难群体倾斜，优先用于教师队伍发展、信息化建设等关键领域，优先确保义务教育，重点向学前教育、普通高中、职业教育等薄弱环节投入。精准实施重大工程项目和政策举措，加快落后地区、重点领域的教育现代化进程。

一、完善区域教育发展协作机制

教育现代化作为经济社会现代化的基础和先导，在缩小城乡区域发展差距和消除不平等中发挥着关键作用。根据各地实际情况和比较优势开展教育协作，能够有效引领和带动区域经济协调发展和实现一体化发展。教育均衡发展和教育公平是教育改革的重要目标和方向，建立教育区域协同发展机制与资源共享机制是促进教育均衡发展和教育公平的一个有效措施。当前我国跨地区的教育协作越来越成为推进区域教育现代化的强大动力。积极探索跨行政区域教育协同发展的有效路径和体制机制，充分发挥教育现代化先进地区的高端引领、辐射带动作用，快速提升区域整体教育现代化水平，对于构筑起区域内要素资源自由流动、产业分工互补、基本公共服务均等、城市功能相互配套对接的一体化发展新格局具有重要意义。①

打造区域教育合作圈，建立教育发展协作与资源共享机制，应重点处理好三个关系。一是处理好教育与现行政策的关系。区域教育发展存在着差异，要实现区域教育协调发展，就需要通过政策倾斜来实现。制定政策对各种资源进行统筹协调，加快区域教育一体化发展。但是，研究区域教育协同发展一定要遵从上位政策，不能与之有矛盾和冲突。二是处理好教育与区域经济发展的关系。区域教育与区域经济主要是通过人力资源的培养和使用发生关联的。区域经济的发展水平决定了所需人力资源的素质，进而与区域教育的层次、规模、结构联系愈发密切。区域经济实力的强弱对教育投入及其体制创新的要求也不同，经济发达的区域教育发展水平更高，对教育创新的要求更强烈。区域经济发展所带来的产业结构变化影响着区域教育的专业设置，教育要预测区域未来的产业发展情况，提前培养适需人才。三是处理好教育与区域人口的关系。教育有着引导人口流动的作用，一个教学资源丰富的地区更容易吸引人口在此居住生活。区域内从事教育工作的人口数量和素质能否满足区域教育发展的需要，关系着区域教育的质量，区域教育资源的集中与分散也影响区域人口的聚集程度。随着适龄受教育人口数量的波动，区域教育的规模也要作出适当的资源调整与整合。此外，还应考虑若干教育内部因素，对教育规模、教育效益、教育投入和教育布局等方面都要详细摸底，分析区域内部教育发展的差距、各地教育发展的优劣势、各地教育发展的瓶颈问题及其深层次原因等。②

---

① 陈子季. 谱写区域教育协调发展新篇章［N］. 中国教育报，2019-03-03（2）.

② 建立教育区域协同发展与资源共享机制［EB/OL］.（2016-10-12）［2021-05-12］. https://www.eduthink.com.cn/index.php/article/index/id/1310.html.

建立区域教育发展协作，促进区域教育协同发展，应把握节奏，分步实施。近期，实现区域教育资源布局与产业的疏解、服务人才需要相结合，即以计划、行政的手段把区域内教育各个部分统一起来，率先在区域内实现教育资源与产业疏解、服务人才需要相结合。中期，实现教育资源布局与区域发展需求相结合，即以指导、服务的方式协调各部分之间的相互关系，地区间合理调整存量教育资源，积极共享增量教育资源，在区域内实现教育资源与各地规划、经济发展、生态保护、人口调整等多种需求相结合。远期，实现教育资源布局与学校自身发展需求相结合，即以监督、指导的方式协调各部分之间的关系；各地政府、学校和社会形成合理有序、积极自发的协同发展方式；区域内实现教育资源与学校自身发展需求相结合，政府、学校和社会多中心、多层次、多形式的教育协同发展网络。[①]

二、构建教育对口支援长效机制

对口支援是指由政府启动，在区域、行业乃至部门间建立起长期的、稳定的、相互协作的帮扶关系，由经济发达或实力较强的一方对经济不发达或实力较弱的一方实施援助，利用支援方的物质财富和智力资源，促进受援方得到发展的一项援助制度。对口支援的主要类型有灾难援助、经济援助、医疗援助、教育援助等。教育援助是对口支援体系的重要组成部分和教育制度的重要补充，在协调东西部教育均衡发展、维护社会稳定和促进民族团结等方面发挥了独特功能和重要作用。实现教育现代化，需要构建常态化的教育对口支援机制，持久深入地推进教育

① 高兵. 京津冀教育协同发展的现代化路径探索［J］. 教育理论与实践，2015（22）：16–20.

对口支援工作。

（一）创新教育对口支援的工作体制

各级政府应健全教育对口支援组织机构，简化相关行政事务审批程序，在宏观规划、政策完善、经费划拨、评估监督等方面切实履行职能，提高对口合作的效率与效益。受援地方政府要切实加强对于对口支援工作的领导，积极争取主动，把受援学校的建设和发展工作纳入本地区经济社会发展的全局工作中，采取有效措施，充分利用好支援学校所提供的资源，全面提升教育质量。作为对口支援工作的牵头单位，教育行政部门要加大工作力度和争取经费投入，全面规划对口支援工作，建立部门间和部门内协调会议制度、文件会签制度，注意各项政策的统筹与协调，使对口支援工作长期化、稳定化和制度化。

（二）完善对口支援激励举措

对口支援的实施以各支援省市人力、财力、物力、智力的单边付出为实质内容。中央政府基于政治动员、按照行政调控的方式部署对口支援，是在非常态状况下给地方政府的政治任务。可以说，教育对口支援的实施更主要是以“支援一方的付出甚至利益损失为前提的”。从这个角度看，中央应逐步健全对支援方的激励机制和补偿机制，在税收、项目审批、经费划拨、学科建设等方面给予支援省市、支援学校一定程度的政策倾斜，以调动支援方的积极性、主动性和创造性。各级政府应加大公共财政对于对口支援的投入，建立教育对口援助专项保障金及相应的增长机制，以确保激励举措发挥引导功能。政府还可以考虑面向社会多渠道筹集教育援助资金，引导社会闲置资金投向教育对口支援领域，通过政府、企业和社会各界的共同努力，使教育对口支援政策发挥最大效用。

（三）优化教育资源配置

教育对口支援是一项系统工程，涉及政府、教育行政部门、学校和社会等多方主体，而且各个主体所发挥的功能不一样，这就需要统筹兼顾、充分发挥各主体的优势和长处。做好对口支援工作，一方面需要政府通过政策支持、法律规范和经费投入，搭建起区域教育援助的良好平台，建立制度化的合作机制；另一方面也要充分利用市场竞争、协作机制，促进优质教育资源自由流动和合理配置，将支援方提供的外生援助转化为受援方自我发展的内生动力。

政府在教育对口支援的资源配置上要逐步引入竞争机制，改变以往相对稳定、缺乏活力的支援体系。例如，受援方的硬件建设、设备采购、教师培训、人才培养等可实行招标制，从而创造支援学校间、受援学校间、支援学校内部相互竞争的局面，使受援方得到最重要、最适当的教育援助，也使支援方的教育资源能发挥最大效益。

（四）完善法律制度和评估机制

完善教育对口支援的相关法律制度可以使支援工作有法可依，双方在出现分歧和纠纷时也便于找到救济的途径。例如，应将教育对口支援进一步制度化，明确参与对口支援各主体的权利与义务，规范对口支援的运行，保障双方利益的实现，避免“政出多门”、重复浪费，做到有章可循、有法可依。同时，政府应对对口支援项目建立完善的动态评估机制，做好援助项目的前期论证和规划工作，既要避免低水平的重复建设，又要防止脱离实际的铺张浪费，选择受援方最需要、收效最大的项目。在实施过程中，无论是对实物量的投入标准还是对项目的运行程序，都应当进行有效监督。支援方的教育行政部门应通过吸纳社会各方面的力量组建专家评估组，对援助项目进行严格检查，做到及时诊断、反馈和矫正。建立评估监督体系，既可以防止支援方忽略实际，启动一些“形象工程”和“政绩工程”，也可以在动态考核中对援助项目进行科学管理，从而逐步提高教育对口支援的质量和效益。①

三、建立重点导向的教育资源配置调控机制

补齐教育发展短板、抬升底部，建立重点导向的教育资源配置调控机制，统筹推动教育资源优先向革命老区、民族地区、边疆地区、贫困地区配置，优先向各类困难群体倾斜，优先用于教师队伍发展、信息化建设等关键领域，优先确保义务教育，重点向学前教育、普通高中、职业教育等薄弱环节投入。

（一）优先向革命老区、民族地区、边疆地区、贫困地区配置

党中央、国务院历来高度重视中西部地区教育发展，进入新世纪以来，中西部教育迈上了新台阶。但由于多方面原因，中西部地区，特别是革命老区、民族地区、边疆地区、贫困地区，经济社会发展相对滞后，教育基础差，保障能力弱，优质资源少，教育质量总体不高，难以满足这些地区人民群众接受良好教育的需求，难以适应经济社会发展对各类人才的需要。应按照“四个全面”战略布局，牢固树立创新、协调、绿色、开放、共享的发展理念，贯彻脱贫攻坚部署，坚持问题导向，把加强最薄弱环节作为优先任务，把调整资源配置作为根本措施。将中西部教育置于全国教育总体格局中谋划设计，统筹中西部教育与经济社会协调发展，系统谋划加快中西部发展的政策措施，发挥中央财政性资金导向作用，统筹推动教育资源优先向革命老区、民族地区、边疆地区、贫困地区配置。

---

① 郑刚. 建立教育对口支援长效机制的政策分析［J］. 中国教育学刊，2012（7）：17−20.

（二）优先向各类困难群体倾斜

统筹不同群体教育的协调发展，促进教育资源向困难群体倾斜。困难群体由于其自身条件的制约和外在环境的影响，在相同的政策下很难与其他人获得同等的发展机会。因此，对于进城务工人员子女、家庭经济困难学生、残疾学生等群体实行差别对待，重点关注，通过特殊补偿政策使他们受到公平的教育。①

推进随迁子女入学待遇同城化，有序扩大城镇学位供给，将进城务工人员随迁子女义务教育纳入城镇发展规划，根据就近入学原则，随迁子女就读享受本地孩子同等待遇，接受同样管理，保障随迁子女平等享受基本公共教育服务。完善流动人口子女异地升学考试制度，积极稳妥解决新型城镇化进程中新增市民和进城务工人员随迁子女的就学问题。

精准帮扶困难群体。加强教育宣传，从根本上改变贫困人群的教育观念，是精准扶贫的关键，也是首要任务。逐步完善城市居民最低生活保障制度，解决贫困人群的温饱问题，使其有精力和能力提高子女教育水平。建立健全家庭经济困难学生精准化追踪认定机制，完善家庭经济困难学生奖助学金和助学贷款政策，改进资助方式，提高资助水平和精准度。

办好特殊教育。完善特殊教育自身发展体系，根据不同类型特殊儿童身心发展的特点和学习阶段，提供具有持续性、衔接性的终身教育发展体系，实现特殊教育的全覆盖。完善特殊教育社会服务体系，集聚多方力量，并在政策层面提供良好的基础，努力实现面向全体残疾儿童的公平适当的教育和社会综合服务。完善特殊教育支持保障体系，强化立法与政策支持、师资与专业支持、信息化与资源保障，以及全方位的社

---

① 陶西平. 加强统筹协调　促进教育公平［N］. 光明日报，2010-03-24（11）.

会支持等。①

（三）优化教育资源配置，促进教师队伍发展

在教育的各项要素中，教师是关键性的要素，是教育的第一资源，是教育事业发展的基础，推进教育现代化必须把教师队伍摆在优先发展的战略地位。应加强以师德师能为重点的新时代教师队伍建设，净化优化教育环境，降低教师心理负担，促进学校和家庭、社会协同育人，让教师安心从教、热心从教、舒心从教、静心从教，形成优秀人才积极从教、教师人尽其才、好教师不断涌现的良好局面。大力振兴教师教育，不断提升教师专业素质能力。实施教师教育振兴行动计划，建立以师范院校为主体、高水平非师范院校参与的中国特色师范教育体系，推进地方政府、高等学校、中小学“三位一体”协同育人。深化教师管理综合改革，切实理顺体制机制。完善教师编制政策，创新编制管理，在现有编制总量内，统筹考虑、合理核定教职工编制，盘活事业编制存量，加大教职工编制统筹配置和跨区域调整力度。完善中小学教师准入和招聘制度，深化中小学教师职称和考核评价制度改革，健全职业院校教师管理制度，深化高等学校教师人事制度改革。切实减轻教师额外工作负担，提高幼儿教师生活待遇，体制内外教师同工同酬，保障教师合法权益，提升教师的政治地位、社会地位、职业地位。到2035年，教师综合素质、专业化水平和创新能力大幅提升，培养造就数以百万计的骨干教师、数以十万计的卓越教师、数以万计的教育家型教师。教师管理体制机制科学高效，实现教师队伍治理体系和治理能力现代化。教师主动适应信息化、人工智能等新技术变革，积极有效开展教育教学。尊师重

① 方俊明. 构建与完善现代特殊教育的三个体系［J］. 当代教师教育，2017（12）：6–11.

教蔚然成风，广大教师在岗位上有幸福感、事业上有成就感、社会上有荣誉感，教师成为让人羡慕的职业。

（四）加快信息化建设，推动教育变革

信息化是教育现代化的重要内容，也是推进教育现代化的关键途径。要抓住新一轮技术革命的历史机遇，优化教育资源配置，加快教育信息化建设，推动信息技术在教学、管理、学习、评价等方面的应用，全面提升教育信息化水平和师生信息素养，推动教育组织形式和管理模式变革创新，以教育信息化带动教育现代化。一是加大资源投入，构建完善的校园信息化基础环境，建立学校信息化系统运行维护长效机制，综合运用信息化技术，统筹建设一体化智能化教学、管理与服务平台。二是以信息化为支撑，变革传统教学模式，设计“未来学校”与“未来课堂”，实现课堂真正意义上的“翻转”，强化信息技术与教育深度融合，实现对传统教育的理念重塑、价值重建、结构重组、程序再造、文化重构，转换教育发展的动力结构，构建促进人的全面、自由和个性化发展的现代化教育新形态，解决长期以来困扰教育发展的“规模化”与“个性化”的矛盾，为教师、学习者提供高质量的个性化服务，全面提升教育的内在品质，实现学有优教、因材施教。① 三是以信息化带动教育服务业态创新。优化政策环境，建立完善资源共享共建机制、利益分配机制、知识产权保护机制和教育服务监管机制，充分利用市场机制。构建覆盖全国的数字教育资源公共服务体系。四是以信息化推进教育治理方式变革。建立科学完善的教育管理公共服务平台、教育统计信息系统和学校教育教学信息系统，加快形成现代化的教育管理与监测体系，

---

① 曾天山. 加快教育现代化的时代主题与路径创新［J］. 中国教育学刊，2018（9）：1–6.

推进管理精准化和决策科学化。构建国家教育数据开放体系。建立健全网络安全监管机制，探索建立对青少年数字化学习产品的评价审查机制，构建安全有序的教育信息化环境。

（五）优先确保义务教育，重点向学前教育、普通高中、职业教育等薄弱环节投入

教育资源投入不仅是依照现行的法律规定、按照相应比例保障投入的数量，还应该对投入的结构问题加以重视。要把财政教育资金投入的结构问题纳入到改革的框架当中，正确区分和界定不同的教育层次，提高财政教育资金投入结构调整的精准性。在确保义务教育资源投入的同时，重点加强对学前教育、普通高中、职业教育等薄弱环节的教育资源投入。一是重点向学前教育投入。将实现学前教育普惠且有一定质量的发展，作为公共财政推进区域学前教育事业均衡发展的基本目标。以普惠和质量为基本价值取向，打破公民办壁垒，促进学前教育的公平发展与普及。在稳定原有支持性投入的基础上，重点向处于发展弱势区域的各类薄弱的公办、公办性质幼儿园、普惠性民办园以及混合所有制幼儿园倾斜，向教师工资待遇保障等学前教育发展的薄弱环节倾斜。二是重点向普通高中投入。健全普通高中教育经费投入机制，全面建立生均拨款制度。加大财政投入，优化学校布局，加强学校建设，改善办学条件。加大对经济欠发达地区普通高中教育资源投入的支持力度，扩大经济困难地区普通高中学生的资助比例，提升资助标准。三是重点向职业教育投入。推动职业教育办学格局由政府举办向政府统筹管理、社会多元办学转变，发展方式由注重规模扩张向提高质量转变，办学模式由参照普通教育向产教深度融合的类型教育转变。

第四节　改革先行，系统推进

推进教育现代化发展关键靠改革。要聚焦重点领域和关键环节，建立教育改革试验区制度，科学布局，分批分类开展教育现代化改革试点，支持有条件的地区探索新的体制机制。充分发挥基层特别是各级各类学校的积极性和创造性，鼓励大胆探索、积极改革创新，形成充满活力、富有效率、更加开放、有利于高质量发展的教育体制机制。及时总结推广基层改革创新经验，以点带面、示范引领，通过教育综合改革系统推进国家教育现代化建设。

一、深化综合改革，不断推进教育现代化

改革创新是教育发展的动力源泉。改革开放40多年来教育的巨大成绩就是在"解放思想，实事求是"思想指导下，通过改革创新取得的。实现教育现代化仍然要依靠改革创新。① 与教育现代化的发展目标相比，我们还存在着不小的差距。改革是促进事业发展的强大动力，这是一条基本经验。促进教育事业的发展，最根本的还是要依靠改革，这是教育事业发展的必然逻辑。回顾改革开放以来我国教育事业取得的辉煌成就，无一不是伴随着改革的强大推动，无一不是改革的成果。在新形势下，要基本实现教育现代化的奋斗目标，同样要依靠改革，以改革的精神增强教育的活力，以改革的思路解决制约教育发展的难题，以

---

① 顾明远. 新时代推进教育现代化，要怎么做？[N]. 光明日报，2019-03-05（13）.

改革的办法促进教育事业的科学发展。①

教育现代化作为一场全面而深刻的教育变革，已经步入“深水区”和“攻坚期”，不同教育群体的利益冲突更加激烈，教育决策的复杂性日益增大，重大改革举措的出台和实施必须通过先行试点进行探索，积累经验。要根据改革需要和试点条件，灵活设置试点范围和试点层级，对关联度高、互为条件的改革试点要统筹协调推进；对领域接近、功能互补的改革试点，要开展综合配套改革试点，推动系统集成；对一些矛盾问题多、涉及风险因素和敏感问题的改革试点，要统筹各方面各层次利益，确保风险可控，打出政策组合拳。在改革推进过程中，必须坚持行业改革与区域创新相结合、分领域推进与分区域施策相协调。②

二、深化重点领域教育综合改革

深化教育领域综合改革，核心目的是解决好人民最关心最直接最现实的利益问题，努力为社会提供多样化服务，更好满足人民需求。要不断深化教育领域综合改革，加快推进教育现代化进程，提升人才资源开发水平，为全面建成小康社会、加快推进社会主义现代化、实现中华民族伟大复兴的中国梦奠定坚实基础。③ 综合改革要求我们要采用系统思维和系统方法，全面把握教育领域的各种关系，统筹处理各种矛盾，科学谋划整体改革。要把促进教育公平、提高人才培养质量作为根本动力，加快重点领域和关键环节改革的步伐，推动教育综合改革创新。近

① 郭春芳. 深化教育领域综合改革的基本导向和重点举措［J］. 福建基础教育研究，2014（1）：1-4.

② 陈子季. 谱写区域教育协调发展新篇章［N］. 中国教育报，2019-03-03（2）.

③ 张力. 深化教育领域综合改革目标重点和主要任务［N］. 人民日报，2014-06-04（10）.

期应重点聚焦教育领域“放管服”改革、考试招生制度改革、民办教育分类管理和终身学习制度体系建设等，深化综合改革，及时总结提炼先进经验和科学做法，加以有效推广，并上升为制度和政策，为加快推进教育现代化提供制度支撑。

（一）深化教育领域“放管服”改革

当前，我国教育改革发展面临着前所未有的机遇和挑战。2.82亿学生、1 732万名教师、53万所学校，构成了全世界最大规模的教育。① 在各级各类学校组织的复杂化、结构的多样性、水平的差异化以及人民群众教育诉求个性化的背景下，公平与效益的博弈、质量与速度的纠结，无不给教育发展理念和教育治理方式带来全方位的冲击，催促着我国教育加快实现由办教育向管教育的转变。我国教育正在向着以科学的教育理念、理性的教育思维和民主的教育治理为特征的新时代方向进发。②“放管服”改革的目的在于简政放权，厘清权责，创新监管，减少过多干预，促进市场主体的活力和创新。推进教育领域“放管服”改革，就是要尊重教育发展规律，充分发挥学校办学主体作用。在管好大方向的前提下，教育的内容和方法交给教师和学校，不是教育的事情就不要让教师和学校去做。③ 当前需着力推进政府转变教育行政职能，将政府对学校的单方面控制转变为多方共同治理。大力削减教育行政审批事项，进一步系统清理教育规章和规范性文件，减少教育行政审批申

---

① 2019年全国教育事业发展统计公报［EB/OL］.（2020-05-20）［2021-05-12］. http://www.moe.gov.cn/jyb_sjzl/sjzl_fztjgb/202005/t20200520_456751.html.

② 周洪宇. 深化教育领域“放管服”改革，加快推进教育治理现代化［J］. 教育研究，2019（3）：15-19.

③ 朱永新. 寻找教育体制机制改革“放管服”的突破点［N］. 社会科学报，2019-03-14（1）.

请材料，规范教育行政审批事项和流程。营造良好的社会组织参与教育治理的制度环境，完善社会组织激励约束机制，不断提升社会组织教育参与的能力。依法落实和扩大学校办学自主权，加强学校章程和配套制度建设，完善学校内部治理结构，建设依法办学、自主管理、民主监督、社会参与的现代学校制度。牢固树立以人为本的管理理念，大力实施教育领域“放管服”改革，积极探索教育家办学，重塑教育治理中的新型政校关系。加快完善国家教育标准体系，适时修订教育标准，充分发挥教育标准的规范、引领和保障作用。积极优化教育服务环境，搭建统一的全国教育公共服务平台，健全政府购买教育服务机制，建设人民满意的教育。加快教育立法进程，健全教育执法监督体系，为深化教育领域“放管服”改革、推进教育治理能力现代化提供良好的法治环境。积极推进第三方教育评估，健全政府、学校、专业机构和社会组织等多元参与的教育评价体系。构筑一体化教育督导体系，健全教育监督问责机制，完善教育督导公众参与机制，确保深化教育领域“放管服”改革，推进教育治理现代化全面落实。①

（二）推进考试招生制度改革

考试招生制度改革是教育领域综合改革中广大群众最关心的重要内容和关键环节，社会关注度高，实施改革的难度大，具有“牵一发而动全身”的重要影响。② 应加快落实《国务院关于深化考试招生制度改革的实施意见》，坚定高考改革方向，坚持稳中求进、综合施策、协同

① 周洪宇. 深化教育领域“放管服”改革，加快推进教育治理现代化［J］. 教育研究，2019（3）：15-19.

② 郭春芳. 深化教育领域综合改革的基本导向和重点举措［J］. 福建基础教育研究，2014（1）1-4.

推进，稳步增加高考综合改革省份，指导相关省份因地制宜制订高考综合改革方案，及时总结改革经验，完善政策措施，逐步形成较为完善的高校考试招生评价体系。深化招生计划分配方式改革，提高中西部地区和人口大省高考录取率，增加农村学生上重点高校人数，完善中小学招生办法，破解择校难题。深化考试形式改革，完善高中学业水平考试，规范高中学生综合素质评价。加快推进职业院校分类招考或注册入学。以素质教育为导向，深化高考考试内容改革。改革招生录取机制，逐步推行普通高校基于统一高考和高中学业水平考试成绩的综合评价多元录取机制。大幅减少、严格控制考试加分项目，规范并公开自主招生办法、考核程序和录取结果，严格控制自主招生规模。探索建立多种形式学习成果的认定转换制度，试行普通高校、高职院校、成人高校之间学分转换，扩大社会成员接受多样化教育机会，拓宽终身学习通道。

（三）完善民办教育分类管理

民办教育作为社会办学力量与公办教育相互补充，为教育事业发展发挥了不可或缺的作用，国家应积极鼓励和引导其健康发展。民办教育分类管理是为发展我国民办教育事业，在借鉴西方发达国家先进经验基础上从我国教育事业顶层进行设计的全面战略规划。① 当前要全面落实民办教育促进法，修订民办教育促进法实施条例，指导推动各省区市出台配套文件，积极鼓励社会力量依法兴办教育，加强引导、监督、管理和服务，促进民办教育持续健康发展。制定非营利性民办学校监督管理实施细则，按照自主选择、科学分类、平稳过渡的原则，全面实现现有民办学校非营利性和营利性分类管理。义务教育阶段不得设立营利性

---

① 袁利平，靳一诺．我国民办教育分类管理中存在的风险及其规避［J］．教育学术月刊，2018（11）：47-56.

民办学校，严格规范公办学校举办或参与举办民办学校的行为。制定支持和规范社会力量诚信办学的有关措施。支持民办高等学校发展，规范办学行为，加快推进独立学院转设。建立民办学校办学评价指标体系，健全规范有序的民办学校退出机制，探索基金会办学模式改革，完善民办学校内部治理结构，规范举办者变更行为。积极支持教育服务新模式、新业态发展。

（四）构建终身学习制度体系

构建终身学习体系和学习型社会成为国际社会的共识，成为世界教育发展的新目标。新时代，加快建设学习型社会，迫切需要建立以学习者为中心、渠道更加畅通、方式更加灵活、资源更加丰富的终身学习体系。[①] 近年应重点做好以下工作，加快构建我国终身学习制度体系。建立国务院统筹、相关部门和行业企业共同参与的终身学习推进工作机制，加强终身学习法律法规建设。搭建沟通各级各类教育、衔接多种学习成果的全民终身学习“立交桥”。研究制定国家资历框架，制定分行业领域的学习成果认证标准及科学规范的工作程序，积极推进国家学分银行建设，为各类学习者建立终身学习账户，搭建信息化公共服务平台，提供不同类型学习成果认证、积累与转换的服务，实现不同类型学习成果的互认和衔接。实施普通高等学校学历继续教育质量提升行动。完善高等继续教育质量保证体系。实施开放大学体系创新发展行动，推动开放大学信息化水平整体提升。引导职业院校广泛面向企业职工、农民工、新型职业农民、退役军人等重点人群开展培训，建设一批继续教育基地。建设一批面向社会开放共享的优质继续教育网络课程。加快发

① 杜瑛. 构建以学习者为中心的终身学习体系［N］. 中国教育报，2018-07-12（7）.

展社区教育、老年教育，健全社区教育、老年教育的办学和服务网络，开展全国社区教育示范区和老年大学示范校建设。深入推动乡村、社区、家庭、社团、企业等各类学习型组织建设和学习型城市建设。

三、推进重点区域教育现代化创新试验

教育综合改革是一项受关注度高、涉及面广、影响深远的社会变革活动，需要较扎实的经济发展基础，较发达的科技、文明、文化，较成熟的社会发展形态，及较稳定的社会环境等多种基础性保障条件的支撑。发挥区域支点的撬动作用，是全国总体实现教育现代化的有效杠杆。进入新时代，随着国家区域发展战略的推进，分类指导、分地区推进基础教育现代化，不再是单一行政区划意义上的“东部、中部、西部”分类，而需要在总体实现基础教育现代化征程中，首先站在国家战略实施高度上确立若干区域性支点，如京津冀尤其是正在规划建设的雄安新区、长江经济带尤其是教育现代化领先的长三角、粤港澳大湾区、海南、中西部以及东北老工业基地等。然后根据全国总体实现基础教育现代化的目标内涵，结合各区域支点的优势，赋予区域支点基础教育改革和发展的新内涵，形成各区域支点在推进基础教育现代化的路线图和实施方案，并确保各区域支点基础教育现代化纳入所在地区的国民经济社会发展规划。各区域支点的教育现代化推进方案，应立足区域实际，凸显区域特色，区域中的各省（市）既有共性要求又有个性空间。[①] 以国家先行政策支持为基础，在若干领域先行探索，促使综合改革试验成为提升区域教育发展活力与动力的重要推进机制，最大限度地发挥各

① 李伟涛．我国基础教育迈向2035的战略思考［J］．中国教育学刊，2018（9）：7-13.

地教育的比较优势。[①] 而及时总结提炼各区域支点在探索推进基础教育现代化方面的先进经验、科学做法并加以有效推广，是充分发挥各区域支点杠杆撬动作用的重要一环。[②] 应以河北雄安新区、粤港澳大湾区、长三角、海南自由贸易试验区为重点，创新体制机制，着力先行先试，探索新时代区域教育改革发展新模式，推动区域教育发展新格局，及时总结推广区域改革创新经验，以点带面、示范引领，推进国家教育现代化建设。

（一）高起点高标准规划发展河北雄安新区教育

推动京津优质教育资源向雄安新区布局发展，构建优质教育资源的集聚地，增强新区的承载力、集聚力和吸引力。支持雄安新区建设成为科教之城、创新之城，推动京津冀教育协调发展。引入北京、天津优质教育资源，优先发展高质量基础教育。对接雄安新区产业发展和京津冀产业布局调整需求，加快发展现代职业教育。

作为具有全国意义的新区，雄安新区的高等教育既要引入优质高等教育资源，建设著名高校、科研机构的分校、分院，也要立足自主发展，即坚持两条路径并行。一是出台引导性政策，支持著名高校在新区办学，设立新校区、分校或研究生院。雄安新区引入优质教育资源，宜采取增量疏解为主，即支持“双一流”建设高校到雄安设置新校区、分校或研究生院。教育行政部门提供激励机制，出台相关政策，引导在京高校调整发展布局。二是以新机制新模式建设世界一流的雄安大学。组建雄安大学需要坚持高点定位，培育一批优势学科和研究中心，发挥其

① 陈国良，等. 共建“长三角教育综合改革试验区”研究［J］. 科学发展，2012（3）：24-37.

② 李伟涛. 我国基础教育迈向2035的战略思考［J］. 中国教育学刊，2018（9）：7-13.

在集聚人才、学科、资源等方面的优势。推进与著名高校、科研院所、大型企业、行业部门的合作，汇集一流大学和学科专业。[①] 布局建设人工智能演示验证大型系列研究设施和实验平台、新一代超级计算中心、新一代通信和智联网研究中心等，布局建设“一带一路”人文交流合作基地、职业教育示范基地和高水平教师教育培训基地。

（二）深化粤港澳高等教育合作交流

根据中共中央、国务院印发的《粤港澳大湾区发展规划纲要》，要努力把粤港澳大湾区建设成为“富有活力和国际竞争力的一流湾区和世界级城市群，打造高质量发展的典范”等目标，以更高历史站位、更广国际视野、更远战略眼光，支撑大湾区经济社会和产业发展走在全球前列，力争到2035年，把粤港澳大湾区建设成为世界区域性高等教育中心和国际化教育高地。[②]

推动粤港澳大湾区内部教育合作与协同发展。建立政府间的协调机制与对话通道，对大湾区高等教育长远发展前景和整体竞争力的重大战略性问题进行有效的协调和整合。依托粤港澳三地的资源异质性和互补优势，探索多种形式的合作办学模式，联合共建优势学科、实验室和研究中心，联合培养高层次人才；探索开展高等学校之间的教师资格、课程、学分互认制度，实施更灵活的交换生安排、科研成果转化等方面的合作交流。

建设粤港澳大湾区国际教育示范区。面向大湾区产业发展需求，引进世界知名大学和特色学院，建设世界一流高等学校和学科专业集群。

---

① 杨宏山．雄安新区：优先发展现代化教育路径选择［N］．中国教育报，2018-05-29（8）．

② 陈子季．推动粤港澳大湾区高等教育融合发展［N］．学习时报，2019-03-01（6）．

支持大湾区高等学校牵头或参与重大科技基础设施、交叉研究平台建设，构建高水平协调创新平台。鼓励多元化投资参与大湾区国际教育示范区建设，建立粤港澳大学系统协作专项基金，支持办学主体多渠道筹集办学资金，探索实施政府投入和社会捐助建立基金会为主的大学经费运营模式。

促进粤港澳大湾区高等教育国际合作。以人才培养和科学研究为主线，构建国际高等教育合作联盟，形成多区域、多类型、多层次的大学系统国际协作网络。通过大湾区教育国际影响力和竞争力不断增强，带动内地高等教育的国际化发展，形成全方位、多角度、宽领域、高层次的国际化教育体系。①

（三）构建长三角教育区域创新共同体

创新区域教育一体化发展体制机制，建设长三角区域教育协作典范。在高等教育、职业教育、教师资源等领域深化协作，重点发力。在高等教育领域，探索建立长三角跨区域联合实验室，形成需求导向的联合共管机制，探索建立"长三角大学区制"，深入推进高等教育一体化；②在职业教育领域，搭建职业教育一体化协同发展平台，形成职业技能人才的错位培养机制；在管理干部和师资队伍方面，共建基础教育校长及教师培训联动平台，构建"影子校长、影子教师"的后备人才联合培养机制；在实践研究方面，携手走好先手棋，探索联合开发"区域教育现代化指标体系""区域基础教育质量评价指标体系"等若干标准

---

① 李丹，高芳. 高等教育服务粤港澳大湾区建设的思考［J］. 学习与探索，2019（2）：158-162.

② 陈彬，等. 高等教育与区域发展如何同频共振［N］. 中国科学报，2019-03-13（5）.

体系。[①]支持高等学校积极参与区域创新体系建设，深化产学研合作；大力提升区域教育国际化水平，吸引更多世界一流人才。到2025年，率先实现教育现代化，携手打造并初步建成全球卓越的教育区域创新共同体（打造区域教育协同创新样板，共创教育综合改革示范区，联建区域教育现代化发展典范），形成具有区域特点、中国特色、世界发达国家教育发展水平的区域教育体系，形成亚太地区教育高地。[②]

（四）促进海南教育创新发展

针对制约海南教育的体制机制问题，以更加开放的思维和手段来谋划教育发展，用改革的办法来突破重点、化解难点。[③]紧扣建设海南自由贸易试验区和中国特色自由贸易港这一重大国家战略，全力落实好教育优先发展战略，打造新时代教育全面深化改革开放的区域新标杆。创新教育举办模式，引导社会力量设立公益性基金举办非营利性民办学校，探索设立股份制的营利性民办学校。对标旅游业、现代服务业和高新技术产业等主导产业人才需求，调整优化职业教育和高等教育布局，创新教育管理模式、办学模式和人才培养模式，引进国内知名高校和研究机构在海南设立分支机构，引进境外优质教育资源，设置高水平中外合作办学机构和项目，支持海南大学创建世界一流学科，打造具有海南特色和国际竞争力的职业教育和高等教育人才培养体系。以促进教育公平和提高教育质量为重点，实施基础教育提质工程，统筹推进城乡义务教育一体化改革发展，补齐学前教育和特殊教育发展短板，大力实施

---

① 姜泓冰．长三角推进教育一体化发展［N］．人民日报，2018-12-19（15）．

② 樊丽萍．长三角教育更高质量一体化，未来可期！2025年初步建成全球卓越的教育区域创新共同体［EB/OL］．（2018-12-13）［2021-05-12］．http://www.whb.cn/zhuzhan/xue/20181213/230158.html.

③ 曹献坤．推动新时代海南教育健康快速发展［J］．今日海南，2018（3）：46-48.

“一市（县）两校一园”国内外优质基础教育资源引进工程，努力满足人民群众对优质教育的需求。扩大教育对外开放，将海南打造为21世纪海上丝绸之路的教育国际交流合作平台，引进一批具有广泛影响力的国际（区域）教育组织落户海南，发起全球（区域）性教育联盟，打造留学海南品牌，全面提升国际化水平。①

① 刘赐贵．始终坚持优先发展　办好人民满意教育［N］．中国教育报，2018-09-29（1）．

第九章　中国教育现代化的保障措施

《中国教育现代化2035》是指导未来教育改革发展的战略性规划文献。推进中国教育现代化是一项综合而复杂的系统工程，需要一套专门的组织管理体系与监控系统来保障实施。为此，必须运用党建、财政、行政、评价等多种方法，从加强党对教育工作的全面领导、完善教育现代化投入支撑体制、完善教育现代化建设落实机制、加强教育现代化建设督导评价等各个方面，采取切实有效的保障措施，全面落实《中国教育现代化2035》建设的各项目标和任务，以保证《中国教育现代化2035》顺利推进。

第一节　加强党对推进教育现代化事业的全面领导

党政军民学，东西南北中，党是领导一切的。伟大的事业需要坚强有力的领导核心。为了确保教育现代化目标任务的顺利完成，《中国教育现代化2035》将“加强党对教育工作的全面领导”置于三个方面保障措施之首。加强和改善党的领导，既是中国教育现代化规划各方面制度更加成熟更加定型的目标要求之一，又是实现教育现代化规划的坚强保证。党的领导，既是需要改革完善的目标，又是全面深化改革的保障。可以说，推动《中国教育现代化2035》规划落地，建设高质量教育体系，如期完成教育现代化发展目标，从根本上将取决于党的领导。

一、党的领导是胜利实现《中国教育现代化 2035》规划的根本保证

编制和实施规划是党治国理政、领导国家教育事业发展的重要方式。习近平指出："用中长期规划指导经济社会发展，是我们党治国理政的一种重要方式。"① 中国特色社会主义制度和治理体系所具有的显著优势，需要通过一系列的体制机制和政策工具来实现，其中编制和实施规划是党治国理政的一种重要方式。从历史经验来看，在学习苏联与结合自身实践的基础上，我国从1953年开始已经编制实施了14个五年规划（计划），其中改革开放以来编制实施9个，有力推动了经济社会发展、综合国力提升、人民生活改善，创造了世所罕见的经济快速发展奇迹和社会长期稳定奇迹。"实践证明，中长期发展规划既能充分发挥市场在资源配置中的决定性作用，又能更好发挥政府作用。"② 在教育领域，中国共产党对国家教育事业的领导贯穿于不同时期的国家经济社会发展规划与教育事业专项规划的制定、实施和评估全过程。改革开放以来，党中央、国务院先后颁布《中国教育改革和发展纲要》《国家中长期教育改革和发展规划纲要（2010—2020年）》等纲领性文件与若干个五年规划。通过编制与实施中长期教育规划，我们党将其执政使命、奋斗目标具体化、实践化、时代化、成果化。历史实践证明，在40余年间，通过编制与实施教育中长期规划，党领导我国教育事业取得了全方位、开创性的历史性成就。面对世界百年未有之大变局和中华民族伟大

①② 习近平. 在经济社会领域专家座谈会上的讲话［N］. 人民日报，2020-08-25（2）.

复兴的战略全局，面对2035年我国基本实现社会主义现代化发展的重要时间节点，为了进一步加强对我国教育中长期的战略谋划，党中央、国务院编制和实施《中国教育现代化2035》，对国家推进教育现代化的中长期发展规划进行战略性部署、纲领性安排和综合性规划，以高质量的规划引领推动我国教育事业实现高质量发展。

党的领导是保障国家教育现代化规划得以有效执行的根本保证。办好中国事情的关键在党。“中国共产党是中国特色社会主义事业的领导核心，处在总揽全局、协调各方的地位。党政军民学，东西南北中，党是领导一切的，是最高的政治领导力量。我国社会主义政治制度优越性的一个突出特点是党总揽全局、协调各方的领导核心作用，形象地说是‘众星捧月’，这个‘月’就是中国共产党。在国家治理体系的大棋局中，党中央是坐镇中军帐的‘帅’，车马炮各展其长，一盘棋大局分明。要把坚持党的领导贯彻和体现到改革发展稳定、内政外交国防、治党治国治军各个领域各个方面，确保党始终总揽全局、协调各方。”① 党的力量来自组织。党的全面领导、党的全部工作要靠党的坚强组织体系去实现。我们党是有着巨大组织优势的，党的组织体系纵向上包括从中央到基层的各个层级，横向覆盖经济、社会、教育、文化各领域，巨大的组织优势具有无比卓越的效能与优势。按照教育现代化建设任务，我国教育已经进入高质量发展阶段，教育改革发展的外部环境和宏观政策环境已发生深刻变化，这必然要求超越以前的发展理念和发展模式，必然要求支撑发展的条件和基础要有进一步的改进和提升。历史经验反复证明，越是在重要关头推进事业发展，奋斗目标越宏观、执政环境越复

① 习近平同志《论坚持党对一切工作的领导》主要篇目介绍［N］. 人民日报，2019-10-28（2）.

杂，就越需要更好地发挥党总揽全局、协调各方的领导核心作用。只有中国共产党才有足够强大的能力，调动足够充足的资源，动员亿万民众参与到事业发展规划的制定和执行中去，以最终保证科学的规划能够制定得出来、贯彻得下去。这是我国制定执行经济社会发展规划能够最终取得成功的根本法宝。[①]党的十八大以来，我国教育事业发展之所以取得显著成就，最根本的就是，在以习近平同志为核心的党中央坚强领导下，党对教育事业的全面领导得到有力贯彻，党对教育工作的领导得到全面加强。

党对教育工作的全面领导是办好教育的根本保证。事业愈是重要，方向问题愈是紧要。教育的方向问题从来都是第一位的。中国特色社会主义最本质的特征是中国共产党领导，中国特色社会主义制度的最大优势是中国共产党领导，是最高政治领导力量。加强党对教育工作的全面领导，关乎教育的性质，关乎教育的兴衰成败。2018年9月，习近平总书记在全国教育大会上发表重要讲话，从党和国家事业发展全局出发，将“坚持党对教育事业的全面领导”列在“九个坚持”首位，突出强调了加强党的领导对于做好教育工作的极端重要性，对加强党对教育工作的全面领导提出了明确要求。《中国教育现代化2035》明确指出，加强党对教育工作的全面领导，是办好教育的根本保证。只有加强党对教育工作的全面领导，才能确保教育工作的社会主义方向，才能完成教育工作立德树人的根本任务，才能实现推进教育现代化、建设教育强国的目标指向，才能办好人民满意的教育。

---

① 张书林. 论党领导发展规划（计划）的历史轨迹——从历史视角对党的十七届五中全会政治使命的解读［J］. 宁夏党校学报，2011（1）：5-8.

二、建立健全教育领导体制

加强党对教育工作的领导，保障中国教育现代化规划实施，必须抓住关键、抓在根本、抓好重点。一是建立健全党委统一领导、党政齐抓共管、部门各负其责的教育领导体制。地方各级党委和教育部门党组织要切实履行好管党治党的主体责任，保证党的路线方针政策不折不扣得到贯彻执行，把落实规划任务摆上重要工作日程。建立健全坚持和加强党的全面领导的组织体系、制度体系、工作机制，形成落实党的领导纵到底、横到边、全覆盖的工作格局。二是旗帜鲜明讲政治。党的十九大报告强调，要“以党的政治建设为统领”。旗帜鲜明讲政治，是我们党作为马克思主义政党的根本要求。坚决维护以习近平同志为核心的党中央权威，坚决服从党中央集中统一领导，这是党的政治建设的首要任务。教育部门和各级各类学校的党组织要增强“四个意识”，坚定“四个自信”，坚定不移维护党中央权威和集中统一领导，自觉在政治立场、政治方向、政治原则、政治道路上同以习近平同志为核心的党中央保持高度一致。三是各级党委要把教育改革发展纳入议事日程，切实加强对教育工作的全面领导，充分发挥总揽全局、协调各方的领导核心作用，协调各方面力量共同推进教育现代化。主要负责同志要亲自抓落实，明确责任要求和工作进度。分管领导要全身心投入组织实施规划落实的具体工作中，协调解决重大问题。中央各部门和各单位要按照各自的职能分工，完善配套政策，扎实做好责任范围内的工作。各省市要结合实际，制定贯彻落实规划的实施意见，加快推进本地区规划编制工作。四是党政主要负责同志要熟悉教育、关心教育、研究教育。主动关心教育，把教育改革和发展事业纳入国之大计、党之大计，纳入国家和地方经济社会发展重要规划；要认识、尊重和把握教育规律，把党对教育的精神、理念、要求、导向等贯彻到教育治理过程中。及时研究解决教育现代化重大问题，为教育排忧解难，不断深化改革，创造性开展教育现代化建设。

三、建设高素质专业化教育系统干部队伍

“善为国者必先治其身。”毛泽东指出：“政治路线确定以后，干部就是决定因素。”习近平强调：“‘打铁还需自身硬’是我们党的庄严承诺，全面从严治党是我们党立下的军令状”，“全面从严治党，核心是加强党的领导，基础在全面，关键在严，要害在治”。在推进从严治党过程中，关键是要抓住“关键少数”，切实加强党的干部队伍建设。新时代赋予新使命，新使命需要好干部。新时代教育发展面临的形势越是复杂严峻，任务越是艰巨繁重，越需要推进社会主义政治建设，坚持党的领导、人民当家作主、依法治国有机统一，越需要建设一支忠诚干净有担当的高素质干部队伍。教育系统要按照党的十九大部署要求，切实建设高素质专业化教育系统干部队伍，把各方面优秀人才集聚到党和人民的伟大奋斗中来。

一是落实好干部标准，解决好选什么人的问题。坚持党管干部原则，坚持新时代党的组织路线，坚持正确选人用人导向，突出政治标准，选优配强教育行政部门和学校领导班子，把政治过硬、品行优良、业务精通、锐意进取的优秀干部选配到领导岗位上来。注重从基层选拔优秀年轻干部。大力发现储备年轻干部，通过援派、到地方和基层挂职等方式培养锻炼年轻干部，通过强化思想淬炼深度，提升政治历练高度，加大实践锻炼力度，提高专业训练精度，大力提升领导干部贯彻新发展理念、构建新发展格局的能力。

二是明晰好干部标准，解决好培养什么素质的问题。注重培养专业

能力、专业精神，增强干部队伍适应新时代中国特色社会主义发展要求和教育现代化建设要求的能力。

三是坚持严管和厚爱结合、激励和约束并重，解决好怎么管人的问题。完善干部考核评价机制，建立激励机制和容错纠错机制，以正确用人导向引领干事创业，让那些想干事、肯干事、能干成事的干部有更好用武之地。鼓励引导干部到边远贫困地区、边疆民族地区、革命老区和基层一线建功立业。

四、加强各级各类学校党的领导和党的建设工作

党的全面领导在教育系统中的实现，党的教育方针的全面贯彻落实，取决于各级各类学校党的建设做得如何，党的建设体系是否健全、是否有力、是否扎实。《中国教育现代化2035》针对教育系统的性质，对新时代各级各类学校党的领导和党的建设工作提出了具体要求。

首先，党对教育工作的领导必须贯彻全面覆盖的原则，覆盖所有的教育领域、教育阶段、教育形式、教育主体和教育组织。党的领导要覆盖到各级各类学校，覆盖到学校教育与校外教育，公办教育与民办教育，学前教育、义务教育、高中阶段教育、高等教育、职业与成人教育、终身教育、民族教育与特殊教育，等等。各级各类学校党组织要把抓好党建工作作为办学治校基本功，把党的教育方针全面贯彻到学校工作各方面。通过加强基层党组织和党员队伍建设，凝聚起同心推进教育现代化的强大合力，为教育现代化建设提供坚强的政治保证和组织保证。

其次，加强学校党组织建设，把党对教育工作的全面领导具体地贯彻到教育工作的各领域各方面。学校党政负责人要把党建作为依法治校、依法治教的核心，把党的教育方针、政策等落实到具体教育教学过程中。

支持学校党组织讨论决定学校重大问题，履行好把方向、管大局、作决策、抓班子、带队伍、保落实的领导职责，保证党的路线方针政策及上级党组织决定不折不扣得到贯彻执行。各级各类学校党组织要把抓好学校党建工作作为办学治校的基本功，把党的教育方针全面落实到学校工作各方面。坚持把党的政治建设摆在首位，加强对中小学校、民办学校、公办高校、中外合作办学党建工作的分类精准指导，提高党建工作质量。

加强基层党建，筑牢教育系统政治建设的战斗堡垒。加强基层党组织带头人队伍建设，坚持“三会一课”制度，推进教育系统党的基层组织设置和活动方式创新，扩大党的组织覆盖和工作覆盖，充分发挥基层党组织战斗堡垒作用。以提升组织力为重点，突出政治功能，加强党支部建设，推动党支部履行好直接教育党员、管理党员、监督党员和组织群众、宣传群众、凝聚群众、服务群众的职责。抓好教育系统党员教育管理工作，严肃党的政治纪律和政治规矩，充分发挥党员先锋模范作用。不断加强和改进高校统战工作。以加强基层党建带动工会、共青团、妇联等群团组织和学生会组织、学生社团建设，坚持不懈促进学校和谐稳定，坚持不懈培育优良校风学风。充分发挥基层党组织作用，使基层党组织成为师生最贴心、最信赖的组织依靠，成为学校教书育人的坚强战斗堡垒。

五、持之以恒正风肃纪，深入推进教育系统全面从严治党、党风廉政建设和反腐败斗争

我们党作为马克思主义执政党，不但要有强大的真理力量，而且要有崇高的形象和威望，这种形象和威望集中体现为优良的作风和严明的纪律。在教育系统中，必须按照党中央要求，持之以恒正风肃纪，深入

推进教育系统全面从严治党、党风廉政建设和反腐败斗争。

一是要持之以恒加强作风建设。重视和加强作风建设是我们党加强自身建设的重要抓手，也是党执政兴国的重要法宝。教育系统要巩固拓展落实中央八项规定精神成果，继续整治形式主义、官僚主义、享乐主义和奢靡之风“四风”问题，坚决反对特权主义和特权思想，持续释放越往后要求越严、查处越严的强烈信号，营造风清气正良好政治生态。自觉弘扬党的理论联系实际、密切联系群众、批评和自我批评以及艰苦奋斗、求真务实的优良传统和作风，提高道德修养和人格魅力，永葆清正廉洁的政治本色。

二是标本兼治强化纪律建设。党要管党、从严治党必须有严明的纪律作保证。纪律严明是我们党不断从胜利走向胜利的重要保障。要进一步加强纪律教育，强化纪律执行。让党员干部受警醒、明底线、知敬畏，习惯在受监督和约束的环境中工作、生活。

三是着力深化巡视巡察工作。深化巡视工作，要对标中央要求，把教育系统遵守政治纪律、落实党的教育方针政策和教育重大决策部署作为监督重点，充分发挥巡视巡察的利剑作用。紧紧围绕加强党对教育工作的全面领导强化监督，切实监督领导班子尤其是主要负责同志严守政治纪律和政治规矩，认真贯彻执行党的教育方针和政策；紧紧围绕贯彻落实党中央关于教育的重大决策部署强化监督，既要鼓励结合实际创造性开展工作，又要防止背离中央要求另搞一套，或搞选择性落实，确保中央政令畅通。[①] 加强重要领域和关键环节廉政风险防控机制建设，积极推进高等学校纪检监察体制改革。

---

① 吴道槐. 切实履行监督职能　深入推进全国教育大会精神贯彻落实［N］. 中国教育报，2018-10-27（1）.

第二节　完善教育现代化投入支撑体制

教育投入是教育现代化的基本保障，是支撑国家长远发展的基础性、战略性投资。深化教育经费投入机制改革、提高教育经费使用效益，是全面贯彻落实党的十九大精神、优先发展教育事业的必然要求，是加快推进教育现代化、建设教育强国的迫切需要，是推进教育公平、办好人民满意教育的重要举措。按照《中国教育现代化2035》要求，健全保证财政教育投入持续稳定增长的长效机制，依法落实各级政府教育支出责任，完善多渠道教育经费筹措体制，提高经费使用效率和效益，形成法治化、标准化、制度化、科学化的教育投入体制和教育经费分配、使用、管理机制，为实现教育现代化提供有力的物质保障。

一、提高教育投入水平，在优先保障上下功夫

确立教育优先发展地位。坚持教育优先发展，切实把教育事业放在优先发展地位，在经济社会发展规划上优先安排教育发展，财政资金投入上优先保障教育投入，公共资源配置上优先满足教育和人力资源开发需要。在教育优先发展理念指导下，中央政府在各个时期出台的重大教育决策都对财政性教育经费的增长提出要求。1993年2月中共中央、国务院印发的《中国教育改革和发展纲要》、1995年9月起实施的《中华人民共和国教育法》，都对教育经费投入提出了要求，归纳起来是“三个增长”，即中央和地方政府财政预算内教育拨款的增长要高于同级财政经常性收入的增长，在校学生人均教育费用要逐步增长，保证教师工

资和学生人均公用经费逐年有所增长。在“三个增长”政策工具引导下，各级政府以实现4%为目标抓手，不断推动财政性教育经费的落实和增加。①2006年《中共中央关于构建社会主义和谐社会若干重大问题的决定》再次提出：“明确各级政府提供教育公共服务的职责，保证财政性教育经费增长幅度明显高于财政经常性收入增长幅度，逐步使财政性教育经费占国内生产总值的比例达到4%。”2010年颁布的《国家中长期教育改革和发展规划纲要（2010—2020年）》等文件明确提出，伴随着国民经济发展和财政收入增加，逐步提高“两个比例”（逐步提高财政性教育经费支出占国内生产总值的比例和占财政支出比例）和实现“三个增长”（中央和地方政府教育拨款增长要高于财政经常性收入增长，并使按在校学生人数平均的教育费用逐步增长，生均公用经费、教师工资逐步增长）。逐步提高“两个比例”和实现“三个增长”成为保障增加政府教育经费的刚性要求。②同时在第五十六条再次提出“提高国家财政性教育经费支出占国内生产总值的比例，2012年达到4%”。

《中国教育现代化2035》则进一步确认了我国已经建立的教育投入基本制度，我国教育投入的体制框架基本形成。一是4%的教育财政外部比例制度。公共教育支出占国内生产总值的比例，是国际通用的衡量一国政府教育投入水平的主要指标。在社会经济发展水平不同的国家和时期，教育投资在国民经济中的比例是不同的。经过了长达19年

---

① 胡耀宗，刘志敏．从多渠道筹集到现代教育财政制度——中国教育财政制度改革40年［J］，清华大学教育研究，2019（1）：111-120.

② 王善迈，赵婧．教育经费投入体制的改革与展望——纪念改革开放40周年［J］．教育研究，2018（8）：4-10.

的努力,《国家中长期教育改革和发展规划纲要(2010—2020年)》确定的国家财政性教育经费占国内生产总值4%的目标于2012年如期实现。2012年至2017年,国家财政性教育经费由2.3万亿元增长到3.4万亿元,年均增长7.8%。国家财政性教育经费占GDP的比重连续6年保持在4%以上。在GDP占比4%的目标实现后,是否继续确定财政性教育经费占GDP的比例,社会上有一些争议。《中国教育现代化2035》再次肯定了"保证国家财政性教育经费支出占国内生产总值的比例一般不低于4%"的要求,体现着国家在财政资金投入上优先保障教育投入的政策倾向。二是两个"只增不减"的一般公共预算增长制度。在教育优先发展理念指导下,中央政府在各个时期出台的重大教育决策都对财政性教育经费的增长提出要求。1993年中共中央、国务院印发的《中国教育改革和发展纲要》和1995年全国人大通过的《中华人民共和国教育法》都提出,各级人民政府教育财政拨款的增长应当高于财政经常性收入的增长,并使按在校学生人数平均的教育费用逐步增长,保证教师工资和学生人均公用经费逐步增长,在实践中被通俗地称为教育经费的"三个增长"。2017年9月,中共中央办公厅、国务院办公厅印发《关于深化教育体制机制改革的意见》,提出"确保一般公共预算教育支出逐年只增不减,确保按在校学生人数平均的一般公共预算教育支出逐年只增不减"。这个规定更加细致,更具操作性和指导性,因为财政性教育经费的口径大于一般公共预算。①《中国教育现代化2035》延续了《关于深化教育体制机制改革的意见》的政策方案,确定"确保一般公共预算教育支出逐年只增不减,确保按在校学生人数平均的一般公共预算教

① 胡耀宗. 现代教育财政制度建设的逻辑起点和主要任务[J],清华大学教育研究,2018(3):22-24.

育支出逐年只增不减”。这成为保障各级教育经费投入稳定增长的长效制度安排。三是以制度规范保障政府教育投入。我们主要依靠自上而下的政策和行政手段，用了19年的时间，终于推动了财政性教育经费占GDP 4%的目标的实现。在解决了4%之后的新时代，更多地需要加强政策设计、制度设计、标准设计带动教育投入，落实财政教育支出责任，健全保证财政教育投入持续稳定增长的长效机制。① 所以，依法落实各级政府教育支出责任尤为重要。教育属于各级政府财政共同投入的领域，今后要建立财权与支出责任对等的政府间教育财政关系。在确定层级政府间教育事权与支出责任划分基础上，明确中央与地方政府间的教育支出责任。各级政府要优化财政支出结构，统筹各项收入，把教育作为财政支出重点领域予以优先保障。严格按照教育法律法规规定，依法落实各级政府教育支出责任，加大财政教育投入。

二、完善多渠道教育经费筹措机制，鼓励扩大社会投入

教育经费筹措制度是由政府税收和支出预算制度、教育收费制度和教育捐赠制度等共同构成的为教育提供经费的制度。政府的教育经费主要来自一般税收，以及为教育设置的特定税费和预算赤字。向受教育者收取学费和杂费是最早出现且至今还被普遍采用的筹资方式。教育捐赠是教育机构筹集教育经费的辅助渠道。教育捐赠与经济发展水平、税收制度、社会文化传统、教育体制等因素密切相关。教育筹资制度的核心问题是厘清两个关系：一是政府与受教育者的成本分担关系，二是政府

① 王善迈，赵婧. 教育经费投入体制的改革与展望——纪念改革开放40周年［J］. 教育研究，2018（8）：4-10.

层级间的经费分担关系。①

根据不同级别教育的公共产品属性，确定各级教育经费投入体制机制。我国现阶段的九年义务教育具有强制性和免费性特征，所以需要推动义务教育全面纳入财政保障范围。经费投入实行国务院和地方各级人民政府根据职责共同分担，省（自治区、直辖市）人民政府负责统筹落实的投入体制。学前教育、高中阶段教育、高等教育均为非义务教育，非义务教育则为自愿就学和收取学费。非义务教育实行以政府投入为主、受教育者合理分担、其他多种渠道筹措的投入机制。

《中国教育现代化2035》对完善多渠道教育经费筹措机制提出了三个方面要求。

1. 健全以政府投入为主、多渠道筹集教育经费的体制。将义务教育全面纳入财政保障范围。经费投入实行国务院和地方各级人民政府根据职责共同分担，省（自治区、直辖市）人民政府负责统筹落实的投入体制。非义务教育实行以政府投入为主、受教育者合理分担、其他多种渠道筹措的投入机制。按照各级各类教育办学特点，科学核定基本办学成本，完善生均经费基本标准，健全各级各类教育的生均经费拨款制度和生均拨款标准动态调整机制。

2. 坚持教育公益属性，完善国家、社会和受教育者合理分担非义务教育培养成本的机制。地方人民政府应按照规定的管理权限和属地化管理原则，综合经济社会发展水平、培养成本、学生资助水平和群众承受能力等因素，合理确定非义务教育公办学校学费标准（保育教育费）、住宿费标准，建立与拨款、资助水平等相适应的收费标准动态调整机制。

---

① 胡耀宗，刘志敏. 从多渠道筹集到现代教育财政制度——中国教育财政制度改革40年［J］，清华大学教育研究，2019（1）：111-120.

3. 鼓励扩大社会投入。综合运用各类政策手段，改善环境，优化服务，落实相关税收优惠政策，完善土地、金融、人才等优惠政策，鼓励出资、捐资办学，支持和规范社会力量兴办教育。支持社会力量兴办教育，逐步提高教育经费总投入中社会投入所占比重。各级人民政府要完善政府补贴、政府购买服务、基金奖励、捐资激励、土地划拨等政策制度，依法落实税费减免政策，引导社会力量加大教育投入。完善社会捐赠收入财政配比政策，按规定落实公益性捐赠税收优惠政策，发挥各级教育基金会作用，吸引社会捐赠。加强监督和管理，依法落实民办学校举办者筹措办学经费的法律责任，健全退出机制。

三、全面提高经费使用效益，在强化管理上下功夫

坚持质量提升和内涵发展为主已经成为我国教育发展的基本特征与核心任务。这就需要教育经费支出结构进行相应改变。

第一，优化教育经费支出结构。当前教育经费投入使用管理中存在的主要问题，集中体现为一种结构性矛盾。例如，教育经费多渠道筹集的机制不健全，一些地方经费使用“重硬件轻软件、重支出轻绩效”，监督管理有待进一步强化等。为此，《中国教育现代化2035》提出，加大教育经费统筹力度，整合优化经费使用方向，推动教育经费支出结构重心从规模扩张到质量提升、结构优化转移，从硬件设施建设向教育教学改革和教师队伍建设等转移，形成与教育改革发展相适应的教育经费使用结构，尤其是将教师队伍建设作为教育投入重点予以优先保障，加大公共财政投入的力度，不断提高教师队伍建设保障水平。

第二，发挥中央财政性资金导向作用，着力补齐教育发展短板。（1）在地区和群体之间突出“倾斜”。由于经济社会发展水平的差异，

我国城乡、区域间教育发展不平衡问题突出，农村、中西部地区教育发展需要进一步加强。《中国教育现代化2035》提出了一系列加大农村地区、偏远地区、贫困地区、民族地区教育投入的举措，明确规定“国家财政性教育经费支出向农村地区、偏远地区、贫困地区、民族地区倾斜，向困难群体倾斜”。（2）在各级各类教育中突出“倾斜”。下一步要着力“向农村义务教育、学前教育、职业教育、特殊教育倾斜”，积极支持扩大普惠性学前教育资源、普及高中阶段教育、发展现代职业教育、办好特殊教育，促进各级各类教育协调发展。

第三，全面实施绩效管理。（1）健全教育经费绩效评估制度。各级教育部门和学校要牢固树立“花钱必问效，无效必问责”的理念，逐步将绩效管理范围覆盖所有财政教育资金，确保每一笔教育经费都要用到关键处。坚持财政教育资金用到哪里，绩效评价就跟踪到哪里，加强动态绩效评价，根据评估结果及时调整经费投入结构。加强对教育经费使用效果的评估，定期对经费使用绩效进行评估检查，将绩效目标执行情况和绩效评价结果作为完善政策、编制预算、优化结构、改进管理的重要依据。（2）健全体现教育行业特点的教育经费管理制度。《中国教育现代化2035》要求：“完善适应教育体制、财政体制改革要求的教育经费预算管理、转移支付制度，推动完善学校财务会计制度、国有资产管理制度、教育收费管理制度。”（3）全面加强经费监管。严格高校财务管理，建立并推广高等学校总会计师委派制度。以监管、监控、监督为着力点，建立健全内外结合、全过程、常态化的教育经费监管体系。加强内部控制机制建设，完善教育内部审计制度，提高审计质量，强化审计结果运用。（4）完善统计与公开制度。2016年10月，教育部、国家统计局、财政部联合发布《关于加强和完善教育经费统计工作的意见》，明确各省级教育、统计和财政部门必须在2017年年底前建立教育经费统计公告制度。《中国教育现代化2035》强调，完善教育经费统计公告制度，落实财政教育经费预决算公开制度，主动接受社会监督，努力实现教育经费使用效益最大化。

第三节　完善教育现代化建设落实机制

“一分规划，九分落实。”重视规划是中国特色社会主义制度的一大优势，是我们党治国理政、推进各项事业发展的重大方略。[①]做好了规划，只是万里长征走完第一步，关键还在于落实，在于把蓝图一步步变为现实。《中国教育现代化2035》指出：“完善落实机制。建立协同规划机制、健全跨部门统筹协调机制，建立教育发展监测评价机制和督导问责机制，全方位协同推进教育现代化，形成全社会关心、支持和主动参与教育现代化建设的良好氛围。”《中国教育现代化2035》是指导未来教育改革发展的战略性规划文献，涉及面广、时间跨度大、任务重、要求高。要真正贯彻实施，切实推动教育事业的改革发展，必须把思想和行动统一到党中央、国务院关于加快教育现代化、建设教育强国的重大部署上来，制定规划、周密部署、精心组织、认真实施，确保各项任务落到实处。

一、构建全方位协同推进教育现代化的有效机制

教育的基础性、先导性、全局性地位和作用愈加突出，要以更高的历史站位、更宽广的国际视野、更深邃的战略眼光对加快推进教育现代化、建设教育强国作出战略部署和总体设计。

一是建立协同规划机制。把优先发展教育事业作为推动党和国家各项事业发展的重要先手棋，牢固树立抓教育就是抓发展、谋教育就是谋

① 陈宝生. 以规划为统领推进教育科学繁荣发展［J］. 教育研究，2019（1）：4-8.

未来的理念，在组织领导、发展规划、资源保障上把教育事业摆在优先发展地位，构建全方位协同推进教育现代化的有效机制，把教育同党和国家事业发展一起谋划、一起部署、一起检查，在国家现代化全局中超前规划、优先发展教育，以教育现代化支撑国家现代化。建立协同规划机制，将教育现代化建设纳入国家重大区域发展规划，将教育融入国家重大发展战略，进入京津冀一体化发展、粤港澳大湾区、长江经济带、海南自由贸易试验区、"一带一路"建设、乡村振兴、推动高质量发展、建设现代经济体系、东北振兴等重大规划。同时，做好国家规划与地方规划的衔接。各地要紧密结合实际情况，按照不同地区的发展水平和实际条件，在国家教育现代化总体规划框架下，从实际出发制定本地区教育现代化规划，出台有关配套文件和实施细则，尽快实施。尤其是要做好地方规划与国家规划的衔接，强化战略目标、战略任务、重大改革和重大工程项目的协同规划与协同实施。

二是健全跨部门统筹协调机制。教育改革是一个非常复杂的系统工程，需要健全跨部门统筹协调机制。教育部、发展改革委、财政部、人力资源和社会保障部等部门和单位要根据《中国教育现代化2035》的要求，健全跨部门统筹协调机制，建立统筹研究解决教育现代化重大问题机制，推动解决关系全局和长远发展的重大改革问题，推动解决一些需要多部门共同推进的老大难问题，充分发挥中国特色社会主义体制优越性，集中各部门力量办大事，依靠部门大协同、区域大协作，推进教育现代化。例如，职业教育是跨界最为广泛的一种教育类型。为了推进职业教育事业发展，各级政府就需要建立由教育部、人力资源和社会保障部、发展改革委、工业和信息化部、财政部、农业农村部、国资委、税务总局、扶贫办等单位组成的统筹协调机制，统筹协调区域内职业教育工作，研究协调解决工作中重大问题。各部门要加强沟通协调，做好相关政策配套衔接，在战略规划、重大项目安排、经费投入、企业办学、人力资源开发等方面形成政策合力，为教育改革创新提供重要的制度保障。

三是持续推进教育现代化。《中国教育现代化2035》是我国第一个以教育现代化为主题的中长期战略规划，较之以往的规划，时间跨度更大。为此，要处理好远景目标与近期方案的关系，明确推进教育现代化的路线图、时间表、任务书，有计划、有步骤、持续地推进教育现代化，一张蓝图绘到底。根据《中国教育现代化2035》远景目标，统筹谋划、远近结合，滚动编制阶段性实施方案，按照可实施、可量化、可落地的原则，科学设计和进一步细化不同发展阶段、不同规划周期内的教育现代化发展目标和重点任务，将教育现代化远景目标和战略任务分阶段落实到经济社会和教育发展未来各五年规划及年度工作计划中。根据发展需要研究出台重大政策和重大工程项目，持续实施教育现代化推进工程，破解关键问题，补齐突出短板，将教育现代化的目标、任务、政策落到实处。

二、加强教育现代化建设发展监测与督导问责机制

《中国教育现代化2035》提出“建立教育发展监测评价机制和督导问责机制”。教育现代化规划是指导未来一个时期内教育发展的行动纲领。对规划实施情况进行跟踪分析，适时开展评估，客观评价规划总体目标、主要任务、重大项目、各项指标等完成和落实情况，评价规划实施成效，发现并分析存在的问题及原因，同时根据区域内外发展环境变化提出进一步改进规划实施效果的对策建议，督导各部门和地方工作，

对于推动完成规划提出的目标、任务和重大项目，促进经济社会教育全面协调可持续发展，加快实现教育现代化均具有十分重要的意义。

（一）建立监测评价机制

规划执行周期长，环境复杂。《中国教育现代化2035》提出“建立教育发展监测评价机制，及时总结经验、发现问题”。建立教育发展监测评价机制是检验规划效果的基本途径，是合理配置资源的有效手段，也是调整未来规划方向的重要依据。通过对教育发展进行监测评价，可以有效发现规划是否按照预设进行了实施，是否带来了预期的效果，执行过程中是否偏离了假设方向，执行过程中效益和价值如何，规划方案中有哪些不合适内容、如何调整，及时总结经验、发现问题，跟踪督促教育改革进展。我国已经开展了教育规划的中期评估、终结性评估，积累了丰富的经验，今后要继续开展有针对性的监测评估，提高监测评估的科学性、准确性，制定教育现代化评估指标体系，强化科学评估。

一是加强动态监测分析。充分利用各类信息和数据资源，密切追踪监测全国各地教育改革发展形势变化，提高《中国教育现代化2035》实施监测分析的及时性、全面性和准确性。根据分析结果，结合实际，适时调整完善规划实施重点、政策举措及保障机制。二是建立定期监测评估机制。建立规划实施监测机制，定期组织开展规划重点任务实施情况评估工作，充分借助科研院所等专业智库资源开展第三方评估。同时，要求各地建立规划，定期开展规划实施的跟踪监测和评估，将规划实施情况作为督促检查本地各级教育行政部门和学校工作的重要内容。对于监测发生的问题，要及时提出解决办法，优化实施策略。三是完善社会监督机制。及时向社会公布规划实施进展状况，保障社会公众知情权。畅通公众监督渠道，建立利用互联网等新媒体监督规划实施的有效机制，更好发挥社会各界对规划实施的民主监督作用。

（二）健全督导问责机制

教育督导是我国基本制度之一，是教育决策、执行、监督中的重要环节，也是加强监督的一种法定形式。《中国教育现代化2035》提出了三个要点。（1）健全机制。目前我国已经建立了对省级政府、县级政府履行教育职责评价制度，实现了政府履行教育职责督导的全覆盖。《中国教育现代化2035》再次强调了此点，要求“建立督导问责机制，健全地方督查机制”，科学建构地方政府教育现代化的责任体系，全面落实各级政府教育工作法定职责，层层压实各级政府教育职责，开展全面的、常规性的、定期性的教育督导检查。（2）评价内容。《中国教育现代化2035》要求“将教育现代化推进情况作为评价地方政府履行教育职责的重要内容”，作为地方各级党委和政府督查工作的重点任务，把推进教育现代化的任务落到实处。2017年5月31日，国务院办公厅发布《对省级人民政府履行教育职责的评价办法》，对省级人民政府履行教育职责的评价制度由此建立。该办法是对省级人民政府领导、管理、保障、推进本行政区域内教育事业改革发展稳定工作有关情况的评价。在此基础上，《中国教育现代化2035》要求“将教育现代化推进情况作为评价地方政府履行教育职责的重要内容”，作为地方各级党委和政府督查工作的重点任务，把推进教育现代化的任务落到实处。（3）强化问责。建立督导问责机制，强化督导结果运用，把督导结果作为对各级政府及有关负责人进行考核、奖惩的重要依据。对履行职责不力、没有如期完成发展目标的地区责任人予以问责。各级政府要自觉接受同级人大及其常委会的监督，接受人民政协的民主监督。

三、凝聚社会合力，推进教育现代化

教育宣传是教育工作的重要组成部分，不断加强和改进教育宣传工作，积极营造全社会关心教育、建言教育、支持教育的良好氛围，对于推动教育事业科学发展、办好人民满意教育具有重要意义。2035年是我国基本实现社会主义现代化的重要时间节点，编制面向2035年目标、描绘好教育发展的远景蓝图，为新时代开启教育现代化建设新征程指明方向，对培养造就新一代社会主义建设者和接班人，具有重要的现实意义和深远的历史意义。之后一段时间正是贯彻落实的关键时期。要通过加大宣传力度，通过媒体广泛宣传教育现代化对实现中国梦的重要意义，准确解读规划和相关配套政策，及时宣传报道教育现代化发展重大战略举措和推进情况。最大限度凝聚社会共识，推动教育现代化的实施。搭建社会各界关心教育、建言教育、支持教育的平台，充分发挥社会机构、社会团体的积极作用，引导和激励企事业单位、社区、家庭和社会公众，多形式多途径参与和支持教育现代化建设。通过全媒体广泛宣传教育现代化对实现中国梦的重要意义，准确解读规划和相关配套政策，及时宣传报道教育现代化发展重大战略举措和推进情况。加强舆论宣传引导，广泛传播科学的教育理念与方式方法，弘扬教育发展正能量。加强对社情舆情的分析研判，将民意及时反映到教育决策管理中，形成全社会关系、支持和主动参与教育现代化建设的良好氛围。

第十章　中国教育现代化的国际参照

教育现代化是一个国家教育事业发展的核心引擎及必经之路。多样化、可持续的全球教育发展理念积极引领各个国家教育现代化的全面、完善、系统的发展。“创新、合作、开放、共荣”是世界各国教育现代化发展的内在原动力。重视“质量、公平”是世界各国教育现代化的根本出发点和落脚点。①教育现代化在世界政治、经济、文化、历史的现代化更迭演进中，发挥着重要的历史作用。从教育现代化的国际经验来看，教育现代化与市场经济、知识经济、国际化、全球化存在着内在发展谱系性联系。在全球化背景下，教育现代化成为世界各国提升国家全球竞争力的助动器和抑制全球经济离心力的缓冲器。②总结教育现代化的国际经验，探究世界各国教育如何应对国际化、全球化的挑战，可以彰显教育现代化的积极功能。

第一节　教育现代化理念的国际视角

近些年来，随着世界经济一体化进程加速发展，国际上关于教育现

① 史静寰，叶之红，胡建华，等．走向2030：中国高等教育现代化建设之路［J］．中国高教研究，2017（5）：1−14.

② 邬志辉．从教育现代化到教育全球化［D］．上海：华东师范大学，2001.

代化的理念主要包括：发展国际化、全球化教育的教育现代化战略理念，“以学生为中心”的教育现代化教育教学理念，以“多元文化”为核心的教育现代化价值理念，以促进“优质、公平、均衡”发展的教育现代化基础理念，以“终身教育”为目标的教育现代化发展理念，以及以“教育信息化”为中心的教育现代化创新理念。因此，教育现代化理念的国际视角体现了世界各国教育发展的历史进程及时代特征。

一、国际化、全球化的教育现代化战略理念

发展国际化、全球化教育的教育现代化战略理念是进入21世纪以来世界主要国家一致认可的教育现代化核心理念。经济合作与发展组织（OECD）发布的《未来的教育和技能：2030》提出了未来教育发展的框架是构建和实施教育全球化战略，塑造年轻人的全球生存和学习能力。教育全球化既体现了世界各国建设教育强国的战略愿景，也体现了培养具有全球竞争力人才的培养目标。“教育全球化”（globalization of education）本身作为一个复杂的综合性概念，主要是通过传播全球教育理念、提供全球教育服务、设置全球性跨文化课程以及培养具有全球学习能力与全球交流技能的学生为主要宗旨的教育教学过程。全球教育（global education）的核心问题是使年轻人能够积极参与塑造更美好的分享型世界。全球教育的根本宗旨是促进人类社会的团结，既能发展自我民族意识又能欣赏他国文化的多样性和多元性，能够在不同文化背景下构建可持续发展未来的全球视野。换言之，全球教育旨在促进积极的世界价值观，帮助学生为自己的行为承担责任，构建一个更加和平、公正和可持续发展的世界。

教育国际化是教育全球化发展的必然阶段，教育全球化是教育国

际化发展的必然结果。国际上最有权威的对于教育国际化的定义是奈特（Knight）在1993年对高等教育国际化内涵的阐述，即教育国际化是“整合国际、跨文化维度的教学、研究和服务的功能与作用”。2011年，奈特还提出了国际化的“五大神话”：（1）外国学生作为国际化的代理——更多的外国学生在校园里将会产生更多国际化的文化和课程；（2）国际声誉作为质量的同义词——国际化越强的大学，具有更好的声誉；（3）国际机构间的协议——拥有国际学生的协议或网络会员的大学越多，就越著名和具有吸引力；（4）国际认证——具有国际认证越多的机构，就越是国际化的；（5）全球品牌——相当于一个国际营销方案国际化计划。通过奈特对于国际化特征的总结性叙述，我们可以发现教育国际化和全球化是一脉相承、密切联系的。全球化俨然成为在21世纪教育国际化发展的必然性结果和关键性阶段。

二、“以学生为中心”的教育现代化教育教学理念

“以学生为中心”的教育教学理念成为世界主要发达国家教育现代化发展的关键性教育教学理念。“以学生为中心”的教育理念来源于玛丽埃伦·韦默（Maryellen Weimer）在2002年提出的“以学生为中心的教学”（student-centered teaching）。玛丽埃伦·韦默集中讨论了如何培养学生的批判性反思能力，激发学生的学习积极性。他认为，发展“以学生为中心”的教学理念可以有效地提高学生的学习能力以及学习效果。玛丽埃伦·韦默提出的不同于“以教师为中心”的教学理念，成为美国构建教育全球化的理论基础，坚持“以学生为中心”的教育理念逐渐成为培养美国学生全球竞争力的核心理念。

“以学生为中心”的教育现代化理念旨在克服传统形式的教育方

法，通过关注学习者本身的需求来提高教师的教学质量。这种教育方法更多关注的是课程设计的灵活性、课程内容的多样性、课堂环境的互动性，并在欧美大学与教育研究机构中被广泛采用。“以学生为中心”教育理念是作为美国教育现代化模型的核心宗旨，强调学校管理、教师、学生三者之间权利的平衡，注重课程的效果以及多元性领导力的使用，为学生设置课程内容并提供多样性课程目标，强调教师作为一个中间媒介，引导学生发展自身的学习能力。

三、“多元文化”的教育现代化价值理念

“多元文化”的教育现代化价值理念促进教育现代化思潮在世界各国广泛传播。多元文化主义以及跨文化主义产生于国际化与全球化思潮之中，强调文化的包容性、共生性以及共融性。理解多元文化主义作为教育全球化的内涵价值，主要可以归纳为以下两点。

一是价值维度。霍夫斯泰德（G. Hofstede）作为重要的文化主义理论家，提出了著名的文化主义的六个维度：（1）权力距离——研究人类基于不平等性的解决基本问题的不同方法；（2）不确定性规避——在社会环境中，面对未来压力的级别；（3）个人主义与集体主义——个人融入集体或组织中；（4）男性和女性气质——情感中人类角色的分工，男性和女性不同的特质；（5）长期和短期取向——重点是在未来、现在或者过去选择人的努力方向；（6）放纵与克制——满足相关的控制基础，人类欲望与享受生活。总之，文化主义理论从文化与人类社会交互作用的角度，为我们研究跨文化教育以及跨文化学习经验提供了人类学理论

的基础。①

二是价值导向。进入21世纪以来，越来越多的学者开始关注从当代政治话语视角理解“多元文化主义”的概念，探讨如何应对文化多样性带来的挑战。多元文化主义，从本质上来说，与“身份政治”“政治差异性”和“政治识别性”密切相关。多元文化主义不仅是一种文化上的跨越，而且意味着文化的比较或融合，强调文化差异可以被理解或承认并尊重文化多样性与差异性。

四、“优质、公平、均衡”的教育现代化基本理念

进入21世纪以来，世界主要发达国家的教育现代化以实现“优质、公平、均衡”教育为其教育现代化的基本理念。欧美主要发达国家关于优质、公平、均衡教育的发展理论主要有麦克马洪（McMahon）的三类型说，包括：水平公平（horizontal equity），指相同者受相同对待；垂直公平（vertical equity），指不同者受不同对待；代际公平（intergenerational equity），确保上一代人的不平等现象不至于全然延续下去。瑞典教育家托尔斯顿·胡森（Torsten Husen）指出，就个体而言，教育平等是教育起点、过程、结果的平等，或者是指这三方面的综合。有研究指出，教育起点公平即教育权利平等，教育过程公平即教育条件相同，教育结果公平即学业成功机会相同。教育公平即教育机会均等，包括人人享有受教育的机会和公平接受高质量教育两方面。教育公平是重要的社会公平，主要内涵包括人人享受平等的教育权利与公共教育资源，同时公共教育资源配置向社会弱势群体倾斜，反对各种形式的

---

① Hofstede, G. & McCrae, R. R.（2004）. Culture and personality revisited: Linking traits and dimensions of culture[J]. Cross-Cultural Research, 38, 52-88.

教育特权。参照外延的差异性，有研究将教育公平分为观念层次的教育公平、教育市场公平以及教育社会公平。立足资源配置视角，有研究指出，教育公平包含平等、差异和补偿原则。平等原则包括受教育权平等和教育机会平等，强调教育起点平等和教育过程平等；差异原则指根据受教育者个人存在的禀赋、兴趣和能力差异，差异性地配置教育资源，满足其个性充分发展的需要；补偿原则关注受教育者的社会经济地位的差距，并对社会经济地位处境不利的受教育者在教育资源配置上予以补偿。从结构出发，有研究指出，教育公平基本结构可以划分为宏观和微观层面，宏观层面的教育公平包括教育权利的公平和教育机会的公平，微观层面的教育公平包括课程中的公平、教学中的公平和教育评价中的公平。有研究指出，20世纪90年代我国教育公平问题集中体现为不同职业阶层、不同性别和不同地区受教育者的教育机会不平等。国际学生评估项目（PISA）从学习结果的平等、教育资源分配的公平、克服学生背景的学习公平三个方面评价教育公平。联合国教科文组织第38届大会通过的《教育2030行动框架》所规定的总体目标和子目标中渗透着对教育机会、教育过程和教育结果公平的期待。①

五、“终身教育”的教育现代化发展理念

“终身教育”是世界各国教育现代化的重要发展理念之一。在世界教育范围内，发展终身教育理念，构建学习型社会及社区，已然成为世界各国教育现代化进程中的风向标。

在教育现代化的国际发展进程中，“终身教育”理念的产生和发展

① 李学书，范国睿．未来全球教育公平：愿景、挑战和反思——基于《教育2030行动框架》的分析［J］．比较教育研究，2016（2）：6-11.

是世界经济、社会、文化发展的必然趋势，是提升各国综合竞争力的教育发展引擎。终身教育理念的产生和传播符合人力资源理论在世界各国劳动力市场发展的内在规律，特别是在欧美国家的劳动力市场，提高劳动力综合素质的关键手段是通过形成一套完备成熟的终身学习体系，构建学习型社会，促进全体国民素质的纵向型提高和发展。因此，建设面向全民终身学习的学习型社会是教育现代化理念发展的重要组成部分。同时，在终身学习理念中，欧洲主要发达国家将“社会融合”“社会发展”“社会互助”等理念有机地融合在构建全民学习的可持续发展社会中。同时，随着国际组织对绿色、环保、低碳等新理念的持续倡导，终身学习的教育理念和内涵在现实行动中不断地深化和发展。随着“学习型城市”“学习型社区”等理念的相继传播，终身学习教育理念已经与各国的经济社会发展、文化历史传承、社会政治建设等要素产生深入、密切的联系。①

六、“教育信息化”的教育现代化创新理念

“教育信息化”是教育现代化的创新理念，符合世界教育发展的规律，体现教育发展的时代性。21世纪初，世界主要发达国家先后开展了关于教育信息化的教育改革。特别值得注意的是，在全球教育现代化的历史发展进程中，《仁川宣言》《青岛宣言》及《教育2030行动框架》相继颁布，提出了世界教育信息化发展的总体目标、方向策略以及行动要求，并在此基础上充分肯定了教育信息化发展对教育现代化的重要突出贡献及作用。为了推进教育信息化在世界普及，实现教育可持续

① 纪河，郭海燕，殷雄飞. 终身教育体系构建的国际比较与借鉴［J］. 终身教育研究，2017（5）：24-29.

发展的总体目标，发挥教育信息化对世界各国教育现代化发展的驱动作用，越来越多的国家纷纷结合自身具体的国情特点，制定了一系列符合本国国情发展的教育信息化理念传播和发展战略及规划。特别具有代表性的是美国、英国、澳大利亚、日本、新加坡五国教育信息化理念传播的战略计划，对我国教育信息化发展具有借鉴作用。① 世界主要发达国家的教育信息化理念的传播和发展对全球教育现代化进程的发展和改革具有推动作用。世界各国相继推出了面向未来的“教育信息化”“教育＋互联网”等教育理念，全面推进教育信息化的普及发展。② 教育信息化理念已经成为各个国家教育现代化发展环节中必不可少的重要组成部分。

① 贾同，顾小清．教育信息化战略比较研究——基于美、英、澳、日、新五国的国际比较［J］．电化教育研究，2018（7）：121-128.

② 杨敏敏，Gretchen McAllister．美国教育现代化研究的最新热点与前沿——基于Web of Science核心数据库（2014—2018年）的可视化混合研究［J］．国家教育行政学院学报，2018（11）：54-61.

第二节　教育现代化目标的国际视角

教育现代化目标与教育现代化理念一脉相承、紧密相连。教育现代化理念引领、支撑教育现代化目标的方向、内容。教育现代化目标是实现教育现代化理念的重要组成部分和要素构成。进入21世纪以来，世界各国纷纷制定了各种不同的教育现代化目标，主要围绕发展国际化教育、全球化教育，构建“以学生为中心”的教育教学目标，提出以“多元文化”为核心的教育现代化价值发展目标，构建促进“优质、公平、均衡”发展的教育现代化基础目标，提出以“终身教育”为目标的教育现代化发展要求以及以“教育信息化”为中心的教育现代化创新诉求。因此，世界主要发达国家的教育现代化目标的国际比较体现了各国教育现代化理念的一致性和连贯性。

一、以培养国际化、全球化人才为教育现代化人才培养的战略目标

培养国际化、全球化人才是世界主要国家开展教育现代化人才培养的核心战略目标之一。从全球教育发展态势来看，经合组织在2017年指出，在激烈竞争的21世纪，成为具有全球竞争力的国际化人才已经不是“奢侈品”，而是“必需品”。特别是联合国教科文组织于2015年11月14日通过并发布了《教育2030行动框架》，要求加强培养具有全球意识的国际化人才已经成为在国际教育文献中高频率出现的概念，逐渐成为全球教育热门话题之一。2016年，美国大学与学院学会提出，美国教育要以培养具有全球学习（global learning）能力的全球化人才

作为教育全球化发展的关键性目标，关注于培养国际化人才的合作性、开放性的跨文化学习模式。培养学生全球学习的根本目标是培养学生成为具有跨文化生存、学习、交流和工作能力的全球化人才。美国教育委员会在2017年提出了培养具有全球能力（global competence）的全球化人才是美国教育发展的未来趋势和方向。美国关注于培养具有跨文化生存、交流、学习、合作的能力的全球化人才是未来教育全球化人才培养的必然目标。全球能力是学生在全球化学习环境中习得跨文化、跨国别的知识、态度和技能的能力，培养学生对国际问题的理解，并愿意与来自不同语言背景和文化背景的人进行交流与工作，并且精通外语交流与沟通的技能。英国教育现代化的人才培养战略目标是以培养全球公民（global citizenship）为其全球化人才培养目标，主要关注培养具有全球意识、全球责任感、全球道德的世界型公民。英国公民教育学者诺丁斯·伯顿把全球公民教育定义为培养学生的全球公民身份认同感和全球学习能力，培养人们可以在世界上任何一个国家生活和工作的综合性能力，是英国教育现代化到全球化过渡的必然选择。

二、以教育信息化为支撑，把促进教育公平、优质、均衡发展作为教育现代化的实践目标

1996—2015年，美国先后发布了几部重要的关于教育信息化的规划战略。《让美国学生为21世纪作好准备：迎接技术能力的挑战》提出，美国教育信息化是要在教育多元环境下实现教育信息技术与教育的完整融合，并且提出了教育信息化的硬件资源、软件资源和人力资源的相互融合和发展路径要求。《数字化学习：让所有的孩子随时都能得到世界一流的教育》是美国教育信息化理念发展的又一个尝试，将信息素

养纳入学生学习能力标准测试和评价中，对教师和学生的教育信息化能力进行全面的测量和评估，进而提升教育信息化发展和信息资源在教育教学中的利用效率。《面向美国教育的黄金时代：因特网、法律和当代学生展望》的目标是在美国信息化发展的基础上，通过预算、领导力和教师培训等多项改革措施，实现以促进学生发展为中心的教育信息化体系的建设和发展。2010年，《变革美国教育：技术推动学习》的颁布旨在有效提高美国高校大学生毕业率和缩小因社会资本带来的学生成就差异，实现每个学生的全面发展，并提出"技术支持下的21世纪学习模型"理念，为教育信息化的发展指明了方向。2015年，美国联邦教育部教育技术办公室出台了《为未来作准备的学习：重塑技术在教育中的角色》明确了教育信息化在教育现代化发展中的根本立场和发展方向，提出了学生终身学习能力和非认知能力的提升要从学习、教学、领导力、评价和基础设施等五个领域全面指引着未来五年美国教育信息化的发展方向。

2005年，英国颁布了《利用技术：改变学习及儿童服务》，提出了英国未来教育信息化发展的战略目标和行动路线，要求服务于英国本土教育和儿童个性化发展，为学习者提供个性化学习的服务环境空间支持和保障。2008年，英国在全国范围内开展的"下一代学习"运动又再次明确提出，利用教育信息化可以为学习者提供科学、多样、全面的学习工具、在线学习支持与互动、可定制资源以及技术指导，以促进学习者个性化学习。澳大利亚的教育信息化发展目标致力于以智能教室系统为基础，建立信息化学习支持系统，为个性化的在线学习提供有力支撑和发展路径。新加坡的教育信息化强调对教师的教育信息化能力的培训和辅导，提出新加坡教育信息化发展的目标是通过拓展知识的内涵，变革知识的传递模式，促使教师必须相应地更新知识能力结构，重新适应师生间的信息交流方式和民主关系。因此，从教育宏观战略来看，教育信息化的发展本质上是以促进教育的公平、优质、均衡发展作为世界主要发达国家教育现代化发展的实践目标，深入应用、融合创新世界主要发达国家的教育信息化战略机制与体系，寻找其教育信息化发展与促进教育公平、优质、均衡发展之间的共通之处，进而探究教育信息化政策中推动教育变革的着力点以及要将教育塑造为何种形态。通过对以美国为代表的主要发达国家的教育信息化目标的回溯、分析，有利于确定世界各国国家教育信息化的发展规律。

第三节 教育现代化制度的国际视角

一、促进城乡区域教育均衡发展的教育现代化制度

21世纪初，世界主要发达国家纷纷推出促进城乡区域教育均衡发展的教育现代化制度。2000年，克林顿签署了美国农村教育成就项目（Rural Education Achievement Program），提出“数字化学习”计划；2002年布什政府提出发展“小型农村学校成就项目”（Small Rural School Achievement Program）和“农村低收入学校项目”（Rural and Low-Income School Program），出台《不让一个孩子掉队法》；2009年，奥巴马政府推行基础教育改革，继续改造薄弱学校，提高贫困地区的教师质量，实施按需拨款的财政机制；2010年，《改革蓝图》提出对农村学生等弱势群体进行教育补偿，帮助农村地区申请竞争拨款等。英国于2002年发布教育白皮书《传递结果：一个面向2006年的战略》，对薄弱学校和失败学校进行更早的和更有效的干预。韩国优先在农村地区实施免费义务教育。芬兰提供专项经费，给经济不利群体提供经济资助，建立完善的困难学生资助系统或补偿教育，使各民族、各阶层人群都有机会获得良好教育。

二、构建全球能力评估测量的教育现代化制度

进入21世纪以来，越来越多的西方发达国家开始逐渐关注培养学生在全球化背景下的生存、交流、学习与合作的能力。美国是在发达国家中率先提出全球能力的国家，并对全球能力的基本内涵、构成要素、培养目标、课程设置和评价测量进行了一系列的探索和研究，并取得

了一定的进展和成绩。美国教育协会（National Education Association，NEA）在2016年提出，全球能力是21世纪不可缺少的跨文化学习能力，有利于提高学生在全球人力资本市场上的吸引力和竞争力，促进美国学生的跨文化生存和学习能力，对于美国提高全球竞争力和综合国力是至关重要的。同时，经合组织于2017年提出，在激烈竞争的21世纪，全球能力已经不是“奢侈品”，而是“必需品”。全球能力的培养有助于学生在复杂多变的全球化社会环境中获得学业和职业的可持续发展。在今天相互依存的世界，全球能力已经成为学生必不可少的重要组成部分。

三、关于终身教育的制度建设

国际上关于终身教育的制度研究可以追溯到20世纪70年代至80年代末。终身学习的教育制度是终身学习教育理念的社会性具体化表现。从世界教育现代化的发展进程来看，1971年，法国国民议会制定并通过了《终身教育的范围内职业继续教育组织法》，并在此基础上于1984年颁布了《职业继续教育法》，作为对终身教育组织法的进一步完善及扩充。作为终身教育的典型代表，美国在1976年出台了《终身学习法》，奠定了美国终身教育制度发展的基础。韩国在1980年制定的《第五共和新宪法》中明确提出终身教育是韩国教育现代化的重要组成部分，是促进韩国未来教育发展的有效构成，并于2000年制定了《终身教育法》。日本于1990年颁布《终身学习振兴法》，明确提出了终身学习在日本教育现代化中的使命、任务、目标及措施。德国于1997年发布《终身学习：职业继续教育的情况与展望》，其中明确申明了终身学习在德国职业继续教育中的潜在发展作用与地位。英国于1998年发布

《学习的时代》绿皮书，其中明确表达了构建全体公民终身学习促进机制的重要性与紧迫性，并于2000年颁布《学习与技能法》，进一步明确终身学习的实践意义与方法路径。2011年，联合国教科文组织颁布《国际教育标准分类》，首次在国际教育组织的官方文件中明确了终身学习的阶段划分。

后　记

2018年9月10日，党中央召开全国教育大会，习近平总书记在大会上发表重要讲话，系统回答了关系教育现代化的一系列重大理论和实践问题，对加快教育现代化、建设教育强国、办好人民满意的教育作出了全面部署，向全党全国全社会发出了加快教育现代化的动员令，为新时代教育提供了根本遵循。编制《中国教育现代化2035》，是中国特色社会主义进入新时代，党中央、国务院作出的重大战略部署，是贯彻落实党的十九大精神和全国教育大会精神、加快教育现代化的重要举措。面向2035年目标，描绘好教育发展的远景蓝图，为新时代开启教育现代化建设新征程指明方向，培养造就新一代社会主义建设者和接班人，具有重要的现实意义和深远的历史意义。

为配合《中国教育现代化2035》的部署和落实，有必要对规划的编制背景予以全面介绍，对规划的编制思路予以系统阐述，对规划的结构体系予以清晰说明，对规划的具体内容予以深刻解读，从而使规划得到更好的理解和贯彻。作为国家高端智库单位，北京师范大学中国教育政策研究院参与了规划编制和政策调研，并在规划发布后积极回应社会关切，推动政策落实，让社会公众更好地知晓、理解我国重大教育政策，这既是国家教育智库的责任担当，也是北京师范大学教育学科服务国家重大战略的体现。

本书由北京师范大学教育学部部长、中国教育政策研究院院长朱旭东教授设计整体框架和进行统稿，薛二勇教授负责具体组织、推进研究与统稿。全书内容由北京师范大学中国教育政策研究院课题组共同完成。各章的作者是：第一章，薛二勇教授、傅王倩博士；第二章，王新凤博士；第三章，周秀平副教授；第四章，杨小敏副教授、刘永林副教授、阳科峰硕士；第五章，景安磊副教授；第六章，倪烈宗副教授、杨玉春副教授；第七章，史志乐博士；第八章，金志峰教授；第九章，高莉博士；第十章，李健博士。

本书的编写得到了多方面的支持和配合。人民教育出版社有关领导和编审人员对本书的编辑出版付出了辛劳。在此特一并表示衷心感谢！

由于作者水平有限，粗浅和疏漏之处在所难免，敬请广大专家、同行与读者批评指正。

作者

2021年5月20日